思库文丛
汉译精品

社会生活的戏剧

Jeffery.C.Alexander

The Drama
of
Social
Life

[美]杰弗里·亚历山大　著　　李瑾　译　　江苏人民出版社

图书在版编目(CIP)数据

社会生活的戏剧/(美)杰弗里·亚历山大著;李瑾译.—南京:江苏人民出版社,2022.11(2023.3重印)
(思库文丛·汉译精品)
书名原文:The Drama of Social Life
ISBN 978-7-214-27422-9

Ⅰ.①社… Ⅱ.①杰… ②李… Ⅲ.①政治事件-研究-世界 Ⅳ.①D55

中国版本图书馆 CIP 数据核字(2022)第 156839 号

The Drama of Social Life(1st Edition) by Jeffery C. Alexander
Copyright © Jeffrey C. Alexander 2017
First published in 2017 by Polity Press
This edition is published by arrangement with Polity Press Ltd., Cambridge.
Simplified Chinese edition copyright © 2022 by Jiangsu People's Publishing House.
All rights reserved.
江苏省版权局著作权合同登记号:图字 10-2017-505 号

书　　　名	社会生活的戏剧
著　　　者	[美]杰弗里·亚历山大
译　　　者	李　瑾
责 任 编 辑	朱晓莹
装 帧 设 计	潇　枫
责 任 监 制	王　娟
出 版 发 行	江苏人民出版社
地　　　址	南京市湖南路 1 号 A 楼,邮编:210009
照　　　排	江苏凤凰制版有限公司
印　　　刷	南京爱德印刷有限公司
开　　　本	890 毫米×1 240 毫米　1/32
印　　　张	9.625　插页 4
字　　　数	203 千字
版　　　次	2022 年 11 月第 1 版
印　　　次	2023 年 3 月第 2 次印刷
标 准 书 号	ISBN 978-7-214-27422-9
定　　　价	56.00 元

(江苏人民出版社图书凡印装错误可向承印厂调换)

致敬我的朋友、开创者

理查·谢克纳(Richard Schechner)

目 录

前言与致谢 1

导论 现代性的新理论——从仪式到表演 1
  一种文化社会学理念 3
  社会表演中的文化语用学 7

第一章 占领舞台:毛、金和当今的"黑人的命也是命"运动 17
  20世纪中国的戏剧激进主义 19
  20世纪中期美国的民权抗议:一个新的社会角色 35
  21世纪美国的"黑人的命也是命"运动 43

第二章 埃及革命表演:2011年起义 70
  梦想中的公民社会 74
  文化背景:道德二元分类 86
  民族衰落与拯救的叙事 101
  脚本和航母战斗群 110
  斗争和现场表演 117

压制性的反表演　132
　　时刻与地点　139
　　终局感　149
　　权力：物质的、诠释的、全球的　156
　　全球公民领域　161
　　军队　169

第三章　美国的政治表演：2012年奥巴马的总统连任　179
　　奥巴马的人格力量：在诗歌与散文中　181
　　意识本身的戏剧化　201

第四章　戏剧与知识分子　202
　　反映思想：文化社会学　202
　　表演思想：文化社会学　206
　　美国左翼知识分子英雄　210
　　欧洲左翼知识分子英雄（一）：现场表演　211
　　欧洲左翼知识分子英雄（二）：后生活表演　216
　　美国右翼女英雄　219
　　第三世界的英雄　227

第五章　社会理论与戏剧先锋派　242
　　消融和两种先锋派　247
　　再融合与人类表演学　250
　　对消融的抗拒如何产生戏剧表演元素　255
　　制作人、导演、道具的出现　265
　　电影和其他艺术　273

索　　引　276

译后记　293

前言与致谢

在本书中,我把最近关于文化语用学的一些稿子汇集在一起,并在此基础上略加修改。这些关于社会表演的研究构成了一个广泛的实证网络,我借此提出了一个理论框架。其他研究者也极好地充实了这一框架。我有幸能从不同环境以及早先对这些章节的介绍中获得相关反馈信息,这着实令人兴奋。我在耶鲁大学的学生和同事们对本书写作的准备工作起了至关重要的作用。在此我要特别感谢安妮·玛丽·尚帕涅(Anne Marie Champagne)和丹尼斯·何(Denis Ho)(第一章)、米拉·德布斯(Mira Debs)和奥马尔·穆马拉(Omar Mumallah)(第二章)、克里斯汀·斯劳特(Christine Slaughter)和亚历克斯·德·布兰科(Alex de Branco)(第四章),以及克里斯托弗·格罗布(Christopher Grobe)(第五章)。同时,我还要感谢耶鲁大学文化社会学中心主任(Administrator of Yale's Center for Cultural Sociology)纳丁·阿玛尔菲(Nadine Amalfi)为本书提供的文书事务方面的宝贵帮助。另外，我也要感谢以下出版商允许我对部分章节的使用与重印：

由乔治·普林顿(George Plimpton)撰写的欧内斯特·海明威(Ernest Hemingway)访谈《小说的艺术》(The Art of Fiction)，刊登于《巴黎评论》(The Paris Review)第 21 期，1958 年春季号，第 18 期(题词)。

刊登于《戏剧评论》(The Drama Review)上的《占领舞台：毛泽东、马丁·路德·金和黑人的命也是命》(Seizing the Stage: Mao, MLK, and Black Lives Matter)，2016 年，第 61(1)期；《表演与政治：2012 年奥巴马总统的戏剧性连任》(Performance and Politics: President Obama's Dramatic Reelection in 2012)，2016 年，第 60(4)期(第一章和第三章)。

布鲁姆斯伯里学术出版公司(Bloomsbury Academic)的《埃及的革命表演》(*Performance Revolution in Egypt*)，2011 年(第二章)。

刊登于《国际政治、文化与社会杂志》(*International Journal of Politics, Culture and Society*)上的《戏剧性的知识分子：表演元素》(Dramatic Intellectuals: Elements of Performance)，2016 年(第四章)。

刊登于《理论、文化和社会》(*Theory, Culture and Society*)上的《现代社会中戏剧的命运：社会理论与戏剧先锋派》(The Fate of Dramatic in Modern Society: Social Theory and the Theatrical Avant-Garde)，2014 年第 31(1)期，第 3—24 页(第五章)。

有时候你知道要讲的故事。有时候，你一边写，一边编故事；至于结局怎样，那还不知道。随着故事情节的发展，一切都在变化。也就是说，是推动故事情节发展的东西编出了故事。

——欧内斯特·海明威

导论 现代性的新理论——从仪式到表演

在现代生活中,无论是虚构传闻还是实况报道,一遇关键事件,都会调用戏剧这一隐喻。唐·德里罗(Don Delillo)在1985年发表的小说《白噪音》(*White Noise*)中描述了忧郁的主人公在面对化学毒雾扩散,撤离小镇时发出的良多感慨:"天依旧黑得厉害……展现在我们面前的是一片混乱不堪的景象……看起来像是殖民地首府落入具有献身精神的反叛者手里,仿佛一场跌宕起伏的大戏剧(*surging drama*),满含着耻辱,夹杂着愧疚。"①2016年,《纽约时报》(*New York Times*)描述了希兹里·汗(Khizr Khan)和加扎拉·汗(Ghazala Khan)的生活是如何变成一个"美国时刻"的:

多年来,[他们]一直在弗吉尼亚州的夏洛茨维尔市过着

---

① Delillo, D (1985) *White Noise*. Viking, New York, p. 150. 引文中楷体字部分对应原著中的斜体字。

安静的生活，普普通通，默默无闻。然后，汗氏夫妇①踏入费城的体育运动竞技场，摇身一变，变得家喻户晓。戴着眼镜的汗先生在民主党全国代表大会（DNC, Democratic National Convention）上发表了一场激情澎湃的演讲，尖锐地批评了唐纳德·特朗普（Donald J. Trump）及其在穆斯林移民问题上所持的立场……事情就是这样，汗氏夫妇也马上感受到了特朗普先生猛烈啐回的口水……在戏剧的突转中，他们各自找到了着力点。美国的政治舞台就是这样，好戏总在后头。②

认定一个事件具有激动人心的戏剧性，无疑就会加剧紧张气氛，让人产生期待感。戏剧性使日常活动因此而变成表演，读者变成观众，普普通通的人物变成戏剧中的角色——男女主角和反面人物，他们明争暗斗，推动着情节的发展、剧情的更迭。戏剧为何物，众所周知：它在剧院中上演，在影院中放映，在电视中播放。为制造关键时刻（critical moment），人们将取景和突出体验这种审美方式从临时设定的技巧世界中转移至社会现实，以产生真实的社会生活戏剧的效果。

现代性已经广为人知。无论是左派还是右派，都将之视为机制对意义的完胜，一场为世界祛魅的社会和文化合理化的过程，一

---

① 汗氏夫妇是美国陆军上尉胡马雍·汗（Humayun Khan）的父母。胡马雍·汗在2004年伊拉克战争（Iraq War）中阵亡。这对夫妇在2016年民主党全国代表大会上发表演讲，批评共和党总统候选人唐纳德·特朗普。之后，立刻引起了国际社会的关注。而特朗普称，如果他当总统，汗氏夫妇的儿子就不会死于一场战争中。——译者注
② Kleinfeld, N. R., Oppel, Jr. R. A., & Eddy M. (2016) Moment in Convention Glare Stirs Parent's American Life. *New York Times*, August 6, p. A12.

场从仪式到记录的运动。有人认为,现代合理化已经不可能使神话和仪式得以产生。还有人称,唯有真实性才可能产生强烈的情感体验,而艺术与生活中的机械复制却恰恰毁掉了真实性的光环。这番充满怀疑性的话语,特别容易让人想到马克思、尼采、韦伯和本雅明等欧洲思想家。但是,对同样的说法稍加解释和润色,也可以用一种更美国化的、更乐观的腔调来表述——就现代性而言,我们都是些"积极进取、勇于尝试"(can-do)的务实之士,并非只会空想和盲信。

诚然,有时人们的确会认为象征和修辞会入侵现代生活,但是合理化的叙事却主张,这种超理性的入侵是为那些"眼镜们"(spectacles①)配置的,因为"眼镜们"的戏剧其内容空洞无物,只是为了故弄玄虚(mystification)。在现代性的景观社会(spectacle society)中,一切都是自上而下,没有自下而上这一说。我们徒然占据福柯意义(Foucaultian)上的主体地位,但自身却从未主动充当过戏剧生产的代理人。

一种文化社会学理念

三十年前,在我引入文化社会学(cultural sociology)这一思想时,就是准备向干巴巴的现代性观念发起挑战,尽管自那之后现代

---

① "spectacle"意为"眼镜;奇观、壮观;光景、景象;表演、场面"。文中多次使用该词,表示现实是通过知识分子或现代人的视野而过滤过的场景,目的是在音韵上造成语义联想效果,以双关来表达兼义,另外也为之后的景观社会埋下伏笔。自从居伊·德波的重要著作被译成《景观社会》后,国内一直沿用这一译法。实际上,应译为奇观社会。本文因翻译中的"顺古"故,不再另作他译。——译者注

性一词的当代视野比当时我与学生、同人们一直在探索的"强文化范式"①脉络要宽阔得多。②文化社会学的基础是:个体和社会均与意义密切相关。社会戏剧和戏剧形式处于现代社会的核心地位。在某些重要之处,该理论探索需要回溯至埃米尔·涂尔干③的后期著作。涂尔干是19世纪末法国社会学家,社会学的奠基人之一。他的早、中期著作虽然带有明显的道德说教形式,却提升了19世纪90年代合理化了的现代性标准。不过,涂尔干的后期著作却倡

---

① strong program,国内学者将该词译为强文化范式。事实上,杰弗里·C.亚历山大作为一位社会学家,按照他的本意应译作"强纲领"。强纲领是对所谓各种"弱"科学社会学的一种对抗,因为后者将社会学的应用仅限于"失败"或"错误"的理论中。失败或错误的理论可以通过引用研究人员的偏见来作出解释,比如隐蔽的政治或经济利益等。社会学只与成功的理论略微有些关联,这些理论之所以成功,是因为它们揭示了自然界的一个事实。强纲领指出,无论"正确"还是"错误"的科学理论,都应该一视同仁。因为两者都是由社会因素或社会条件造成的,比如文化背景和自身利益。所有的人类知识,作为存在于人类认知中的东西,在其形成过程中必然包含着一些社会成分。亚历山大着手建立的,正是这种最高目标的文化范式,即文化强纲领。与亚历山大同时代的一些英国社会学家如大卫·布鲁尔(David Bloor)与影响亚氏深远的埃米尔·涂尔干等也正是在此意义上使用文化强纲领一词的。与强文化范式对应的则是弱文化范式。——译者注

② 参见 Alexander, J. C. (1996) Cultrual Sociology or Sociology of Culture? *Culture* 10 (3/4), pp. 1 – 4; Alexander, J. C. & Smith, P. (2010) The Strong Program in Cultural Theory: Elements of a Structural Hermeneutics. 参见 J. Turner 主编的 *Handbook of Sociological Theory*. Kluwer Academic, New York, pp. 135 – 150; Alexander, J. C. & Smith, P. (2010) The Strong Program: Origins, Achivements and Prospects. 参见 J. Hall 等编辑的 *Handbook of Cultural Sociology*. Rougledge, London。

③ Emile Durkheim(1858—1917),也译为迪尔凯姆、杜尔凯姆等,法国社会学家。涂尔干重点关注与社会结构相关的社会秩序和进化问题,从维系社会整合角度阐明了从传统社会向工业社会变迁过程的功能机制。他的社会学观点及其整个研究取向,为西方社会学奠定了理论和方法论的基础。他与卡尔·马克思、马克斯·韦伯被并列为现代社会学的三大奠基人。主要著作有《自杀论》和《社会分工论》等。——译者注

导与标准的主流观点彻底决裂。在《宗教生活的基本形式》中，他把社会界定为依赖强烈情感的仪式，是各种神圣与世俗象征之间的分界线，是在道德上进行广泛团结的纽带。① 在后期著作中，涂尔干将这一颇具启发性的崭新理论应用于澳大利亚的土著社会，即有历史记录以来最早、"最原始"的人类社会组织形式。涂尔干是打算用其新理论为当时被视为原始社会之社会科学的人类学提供理论支撑？又或者说恰恰相反，把《宗教生活的基本形式》理解为创造一种崭新的现代性社会学而需要迈出的首要一步？他是在向现代性的主流观点发起挑战，还是在巧妙地强化主流观点？

我本人对涂尔干后期作品的诠释表明其具有更大的野心。② 欧文·戈夫曼对当代举行表演仪式的兴趣就是从涂尔干后期的知识分子激进主义思想中产生的。③ 对于更加注重从宏观上思考当代仪式和公民宗教问题的社会学家来说也是如此，诸如爱德华·希尔斯（Edward Shils）、罗伯特·贝拉（Robert Bellah）、兰德尔·柯林斯（Randhall Collins）。④ 不过，姑且承认涂尔干后期在理性上的宏伟目标，这又指向同样至关重要的另一个问题：他的社会仪式

---

① Durkheim, E. (1995/1911) *The Elementary Forms of Religious Life*. Free Press, New York.
② 试比较：Alexander, J. C. (1982) *Theoretical Logic in Sociology*. Vol 2: *The Antinomies of Classical Thought*. University of California Press, Berkeley。
③ Goffman, E. (1956) *The Presentation of Self in Everyday Life*. Doubleday, New York.
④ 参见 Shils, E. A. (1975) *Center and Periphery: Essays in Macrosociology*. University of Chicago Press, Chicago; Bellah, R. N. (1970) *Beyond Belief: Essays on Religion in a Post-Traditional World*. Harper and Row New York; Collins, R. (2004) *Interaction Ritual Chains*. Princeton University Press, Princeton。

理论果真足具现代性吗？一个社会的仪式理念能够与语用学、各种形式的冲突和分裂达成和解，并能与标志着当代社会生活的制度性力量进行竞争吗？仪式过程和仪式体验在概念上能与上述现象紧密结合吗？还是需要进行部署——不仅是涂尔干经常这样做，其后继者亦复如是——才能避免与上述诸多现象达成妥协？

为了理清上述问题的思路，就有必要提出另一个基本问题：仪式和表演有何不同？大约四十年前，倡导新涂尔干主义（neo-Durkheimian）的人类学家维克多·特纳（Victor Turner）在结识先锋派戏剧大师理查·谢克纳①时，提出的恰恰就是这个问题。自二人此次见面之后，谢克纳转而将社会仪式理论化，使之成为世俗表演，反之亦然。② 谢克纳所持的观点是，如果视现代生活为依赖社会表演而非仪式本身，那我们就能够抓住涂尔干后期著作中真正有价值的东西，避免陷入误区。③ 如果此观点正确，那么社会理论就需要将来自实践与戏剧原理的各种观点整合在一起。特纳心悦首肯的观点在其最近一本著作《从仪式到戏剧》（*From Ritual to Theatre*）的书名上就能反映出来。④

---

① Richard Schechner(1934—)，美国纽约大学人类表演学系著名教授，是当今世界最具影响力的戏剧导演兼理论家，与维克多·特纳等共同创立了人类表演学（Performance Studies）学科。——译者注
② Schechner, R. (1976) From Ritual to Theatre and Back. In R Schechner and M. Schechner (eds.) *Ritual, Play, and Performance: Readings in the Social Sciences/Theatre*. Seabury Press, New York, pp. 196–201.
③ Schechner, R. (2002) *Performance Studies: An Introduction*. Routledge: New York.
④ Turner, V. (1982) *From Ritual to Theatre: The Human Seriousness of Play*. PAJ Press, Baltimore.

社会表演中的文化语用学

上述贤达之士的深刻洞见汇集于一处,成为我提炼社会表演中的文化语用学理论的核心。社会表演文化语用学的支点是仪式与表演之间存在着连续性和张力。① 我一直认为,社会理论家必须使用拟剧论、戏剧理论以及戏剧批评等工具来发展社会表演中的文化社会学,并与时俱进,由此而发展出一种崭新的、具有现代性的社会学。我把仪式界定为一种特别的社会表演,一种能"卓有成效"地促进演员、观众、脚本等各种元素进行大融合的表演。在表演中,那些观看表演的人不是把表演当作表演,而是把自己看作男女主人公,设身处地地去体验舞台上的敌对状态,丝毫不存在把自己视为观众的感觉。这样,观众体验到的就是一种舞台真实性而非人为状态。戏剧的第四面墙不仅存在于剧院内部,也同样存在于社会外部;它可能坍塌,也可能被推塌。

社会越现代,仪式就会变得越来越少。在社会与文化演变进程中,上述融合表演(fused performance)就更难演绎得无懈可击。如果我们分析一下,试着去区别社会表演的各项基本要素,就能理解它们如何随着时间的推移而消融殆尽,这一过程虽然缓慢却不

---

① Alexander, J. C. (2011) *Performance and Power*. Polity, Cambridge, UK. Cf., Alexander, J. C., Giesen, B., & Mast, J. (eds.) (2006) *Social Performance: Symbolic Action, Cultural Pragmatics, and Ritual*. Cambridge University Press, New York.

可避免。① 在人类历史最初的九万年里,社会生活是在小集体内部面对面地组织起来的,就像涂尔干在论著中提到的澳大利亚土著居民(Aborigines)群体和部落一样。这种环境虽然简易但人和人之间的关系却非常亲密,增加象征性表演并不具有特别的挑战性。人们把他们的社会世界理解成以真实的神话和扩大的宇宙为基础。各种仪式把诸如此类的神话传说戏剧化了。为这些仪式而设置的小道具、大舞台就是日常社会生活的全部素材,参与者和观众的角色可以互换。大约一万年前,随着新石器革命(Neolithic Revolution)的到来,人类活动从狩猎和采集转向驯化动物、栽培植物,阶级社会随之出现。中央集权制国家形成,少数精英从劳动大众中脱颖而出,管理更复杂的社会结构。在国王、法老、沙皇以及皇帝等占统治地位的古老的原始社会后期,集体性仪式绝非人人可参与,事事都有份。那时候他们举行的仪式才更像是表演,是明显经人为设计过的景观。表演是为了与他人保持一段距离,有效地向观众投射其意识形态意义。

文字的发明强化了社会表演中的这种消融(defusion)元素。② 叙述与分类构成了象征表演的基础,二者从原始时代的神话转型至现代人为创造的脚本,就像中世纪欧洲的复活节戏剧(Easter plays)或者古希腊人的酒神节(Dionysian)戏剧表演一样。社会意义客观化为书面脚本,无论是神圣还是世俗,均割裂了与背景表征

---

① Alexander, J. C. & Colomy, P. (eds.) (1990) *Differentiation Theory and Social Change*. Columbia University Press, New York.
② Goody, J. (1986) *The Logic of Writing and the Organization of Society*, Cambridge University Press, Cambridge, UK.

的关系,而唯有通过背景表征才能了解演员与观众之间的社会表演;文字创生了新一类专家,他们护持着神圣的经卷,唯一在意的就是确保象征性诠释的正确性。出演仪式脚本的社会人物形形色色,其诠释结果对耶,错耶？唯有搞文本诠释的专家之言方为可信。这种调和不仅催生出保守且持异见的神学家,也催生了知识分子;而两者又一道制造了离经叛道的异端邪说和新的符号形式。①

　　神学家、宗教异见者和知识分子是第一批批评者。② 试着细想一下孔子和马基雅维利等人,一切便可了然于心。正是在等级森严的社会内部,当融合仪式分崩离析之时,这些思想家应运而生。他们的著述提出了一个共同的问题:在风雨飘摇的历史时代,社会权威如何在精英群体以及普通民众中维持住已有的合法地位？他们纷纷登门自荐,向君主、亲王、贵族等献计献策,进谏雅言。为了收到良好的表演效果,他们需要亲自向民众展示自己,即在如是状况下如何调整社会表征,重新缝合分裂的社会秩序。上流人士与普通民众就是精英们尽心竭力孜孜以求去劝勉的观众。无论舞台场地是大还是小,礼仪之邦就是按照如此戏剧性意图进行部署的。

　　剧院的出现赋予社会戏剧中日益增长的"人为因素"一种审美形式,这使表演元素中的消融逐渐具体化。通过艺术,剧院有意识地制造实用性的戏剧效果。古代仪式中那些形而下的道具被一脚

---

① Eisensadt, S. N. (1982) The Axial Age: The Emergence of Transcendental Vision and the Rise of Clerics. *European Journal of Sociology* 23, pp. 294 – 314.
② Bellah, R. N. (2011) *Religion in Human Evolution*: *From the Paleolithic to the Axial Age*. Harvard University Press, Cambridge, MA.

踢开，表演的挑战性却依然存留。戏剧表演的目的是再度融合表演中那些互不相干的元素，以弥合演员与剧本、表演和观众之间存在的距离。在西方，从公元前5世纪酒神节上的泰斯庇斯表演（Dionysian performance of Thespius）向希腊戏剧的过渡中，我们发现了仪式向戏剧的转变。酒神节上举行的不同仪式就是表演的原型（proto-performances）。一方面，它们唤起了不容置疑的宇宙秩序，另一方面，它们承认宇宙状态中的偶然性，形成了为专门目的而进行巡回演出的剧团。希腊戏剧向前迈出了关键性的一步；它既具有内部竞争性，又带有明显的外在创作设计性，因为其成功要视情况而定，再加上激烈的竞争性，所以剧本和表演各占奖项。希腊戏剧参考了神话。而由于参考神话，故希腊戏剧本身就是非虚构的。到此时，在希腊历史上，表演的各种要素已被拆解得支离破碎。柏拉图渴望与原型形式融合，而亚里士多德却信奉分化（differentiation）。为制造戏剧效果，他的《诗学》（*Poetics*）提供了食谱般的详细说明书，这为情节的安排、为在剧本与观众之间引发一种宣泄性的联系、为编剧们如何让人同情舞台上的苦难都提供了配方般的诀窍。在中世纪，当这种复杂的社会文化活动退回至更简单的、不太发达的社会结构时，剧场戏剧消失了。宇宙哲学论的、宗教性的仪式再一次成为唯一可提供的戏剧形式。西方剧场在文艺复兴时期随着莎士比亚、莫里哀的诞生而复兴。正如理查德·麦克考伊（Richard McCoy）所解释的，这是因为"观众与演员之间存在着不完善的脆弱关系"，意即表演消融（performative defusion）——莎士比亚戏剧那种非凡的表演效果并非仰仗其宗教信仰，而取决于世俗的、诗意的信仰：

其戏剧情节如此扣人心弦,剧中角色看似比剧院里围坐在我们身边的各色人等更加真实,为什么?……最近的学术研究往往混淆了这些问题,甚至对这些问题避而不谈,直接把宗教信仰和戏剧信仰混为一谈,把注意力集中在戏剧的神学背景上。不过,对莎士比亚的信仰与其说是精神上的,不如说是戏剧上的、诗意上的。我们相信戏剧的强大却明显错误的观念,而不去相信上帝或奇迹。①

对表演采取一种审美新方法,即首次完全把剧场当作戏剧来理解,是在新的历史时期中,随着戏剧作为一种新的社会可能性的出现而出现的。戏剧就是有组织地把集体行动戏剧性地融入政治生活。作为公共政治领域,剧场出现的时间与古希腊的波利斯(polis,城邦)大致相同。古希腊的波利斯也就是文艺复兴时期的城邦(city-state)。

如果说戏剧是想方设法将难以抑制的情感冲突戏剧化,那么公开组织的政治运动也正是力图将迫在眉睫的社会冲突戏剧化,公开要求进行政治改革和经济改革。也就是说,戏剧和政治运动两者都或多或少地通过象征性艺术表演向远处的观众投射自己的意图。

诸如此类的表演,如挑战被拆解的、存在冲突的、碎片化的社会状况的表演,可能会激发新的文化认同和情感认同形式,这种表演就是本书要探讨的主题。

---

① McCoy, R. C. (2013) *Faith in Shakespeare*. Oxford University Press, New York, pp. ix, 6.

本书前两章集中讨论旨在进行彻底变革的社会运动。我认为,无论经济和社会的急迫性如何提供基础推动力,无论其政策目标有多么清晰透明,多么理性、多么合理,在人类精神中,这种剧变都必须首先登上舞台。在日常生活的激烈争锋中,把毛泽东和小马丁·路德·金(Martin Luther King Jr.,MLK)描述成演员,看起来很可能具有戏谑性或挑衅的意味,其实,这要么是一种隐喻用法,要么是彻头彻尾的侮辱。不过,在一个文化社会学的框架内,关注社会生活的意义,从理论上把现代性阐述为从仪式向戏剧的过渡,把这些了不起的重要领袖人物看作表演者,并且把他们所组织的各种活动看作一场场激情澎湃的戏剧,其实只是在宣称表演与社会事实休戚相关(第一章)。如果马丁·路德·金和南方基督教领袖会议没有能够上演非暴力抗议,没有将南方白人的暴力投射给因惊讶而几近窒息的北方观众,那么在1964年和1965年的民权法案中,美国的种族隔离(American Apartheid)制度就不会从法律上发生根本动摇。同样,今天由"黑人的命也是命"(Black Lives Matter,BLM)领导的运动也是如此。该运动激进、执着、迫切。种族歧视虽然让人愤慨,让人产生巨大的挫败感,但是,如果要想赢得公平,就必须有组织地发动抗议,这就要编写剧本,然后上演;此外,还要有导演,向持怀疑态度的观众面对面地进行表演。社会不公必须要戏剧化,而恢复民众的希望也需要戏剧化。毫无疑问,社会媒体对BLM抗议警察的杀戮行为而产生的怒潮起到了推波助澜的作用,但是真正引发这股怒潮的并不是社会媒体。互联网技术是采取象征性表演的一种手段,这种手段允许表演和戏剧加快流通速度,既不会多也不会少,如此而已。

同样,还原论者(reductionist)在解释阿拉伯之春(Arab Spring)那场引人注目的起义时,提出互联网技术起了决定性的作用。不过,正如我在第二章中所指出的,在2011年的埃及起义中,社会媒体就是一把双刃剑。手机和互联网确实能让策划者和抗议者进行即时的、直接的交流,为被剥夺公民权的公民-观众(citizen-audiences)提供一个平台,保护他们针锋相对地对政治威压作出回应。然而,具有压制力量的国家官员掌握着技术力量,如果他们愿意的话,可以关闭互联网和手机通讯。事实上,在十七天抗议后期关键阶段,他们就是这么干的。但是这种压制不可能持久。人们深切地感受到自由与团结的意义,感受到自由与团结自由地流动,革命性文本与表演已经深入人心。构成社会戏剧的"一·二五革命"运动的表演诸要素已经以一种巧妙的方式天衣无缝地接合在一起,这种方式制造了一种强烈的逼真感和真实感,这使得表演无须与社会媒体接触也能继续。解放广场(Tahrir Square)的舞台、固定电话传达的各种信息以及电话答录机等提供了足够的符号生产手段。穆巴拉克(Mubarak)拥有通信工具但是没有资讯。他自上而下的现代性剧本无法与民众对民主的呼吁一争高下,他既没有一班富有奉献精神的专属演员,也没有那种对埃及公民-观众的感情,只有这种感情才让他得以顺利表演下去。

在2012年的美国总统竞选中,谁应该控制象征性的交流方式,以及是否仅限于富人和权贵进入也是有争议的问题(第二章)。不过,以一种狭隘的物质方式来理解这种准入是错误的。在正式的民主国家,如果不被看好的总统候选人表现出色,那他们就可以将可自由支配的开支转移到中产阶级,从而获得足够的资金支付给组织机构和购买商业电视播放时间。无疑，在寻求总统连任过程中，奥巴马总统并非不被看好的总统候选人。在与米特·罗姆尼（Mitt Romney）竞争之初，确实存在赤字，这不仅表现在资金上，在合法性上亦是如此。在2008年的历史性选举中，奥巴马总统花掉了作为候选人的奥巴马赚取的象征性资本，转向他的连任竞选活动，结果搞得囊中空空。在组织意义上，第一个总统任职期间，他得益于非同寻常的医疗改革项目，但在象征意义上，他已经是强弩之末。当新构想出来的茶党（Tea Party）英雄们严厉地把他赶下政治舞台时，他还机械地扮演着"最后一个理性人"的角色。

巴拉克·奥巴马是如何从看似可能失败的境地渡过难关，最终取得压倒性胜利的呢？他开启了一种全新的叙事风格，将自己塑造成一个具有公民意识但又重新清醒的英雄，而他的共和党对手则是一个反公民的、精英主义的恶棍。当奥巴马以敏捷和优雅的姿态继续扮演这一新的角色，向前推进竞选活动时，罗姆尼则显得迟钝乏味，装腔作势，他只是做做姿态，装装样子，敷衍一下而已。随着民主党总统的势头猛增，竞选活动吸金数额巨大，满足了当时的实际需求，也购买了足够多的商业播放时间，突出了自己的鲜明形象，于是重振雄风，向四面八方广泛投射总统表演。在第一场总统大选辩论中，呆若木鸡的"罗姆尼"短暂振作起来，而"奥巴马"这个形象似乎心不在焉，讲起话来磕磕绊绊。在第二场和第三场辩论中，总统的形象才恢复了。在整个总统竞选这场大戏中，奥巴马正是通过后来一场场的表演挽救了局面，反败为胜。

在前三章中，我提到了剧本编辑的元素，但并没有详细阐述。第四章的论述重点就是剧本，照我看来，这实际上是提出了一种思考知识分子问题的新方式。知识分子的文字作品激发了全民总动员（mass mobilization），并对社会生活的组织产生了巨大影响。知识分子之所以伟大，并不是因为他们提供了新的科学理论，而是因为他们为最紧迫、最丰富的意义和动力问题提供了答案。我们为什么会痛苦？为什么社会安排会如此不公正？为使社会和个人生活变得更加美好，我们需要有何种作为？马克思、弗洛伊德、凯恩斯、萨特、兰德、法农等人的理论有力而简洁地解决了这些存在兼政治（existential-cum-political）问题。但是，如何使这些理论在社会上，而不只是在理论上变得强大，那可完全是另外一回事。知识分子的社会权力取决于他们获得的执行力（performative power，亦即表演力）。深奥的理论必须简化成以行动为中心的剧本；必须制定行动计划，招募有领袖魅力的演员，组织培训员工和追随者，准备好重新组织社会生活的详细计划，并将强有力的、公开可见的行动置放到实际场景中。知识分子的理论力量通常具有表演性，但是思想的社会力量又是另外一回事，所以一定要在学术圈子之外来进行组织，向观众展示思想力量，因为观众感兴趣的东西没有那么深奥，更多的是与日常生活中的柴米油盐息息相关。

在第五章中，我又回到了对基本理论的阐述。之前我提出，社会表演诸要素的消融与社会分化及文化复杂性如影随形。阶级和遥远他国（distant states）的出现要求，精英的合法性表演需要投射到新晋的遥远他者那里，文字的出现使得就表演所依据的文本展开解释性辩论成为可能。诸如此类的发展为从仪式到表演的运动创造了条件。不过，即使在出现剧院和公共领域后，表演诸要素仍旧继续消融，认识到这一点至关重要。例如，为了在政治公共领域表演得令人信服,美国总统招兵买马,招贤纳士,聘请演讲撰稿人;各部门也聘请了一班新闻秘书,精心排练选举辩论,聘请专家顾问撰写剧本,现场进行政治指导。①

在最后一章,我主要阐述了剧院的表演也容易持续受消融的影响。文艺复兴时期的戏剧一旦从宗教仪式中脱胎换骨,挑战表演融合就成为具有高度反射性的美学创新主题。新体裁和创作戏剧文本的新方法诞生后,广受追捧;完全不同的表演技巧得到发展,并被大力推广;道具和舞台设计蓬勃发展,成为专业;"导演"接管了戏剧制作的组织、结构化和场面调度等方面的工作。这些发展变化及其他的戏剧革新正是戏剧先锋派所关注的问题。众所周知,剧院的"第四堵墙(fourth wall)"是把观众与表演隔开的障碍,它虽然无形但又真实存在。无论这些革新乍一看去是多么激进,多么令人震惊,都必须采取一切必要的手段拆除这堵墙。

无论是在艺术中还是生活中,戏剧都非同小可,切不可等闲视之。每个人都要助一臂之力,努力使演出获得成功。

---

① Alexander, J. C. (2010) *The Performance of Politics: Obama's Victory and the Democratic Struggle for Power*. Oxford, New York; Alexander, J. C. & Jaworsky, B. (2014) *Obama Power*. Polity, Cambridge, UK; Mast, J. (2012) *The Performative Presidency: Crisis and Resurrection during the Cliton Years*. Cambridge University Press, New York.

第一章 占领舞台:毛、金和当今的
　　　　"黑人的命也是命"运动

不应该把社会抗议(social protest)功利性地界定为一个只依赖社会网络和物质资源的过程,虽然这些因素为象征性行动提供了边界条件,但它们既不能决定其内容,也不能决定其结果。要夺取政权,首先必须要登上社会舞台。①

登上舞台,表演社会戏剧,并成功地将之投射到形形色色的观众身上——取得这样的成就并非那么容易,要视情况而定,即使对于那些拥有自上而下的独裁控制权力的人来说,亦是如此;想攫取更大的权力,表演者还要让人们认识到自己的所作所为是合法的,这也同样需要出色地把表演进行到底。另外,作为制片人兼导演,

---

① 比较:Eyerman, R. (2006) Performing Opposition or, How Do Social Movements Move? In J. C. Alexander, B. Giesen, & J. Mast (eds.), *Social Performance: Symbolic Action, Cultural Pragmatics, and Ritual*. Cambridge University Press, New York, pp. 193 – 217。

专政者们还得尽量使其公共表演具有思想内涵。例如,在20世纪30年代,斯大林所搞的那些大规模的公审秀,其供词就是经过精心策划,并由记者报道,以录音和电影的形式进行广泛传播的。由于精心编排过,具有仪式感,所以产生了神话一般的效果;同时,又因为它唤起了英雄主义情感,所以这些因素混搭在一起,再经电影制片人之手进行美学重构,超越眼前的事件,将之投射到数百万潜在的观众那里,结果自然是令人观后振奋不已。再如,在1933年的纳粹纽伦堡党代会(Nuremberg rally)上,当时成千上万的纳粹崇拜者聚集在一起,参加集会。莱尼·里芬斯塔尔(Leni Riefenstahl)在《意志的胜利》(*Triumph of the Will*,1935)中对这一事件予以重构,还进行了拔高。

  无论是独裁还是民主,政治体制越是容易使权力受到挑战,夺取社会舞台就越是困难。在更为多元化的社会环境中,要想使表演体现出与观众血肉相连的强大力量,社会抗议所需要的诸多要素就必须彼此分离。① 而为了使这些表演元素再度融合起来,抗议表演(protest perfomances)就必须从头开始,自下而上,全方位地巧妙组织。因此,凭借祈祷和灵感、真情奉献,倾力而为之,并为戏剧表演而作出牺牲就成为重中之重。当然,各种外部表演条件之间的协调,如解释宣传、物质材料和人口资源等所起的重要作用也不可忽视。

---

① Alexander, J. C. (2004) Cultural Pragmatics: Social Performance between Ritual and Strategy. *Sociological Theory* 22(4), pp. 527–573.

第一章 占领舞台:毛、金和当今的"黑人的命也是命"运动

20世纪中国的戏剧激进主义

林林总总的社会革命运动告诉我们,革命最终总会取得胜利,这一点是不可避免的。但是,激进的理论家们把这种必然性概念化了,认为这是由不可阻挡的力量即物质利益所决定的。事实上,在革命运动内部,却并不是这么回事儿。物质利益的力量是戏剧的发动机。马克思把工人描绘成遵循理性的、工具性计划的原型科学家(proto-scientists)。列宁在这一点上就表现得更为明智。他通过攻击经济主义的谬误,将意识形态置于革命动员的核心,把布尔什维克政党组织成一个积极、务实、自上而下服务于社会主义思想的政党。① 安东尼奥·葛兰西(Antonio Gramsci)从马基雅维利那里受到启示,称共产党为"现代王子"。② 1917年,列宁领导的革命取得胜利时,葛兰西在他编辑的意大利革命报纸《前进》(Avanti)中一语双关地创造了一个大字标题:"反对资本的革命"(Revolution against Capital)。葛兰西知道,革命之所以能够在俄罗斯夺取胜利,不是因为资本的自然规律,而是因为布尔什维克党拥有能够进行戏剧表演的强大力量。③

文本背景及其局限性

在《毛泽东时代中国的革命话语》(Revolutionary Discource in

---

① Lenin, V. (1966/1902) *What Is to Be Done?* Bantam Books, New York.
② Gramsci, A. (1959) *The Modern Prince and Other Writings*. International Publishers, Moscow.
③ Gramsci, A. *The Modern Prince and Other Writings*.

Mao's Republic)一书中,大卫·阿普特(David Apter)和托尼·塞奇(Tony Saich)将马克思主义(Marxist)这一文化思想改造为后结构主义框架,重新对中国革命之前几十年的毛泽东思想战略(Maoist strategy)进行了根本性解读。他们抛弃了还原论者用意识形态概念进行推理的做法,朝着携带丰富意义的格尔茨①式的符号深描方法努力,将革命组织者当作一个讲故事的人,而这个讲故事的人是"一个具有特殊能力的代理人,他有能力挑起一切讲故事的人肩负的重担,并与他人分享故事中的财产,以使得故事中的财产成为该话语团体的共享财产"②。毛泽东是中国革命故事的总讲述者(teller-in-chief),他引领着大众走出"在中国普遍存在的那些恶劣环境和生存状况",进入"乌托邦共和国(utopic republic)"的愿景。有了这幅愿景,毛泽东"能够折射一种力量,并产生一个巨大的力量场;在这个力量场的中心,他成为一名导师"③。

阿普特和塞奇虽然强烈反对唯物主义,反对"理性的行动者",但他们对革命过程的文化描述却远远不够。他们的政治话语分析就是把中国革命描述为一种"注释创建"活动。但是,如果将中国革命如此非凡的事件仅仅看作"一个思想结构的明确体现",那就忽视了表演的艰巨任务,因为表演必须满足实时需要。实时需要是一个将思想付诸行动并使观众相信的复杂过程。阿普特和塞奇

---

① 克利福德·格尔茨(Clifford Geertz,1926—2006),美国人类学家,解释人类学的提出者。其解释人类学以深描概念为其核心。——译者注
② Apter, D. E. & Saich, T. (1994) *Revolutionary Discourse in Mao's Republic*. Harvard University Press, Cambridge, MA, p. 75.
③ Apter & Saich, *Revolutionary Discourse*, pp. xi, 298.

第一章 占领舞台:毛、金和当今的"黑人的命也是命"运动

承认,"要想与别人分享故事,必须得有人愿意倾听才行",而如何构思故事,使人们愿意洗耳恭听,这才是问题的关键所在。① 哲学家约翰·奥斯汀(J. L. Austin)提出"言语本身就是某种行为的实施",而对于这个语言黑箱(linguisitc black box)严密的内在机制,我们还蒙在鼓里。因为在奥斯汀那里,施为可以通过言说本身来执行。设置舞台布景、组织场面调度、演员能否进行巧妙演绎,以及观众、演员与动作脚本之间的组织如何实行无缝对接——总之,进行象征性表达的全部过程——所有这一切都需要预先加以构思。显而易见,毛泽东有能力"向听众传达一种获得特权的感觉,那就是用解释性智慧去接触心灵的运动"②。但展开交流的过程、获得特权的感觉,甚至把握智慧的属性等等,这一切都需要投入精力。

从1937年到1938年,在"长征(Long March)"之后,中国共产党的革命运动退回到延安。阿普特和塞奇讲述了毛泽东的故事,这使我们能够置身于延安窑洞内部,从而一窥编剧这个小黑匣子诱人的内部情景:

> [毛泽东]使自己成为全部过程的一部分。与他本人有关的一切事情也变得有意义起来——长头发,长手指,宽松的衣服,朴实的话语,以及他用捏着毛笔的手指挠痒的姿态。毛泽东十分谨慎地安排自己去表现他想要的形象。③

---

① Apter & Saich, *Revolutionary Discourse*, pp. xv, 75.
② Apter & Saich, *Revolutionary Discourse*, p. 85.
③ Apter & Saich, *Revolutionary Discourse*, p. 301.

不过,到最后,延安只是被简单地描绘为"一个符号空间",毛泽东是一位"唯一能够赢得公众支持、拥有能力逆转话语"的领导人,一位证明"能够团结一个多样化的团体"的"符码、象征以及由各种标志组成的内部机制"的领导人。① 但是,话语本身足以团结一个四分五裂、士气低落的团体吗？延安窑洞里到底发生了什么？是什么让这一伟大的思想复兴进程得以顺利展开的？"毛泽东利用隐喻和换喻创生了一套符码,"阿普特和塞奇提出了他们的理由,"这使得他的叙述赋予他各种手势、动作、服饰、住所尤其是语言和文字以能指的力量。"②但是,实际上,这套符码涉及的东西更多：富有创意的、无脚本的手势和动作,道具和舞台,来自官方的以及其他途径的不同解释,反应迟钝、沉默寡言,但也会欢呼雀跃的观众。

那种"一个人已经为一个更大的散漫群体所同化"③的说法当然是文化实用主义成功的一个有用指标,但这一指标衡量的究竟是什么？我们需要知道的是演讲者和听众之间的融合是如何实现的。但是,仅仅提出"人会吸收仪式、内化仪式"④是不够的。偶然性的和不稳定的表演是如何逐渐被当作一种具有吸收能力的、可重复的固定仪式,这才是经验性和启发性的重要筹码,利害攸关。对需要内化的文本来说,表演需要有恰当得体的措辞。阿普特和塞奇特别强调："'革命者'断言,[马克思主义]辩证法和[毛泽东]思想一直就存在,其持久的确凿性只是等待人们去感知而已。"⑤不

---

① Apter & Saich, *Revolutionary Discourse*, p. 69.
② Apter & Saich, *Revolutionary Discourse*, p. 99.
③④ Apter & Saich, *Revolutionary Discourse*, p. 182.
⑤ Apter & Saich, *Revolutionary Discourse*, p. xv.

过,说归说,要想实际践行这一思想却必须采取戏剧性的方式。

况且,确凿性也并非早已待在那里,等待着去被感知;确凿性是观众受到启发,进行归因的结果。表演不只是"仔细研读剧本,诠释他们的经历,并通过约束说话者和听话者(addresser and addressee)的公共话语来表达他们自己"①的问题。让说话者和观众水乳交融地密切结合在一起是表演所追求的目标。阿普特和塞奇将这些说法称作"拟像(simulacrum)"和"景观(spectacle)",②以区别于说服性的思想意识演说行为。但是,这些概念虽然巧妙地运用了社会表演的细节性结构,却并没有给出相应的解释。

表演:理论与实际行动

只有当人类表演学研究开始打开话语理论(discourse theory)的暗箱,把能指和所指之间的空间概念化后,对中国革命展开的学术研究才会步入正轨。"尽管社会科学中的'文化转向'已经持续进行了超过一代人的时间,"裴宜理(Elizabeth Perry)在她开创性的研究成果《安源》(*Anyuan*)中如是写道,"但它却经常被当作话语分析。而在话语分析中,写作、演讲、电影、节日和其他交际性材料又被当作……空洞的文本。"裴宜理认为,这种方法留下了"未解之谜","这个未解之谜就是,革命者是如何力图与目标受众产生共鸣,激进地引入这种新信息和新方法的。"裴宜理将这一过程定义为"文化定位"。她坚持认为,文化定位需要付出"积极的努力",这

---

① Apter & Saich, *Revolutionary Discourse*, p. 224.
② Apter & Saich, *Revolutionary Discourse*, pp. 130 – 131, 388n. 31。

是因为它"既取决于信息本身的基本内容和句法形式,同时也取决于信使的传达技能"。①

20 世纪 20 年代初,在中国中南部的矿业城镇安源,中国共产党第一次在组织方面取得了巨大成功。在中国共产党成立后不久,毛泽东访问了安源。裴宜理回忆说,毛泽东到达安源时,"带着用油纸做的湖南雨伞,穿着老师常穿的那种中式蓝布长衫","给工人们留下了深刻的印象"。② 中式蓝布长衫投射的是"一名知识分子"的形象,这种形象具体体现的是"儒家思想中脑力劳动与体力劳动的分离",而不是那种"渴望与地位低下的煤矿工人交流"的形

---

① 参见 Perry, E. J. (2012) *Anyuan: Mining China's Revolutionary Tradition*. University of California Press, Berkeley, pp. 4 - 5。比较:Denise Y. Ho (2015) "The Power of Culture." *The PRC History Review* 1(2): 5 - 6。尽管有这些明确的信号,但无论是裴宜理还是我在本节引用的其他学者的作品,都没有从表演的角度提出他们的论点。在《安源:发掘中国革命之传统》一书中,裴宜理提出她的主要理论术语:"文化定位(cultural positioning)"。文化定位表明在更传统的中国文化形式内,中国革命努力用具体例证说明马克思主义意识形态。她早期提到的观点更广为人知,同样她运用"情感工作(emotion work)"这一文化社会学概念来描述在该框架中形成的一种历史干预。参见 Perry, E. J. (2002) Moving the Masses: Emotion Work in the Chinese Revolution, *Mobilization: An International Quarterly*, 7(2), pp. 111 - 128。同样地,我在下面引用了陈永发和孙飞宇的作品来进一步阐述表演方法,即他们都将自己的贡献描述为"显示出共产党政策中心理维度的重要性"。参见 Chen, Y. (1986) *Making Revolution: The Communist Movement in Eastern and Central China, 1937 - 1945*. University of California Press, Berkeley, p. 100;而关于"古典精神分析和现象学的传统——西格蒙德·弗洛伊德、赫伯特·马尔库塞、汉娜·阿伦特、米歇尔·福柯和保罗·利科",参见 Sun, F. (2013) *Social Suffering and Political Confession: Suku in Modern China*. Peking University Series on Sociology and Anthropology, vol. 1. World Scientific, Beijing。在此,我从后结构到以表演为导向的文化分析角度来分析这一理论运动,换句话说,这是我自己根据上述研究对这个框架所作出的解释,而不是所引用的那些作者的分析与观点。

② Perry, *Anyuan*, pp. 48 - 51.

象。与其不相宜的着装相比,毛泽东的言谈表达显然更合适。"由于他从小在农村长大,说一口方言,"裴宜理的记录称,因此毛泽东"能够轻松地与工人相互攀谈——因为大多数工人都同他一样,是湖南人"。对于装扮上的问题,毛泽东很快研究出了个结果。在与矿工深入接触一周之后,他重新调整了自己穿着的服装,以更符合当时当地的场景:"一周过后,他脱掉学者的长衫,换上了一条裤子,这身装扮更适合深入矿井考察。"①

1921年11月,在完成了这次考察任务后,毛泽东委派年轻的共产主义战士李立三到安源,开始了艰苦卓绝的工作,也就是去当地实际组织一次工人运动。毛泽东衣着朴素,在这一点上,李立三的看法却迥然相异。李立三"出现在肮脏的煤矿小镇安源周围,装扮招摇:他要么穿着一件中式长衫,要么穿着时髦的西式外套,打

---

① 二十年后,毛泽东在《在延安文艺座谈会上的讲话》中,可能回忆起了他身着的那套服装的转变过程。当时,他坚称,为了"使文艺很好地成为整个革命机器的一个组成部分",共产党的艺术家需要更多地对"观众"的问题作出回应。参见 Zedong, M. (1942) *Talk at the Yenan Forum on Literature and Art*. May 2. Accessed July 17, 2016: https://www.marxists.org/reference/archive/mao/selected-works/volume-3/mswv3_08.htm。"既然文艺工作的对象是工农兵及其干部",毛泽东指出,这"就发生一个了解他们熟悉他们的问题"。(毛泽东,《讲话》)提到文化精英和群众之间的隔绝,毛泽东主张,"就是我们的文艺工作者的思想感情和工农兵大众的思想感情融为一体。"他建议,"而要融为一体,就应当认真学习群众的语言。"(毛泽东,《讲话》)但是,"你要群众了解你,你要和群众打成一片,就得下决心",毛泽东告诫我们,那你就要"经过长期的甚至是痛苦的磨练"。"在这里,我可以说一说我自己感情变化的经验。我是个学生出身的人,在学校养成了一种学生习惯……那时,我觉得世界上干净的人只有知识分子,工人农民总是比较脏的。知识分子的衣服,别人的我可以穿,以为是干净的;工人农民的衣服,我就不愿意穿,以为是脏的。革命了……这时,只是在这时,我才根本地改变了资产阶级学校所教给我的那种资产阶级和小资产阶级的感情。"(毛泽东,《讲话》)

着领带,以入时的装扮来引起人们的注意"①。不过,事实证明李立三的张扬举止同毛泽东的更为朴实内敛的风范一样"吸引普通工人"。李立三的一个着装细节尤其引人注目——"他胸前佩戴着闪闪发光的金属徽章(在法国搞来的)"。裴宜理告诉我们,这枚徽章"制造了一个李立三刀枪不入的传说,且谣传经久不息"。她还补充说,这位共产党的组织者"没有采取任何措施消除有关传言"②。这一重要的实体性饰物具有表演功能,因为它把李立三可能是外来的意识形态与广受欢迎的中国民间传说联系起来。裴宜理解释说,这枚熠熠发光的徽章似乎"有灵性,能按照龙头老大哥(Elder Brother dragon heads)的指点行事,而龙头老大的威望则来自超自然的力量"。李立三利用这一道具,"积极地鼓励人们相信,他在出国旅居期间,受到过'五个国家'赐予的神力的庇护"③。

发挥作用的何止是着装与配饰,事实上,李立三所做的更多。他设法以戏剧形式把自己的组织工作编排进传统的湖南仪式:

> 为激起人们对工人俱乐部的更大兴趣,李立三决定,夜校要在一年一度的元宵灯节举办一场舞狮大会。选这么个时机主要是让当地的上层人士赞助武术高手们的表演,他们在热烈的舞狮表演过程中展示了技艺,从而吸引新的追随者。李立三新招纳了一位名叫尤从奈(You Congnai)的俱乐部会员,他技巧娴熟,被说服后发挥了带头作用。尤从奈……武艺首

---

① Perry, *Anyuan*, p. 61.
②③ Perry, *Anyuan*.

屈一指;他尽职尽责,身着由当地工匠为元宵节定制的华美舞狮服,披挂上阵。当其时,铙钹齐响,鞭炮齐鸣,尤从奈从煤矿到火车站,昂首阔步,腾跃起舞,沿途经过公司总部、总商会、圣詹姆斯圣公会教堂、湖南和湖北老乡会……。果不其然,舞狮表演吸引了一大帮子前来看热闹的观众,他们跟着这位生龙活虎的舞狮演员回到工人俱乐部,想知道如何拜入其门下为徒。然而,与人们的普遍预期相反,这位武术高手向聚集前来的观众宣布,我们不应该再学习武术了,我们应该去夜校勤奋学习,学文化。有兴趣学习的人就跟我们来吧。①

很快,人们就清楚地认识到,这些共产党人采取的教育方式,无论是儒家文学(文)还是武术(武),都与传统意义上的完全不同——正如舞狮者尤从奈对一群想要拜师为徒的人所说的那样:"我们的老师,家在醴陵[李立三的故乡就在湖南,跨过江西省省界便是],但我们学校的祖师爷却住得老远老远。要想找到他,那可得跨过七大洋才行。他现在已经有一百多岁了,他是马老师[马克思],一个留着大胡子的老爷爷。"②李立三发挥了丰富的想象力来招贤纳士,结果大批新学员涌入了工人俱乐部。

当广受欢迎的安源工人俱乐部开始赞助开设课程时,李立三很快就意识到:"写思想正统的文章、开设思想正统的课程……并不总是吸引工人注意力的最佳方式,尤其是年轻工人,他们都是非熟练工人,在煤矿中占比很大。"组织者的"目的是创造更生动的文

---

① Perry, *Anyuan*, pp. 59-60.
② Perry, *Anyuan*, p. 60.

社会生活的戏剧

化交流形式"①。六十年后,早年中国共产党安源文艺部门的负责人解释了这些举动所追求的目标:

> 我们经常通过唱歌、表演戏剧、学习文化和开展各种娱乐活动把工人俱乐部的年轻人组织起来。焕然一新的安源工人俱乐部刚刚开张,我们每周都在那里举行晚会,开展演出活动。我们的剧本没有固定台词,都是自编自演的……剧本内容包括:反对资本家剥削工人、战胜帝国主义、打倒军阀……这些戏剧吸引了大批观众,既有工人,也有来自周边地区的农民。②

该部门负责人声称,这些表演的"宣传效果""非常好",通过一位老工人的回忆,这一说法得到了证实。老工人说他在十岁时曾亲眼看过这些演出,他回忆起了当时现场表演的生动气氛:

> [安源工人俱乐部]文艺部门组织年轻人制作和表演"文明戏"。每次演出,俱乐部的大厅都挤满了人。瓦斯灯点起来了,照得亮堂堂的。很多戏都反映了矿井工人的劳动生活。我记得有一天晚上,我在俱乐部里看一出新戏,戏里演的是工人遭到资本家的皮鞭毒打,还演了留大胡子的马克思是如何关心革命活动、俄罗斯工人阶级是如何拿起武器与资本家作斗争的。这出戏的情节深深地打动了我们在场的每个人。我钦佩工人阶级那种大无畏的革命斗争精神,打心底里希望有

---

①② Perry, *Anyuan*, p. 95.

一天我们也能拿起枪,与矿上的资本家作斗争。①

除了这些形象鲜明的戏剧表演以外,安源工人俱乐部还组织了三十一场"服装讲座"的编写与演出。对此,裴宜理将其描述为"一种既是戏剧又是讲座的形式,寓教于乐"②。裴宜理写道,服装讲座冠以"'觉醒之路''卖淫和赌博的罪恶''爱国的强盗''我们的胜利'等道德类标题。晚间演出在工人俱乐部的大礼堂举行,观众多达千人甚至更多"③。一直以来,地方戏在中国农村都很受欢迎。随着中国共产党的组织工作从安源这样的工业城市向农村扩展,戏剧和戏服的形式也得到了广泛运用。正如一位工人回忆说,每到星期天,"工人俱乐部的头头……都会带领我们去附近的村庄表演","我们一到目的地,乐队成员就会敲锣打鼓、吹小号、吹笛子,吸引人群。接下来,我们就会表演一个节目,节目表演完之后呢,就会演讲,演讲受到农民们的热烈欢迎。"④

美国记者埃德加·斯诺(Edgar Snow)认为:"在共产主义运动中,再没有比红军的剧团更强大的宣传武器了,"他称,"当红军占领新的地区时,是红色剧院平息了人们心头的恐惧,并灌输给他们关于红色计划的初步想法,散播大量的革命思想,这样一来,很快赢得了人民的信任。"⑤斯诺自称是中国革命的拉拉队队长。他这

---

① Perry, *Anyuan*, pp. 95-96.
② Perry, *Anyuan*, p. 96.
③ Perry, *Anyuan*.
④ Perry, *Anyuan*, pp. 96-97.
⑤ Snow, E.(2007[1938])*Red Star Over China*. Random House, New York, pp. 123-124.

样描写很容易让人产生误解,即表演能轻而易举地取得成功。历史学家陈永发(Yung-fa Chen)根据党内文件指出,事实上恰恰相反,中国农民实际上是一个很难"攻克"的群体。多少个世纪以来,儒家思想教导农民要"容忍贫穷,容忍不公,这相当于对和谐和被动的无条件奉行"①。农民具有保守性;必须去劝服他们成为革命者。

正如孙飞宇 2013 年在其《社会苦难和政治忏悔》(*Social Suffering and Political Confession*)中所提出的那样,正是这种并非情愿的、受压抑的农民-观众特质激发了中国共产党去开展一场"诉苦"运动。② 诉苦运动的策略始于"访贫问苦"的方法。该方法被称为"访问贫苦家庭,询问他们的苦难"③。中国共产党的工作组带着孙飞宇所称的"经验技术"进驻农村。他们拜访贫苦家庭,深入询问一些有关他们个人生活的问题。从表面上看,这样的访问是关于思想领域的一场教育实践活动,目的是重建认知。"这场对话的公开目的是,"孙飞宇在书中这样写道,"如何用中国共产党的政治意识形态所提供的现成的叙事话语教农民思考自己的处境,如何去解释自己的处境、自己的身份。"④

不过,"访贫问苦"更深远的目标在于其戏剧性,其目的是引导

---

① Chen, *Making Revolution*, p. 173.
② 孙飞宇对中国共产党的文化实用战略进行纪实性报道的能力依赖于他能接触到一些未公开出版的党内文件,这些文件坦率地承认了在革命宣传工作中存在的困难方面所作出的努力。陈永发对内部文件和外部文件作了明确对比(参见 *Making Revolution*, p. xix)。裴宜理主要还是依靠先前公布的资料。
③ Sun, *Social Suffering and Political Confession*, pp. 35ff.
④ Sun, *Social Suffering and Political Confession*, p. 37.

农民"诉说苦难",或者说"诉苦"。根据官方文件,诉苦指的是口头讲述"被阶级敌人迫害的个人历史……目的是为激起听众的阶级仇恨,重申自己的阶级立场"①。孙飞宇本人给出了一个更为详尽、更为明确的戏剧性定义:

> "诉苦"是指在政治语境下、在公共集体论坛中承认个人苦难的行为。在汉语中,"诉苦"一词的意思就是在公共场合诉说自己的苦难,或倾诉自己的辛酸。"诉(su)"的意思是"告诉别人","倾倒出来",或"坦白地说";"苦(ku)"的意思是"痛苦、疼痛和辛酸"。②

一名组织者将"诉苦"描述为"群众翻身运动的导火索"③。在中国共产党开展的大规模的土地改革运动中,"翻身"($Fanshen$,"turning over",字面意思是"翻身")指的是一种复杂的组织性努力,它使农民从宽容的宿命论者变成愤怒的激进主义者。

韩丁(William Hinton)重现了1948年发生在长弓村的土地改革运动。这份记载有些美化性质,其意义重大,记录了农民们不愿对地主采取激进行动的害怕心理以及党的干部对农民进行再教育的决心。尽管韩丁坚称自己的描述是实事求是的、纪实性的,但在描述共产党人揭露地主与日本侵略者的暗中勾结时,他还是含蓄地采用了一种表演性的框架:

> 天明(T'ien-ming)把村里所有积极进步的青年干部和民

---

① Chen, *Making Revolution*, p. 331.
② Sun, *Social Suffering and Political Confession*, p. 2.
③ Sun, *Social Suffering and Political Confession*, p. 46.

兵召集起来,向他们宣布了政府的政策,要求他们在公开会议上,和所有与敌人暗中勾结的人当面对质,揭发他们的罪行,把他们交给国家主管部门,去接受惩罚……年轻人同意第二天召开一个全体村民的公开大会。于是,郭特余(Kuo Te-yu),这个地主的走狗、密探、害人精、贪污犯、敌人的傀儡,发现自己站在几百个被他背叛的麻木的农民面前……沉默的人群向被告郭特余站着的地方慢慢靠近。这时,天明迈出一步,跨向前面,说道:"同志们、乡亲们……我们报仇雪恨的机会来了。想一想我们是如何遭受压迫的。叛徒夺走了我们的财产,还把我们踹上一脚……让我们说一说过去的痛苦,回忆一下过去的苦难,让我们看看,到了偿还血债的时候了。"……农民们用心地听着一字一句,但都无动于衷,丝毫没有表示出自己的感受。……人群中没有一点动静,也没有人说话。"来吧,谁手里掌握着揭发这个家伙的证据?"接下来又是一阵沉默。新任副村长贵泰(kueiy-ts'ai)终于感到忍无可忍了。他一下子跳将起来,一巴掌朝着郭特余的下巴抡了过去。"当着大伙说说,你偷了多少钱!?"他喝令道。这一巴掌让衣衫褴褛的人群深感震惊,就好像一束电火花瞬间传遍全身,使得每一块肌肉都绷紧了。在人们的记忆深处,还从来没有哪个农民敢动当官的一根手指头。人们不由自主地倒吸着气,却又几乎无声无息;其间从一个老人的喉咙里传来清晰的"啊"的一声。但是,广场上,人们还是站在那里,等着,呆着,满心困惑,仿佛在看一场大戏。其时,他们根本没有意识到,为了展开整个戏剧情节,他们自身也需要登上舞台,说出脑子里在想些啥名堂。①

这场翻身运动的核心是诉苦。在走访乡村的过程中，党员干部锁定了那些他们认为的"模范讲述人"，着手对他们进行叙事技巧上的训练，以唤起听众情感，使其坦露心声。安排好这些后，他们就组织召开群众大会，以便让"苦难引出苦难"②。"在诉苦大会上，一个模范讲述人首先要从感情上打动听众，"孙飞宇解释说，"这样就会使他们对诉苦者的诸多感受深表同情——听到悲惨和艰难困苦的故事，感到伤心难过，听到演讲者提到压迫者和剥削者，就会满腔仇恨，怒火中烧。"③ 1947年，一本名为《诉苦与复仇：诉苦教育的经验与方法》(Suku and Revenge: Suku Education's Experience and Method)的手册，向中国共产党的组织者们详细地提出了诸方面的建议：

> 所有的倾听者都应该感受得到痛苦，分担痛苦，直到每个人因悲伤而痛哭流涕……从痛苦到心痛，从心痛到仇恨。痛苦越多，心痛就越厉害；心痛越厉害，仇恨就越强烈；仇恨越强烈，情感就越强大有力……使用诸如准备诉苦的背景、组织纪念仪式、准备记录报复的方式等任务手段，营造一种充满说服力的痛苦氛围……应该灌输以下政治意识信息：天底下所有的穷人都在受苦；世上穷人是一家；我们是兄弟姐妹，我们应

---

① Hinton, W. (2008/1966) *Fanshen: A Documentary of Revolution in a Chinese Village*. Monthly Review Press, New York, pp. 112–114.
② Hinton, *Fanshen*, p. 55.
③ Sun, *Social Suffering and Political Confession*, p. 46.

该团结起来拯救自己,废除阶级剥削和阶级压迫的根源。①

这种由党的干部组织的活动看起来通常十分成功,它发挥了大规模的政治净化作用。同样,在1947年撰写的一份内部报告《贫农诉苦会》(Poor Peasants' Suku Assembly)中就描述了土地改革运动期间发生的情况。报告称,当时,"每个地区都开始开展诉苦运动"。② 报告显示了诉苦取得较大成功的范围,尽管数字有些拔高:

> 在城关镇的诉苦大会上,只有一个人诉苦。诉苦之后,所有的农民都开始嚎啕大哭,呼天抢地。有些人回到家里,全家人又一起痛哭流涕……据不完全统计,全年有5184名农民参加了诉苦。其中,4551人在诉苦时难过得痛哭失声……有323个农民诉说了忍饥挨饿之苦,546人诉说了乞讨哀求之苦,115人诉说了妻离子散之苦,116人诉说了亲属被盗匪杀害之苦……在诉苦运动中,干部和人民亲如一家。干部们看到人民痛哭就感到痛从心头起,怒从胸中生。人们劝干部不要哭。人们说:"这才是共产党!共产党也是我们穷人!"③

表现过去的痛苦不仅成为个人记忆和集体记忆,它也包含了某些仪式和表演,并因此而成功地融入到更大的宣传机构以及中国的大众文化中去。④

---

① Hinton, *Fanshen*, pp. 57-60.
② Hinton, *Fanshen*, p. 46.
③ Sun, *Social Suffering and Political Confession*, pp. 46-47.
④ 参见 Terrill, R. (1984) *The White Boned Demon: A Biography of Madame Mao Zedong*. William Morrow, New York.

国家力图通过让老年人面对面地给学生做口头报告,强调他们在1949年之前遭受的苦难,目的是向青年学生们灌输一种思想,教育他们不要忘记过去……将一个老年人的个人痛苦遭遇转变成公共政治资产,这才是在全国各地举行忆苦思甜大会的实质……选择合适的人去讲话,营造适当的氛围,这对于成功地回忆痛苦、唤起观众的情感回应至关重要……当叙述达到高潮时,农民演说家会因痛苦而哽咽,一句话也说不出来……打动听众的能力是选择演讲者的主要标准。一旦被选中,演讲者就需要接受进一步训练,以确保演说雄辩动人、富有感染力,另外,演讲者还要适时流下热泪……20世纪80年代和90年代的很多回忆录,就是许多下放年轻人对"文化大革命"的回忆,写的就是之前的城市学生如何接受贫下中农再教育,听他们讲述过去的苦难遭遇。①

中国人能够进行革命的原因之一是中国共产党创造了一种革命性的抗议艺术,使编导、剧本、演员、场景和观众等诸多要素融为一体。这部革命性戏剧也许流露出现实性和逼真性,但重要的是,它能努力将美学力量和道德力量结合在一起,并使之升华。②

20世纪中期美国的民权抗议:一个新的社会角色

尽管革命组织需要很多微妙的技巧,但往往还要凭借政党或

---

① Wu, Recalling Bitterness, p. 263.
② Burke, E. (1990/1757) *A Philosophical Enquiry*. Oxford University Press, Oxford.

国家控制才能掌握强制权力的杠杆,比如,通过象征性的暴力来为意识形态类剧本的戏剧性力量"增值"。自下而上的抗议力量相对薄弱,由此而发起的运动却不具备强制权力的表演优势,所以这种抗议活动的幸运程度就难以为继。

就拿20世纪五六十年代非裔美国公民权利运动(the African American civil rights movement)来说吧。早在一个世纪以前,美国内战(the Civil War,1861—1865)就已经宣布废除奴隶制。但是,随着南方各州重建①的结束,也就是在北方取得胜利后十二年,进一步解放黑人的运动却受到阻碍。南方黑人受等级制度的禁锢,即使在美国北部,黑人人口不断增长,他们也还是受到歧视,权利被剥夺。20世纪五六十年代,发生了一场非同寻常的社会运动,这场运动对种族统治体系发起了有力挑战,并且取得了巨大胜利,尽管这一胜利并不彻底。

最近几十年来,社会学家倾向于将民权运动解读为一场"赤裸裸的权力斗争",②一场南方黑人与南方白人压迫者为争夺物质资源的控制权而进行的战略性斗争。③ 在我自己的著述中,我对此提出了另一种解释。诚然,民权运动本来是为了消除阻碍黑人争取

---

① Reconstruction,美国南北战争后对南方各州社会政治经济和社会生活的改造与重新建设时期的通称。——译者注
② Morris, A. D.(2007)Naked Power and The Civil Sphere. *The sociological Quarterly* 48(4), pp. 615 - 628.
③ McAdam, D.(1982)*Political Process and the Development of Black Insurgency*, 1930 - 70. University of Chicago Press, Chicago; Payne, C. M.(1995)*I've Got the Light of Freedom: The organization Tradition and the Mississippi Freedom Struggle*. University of California Press, Berkeley.

国家权力的障碍所作出的努力。但是,由于种族恐惧和民主政治混合在一起而导致的复杂性,为获得这种权力而进行的斗争既不具有暴力倾向,甚至也不带有明显的强制性。这场运动只能依靠说服,因为开展运动的目的在于产生影响力而非掌握权力。民权运动产生了各种具有象征意义的戏剧,将这些象征性戏剧投射到北方白人观众身上,而非南方的白人政权上。①

从表面上来看,民权运动想要传达的信息并不在兹。民权动员看起来似乎是针对南方制度的,但其实运动的真正观众是"第三方",也就是在这场冲突中作壁上观的白人公民。与南方白人直接参与运动相反,北方民权运动的力量似乎十分弱小。事实上,吃败仗对他们来说是家常便饭。虽然有些南方白人扩大了眼界,开阔了视野,但大多数人却不为所动,而是漠然视之,甚至事不关己高高挂起。

现代观众具有分散性、分层性、分裂性。表演者不能寄希望于同时与他们所有人取得联系。马丁·路德·金曾公开宣称,采用非暴力策略的目的就是为了说服南方白人,以求助于他们的基督教信仰和民主精神。然而,正如运动领导层内部人士所心知肚明的那样,马丁·路德·金采用这一策略实际上是为了产生完全不同的效果。金的非暴力思想来自他对另一位采取民权抗议的艺术大师圣雄甘地(Mahatma Gandhi)的研究,这一点毫无疑问。甘地相信,反复表演非暴力不合作主义(*Satyagraha*)——"坚持真理"——最终会软化帝国的铁石心肠,改变英国人的执拗思想。不

---

① 当然,这首先必须要发动一场运动。马丁·路德·金的表演必须得成功地把南方的黑人群众动员起来。金不仅是导演兼明星,而且是由黑人步兵组成的演员阵容的一员,因为他们共同创造了可以投射给北方白人观众的戏剧表演。

过,后来对大英帝国起作用的东西,在实行种族隔离制度的美国却并不合适。大多数南方白人所抱持的种族主义观念,无论对于社会精英还是普罗大众,都是根深蒂固的,他们无法对非裔美国人的非暴力不合作主义作出回应。尽管金信奉基督教理想主义,但他骨子里是深深明白这一点的。他在南方长大成人,却是在新英格兰(New England)攻读的博士学位。马丁·路德·金脑中实际想到的则是北方白人的非暴力不合作主义。①

---

① 参见 Garrow, D. (1957) Nonviolence and Racial Justice. *Christian Century* 74, Feburary 6, pp. 165 – 167. 当然,确实也有一些南方白人支持黑人运动。参见 Sokol, J. (2006) *There Goes My Everything: White Southerners in the Age of Civil Rights, 1945 – 1975*. Vintage, New York;虽然大多数人是被动参与运动的,但也有少数人是积极的支持者:比如神职人员,参见 Campbell, W. D. (1997) *And Also With You: Duncan Gray and the American Dilemma*. Providence House Publishers, Franklin;拉比,参见 Bauman, M. K. & Kalin, B. (eds.)(2014) *The Quiet Voices: Southern Rabbis and Black Civil Rights, 1880s to 1990s*. University of Alabama Press, Tuscaloosa;妇女,参见 Little, K. K. (2009) *You Must Be from the North: Southern White Women in the Memphis Civil Rights Movement*. University of Mississippi Press, Jackson; Moody, A. (2011); *Coming of Age in Mississippi: White Sympathizers and Supporters of the Civil Rights Movement*. Random House, New York; Murphy, S. A. (1997) *Breaking the Silence: The Little Rock Women's Emergency Committee to Open Our Schools, 1958 – 1963*. University of Arkansas Press, Fayetteville;学生,参见 Michel, G. L. (2004) *Inside Agitators: White Southerners in the Civil Rights Movement*. Palgrave Macmillan, New York;编辑,参见 Roberts, G. & Klibanoff, H. (2007) *The Race Beat: The Press, The Civil Rights Struggle, and the Awakening of a Nation*. Vintage, New York;商人,参见 Robinson, A. L. & Sullivan, P. (eds.)(1991) *New Directions in Civil Rights Studies*. University of Virginia Press, Charlotte. 查佩尔(Chappell)认为,"当地白人在道义上的隐性支持""对黑人抗议者来说是极大的鼓舞",但关键是这种支持很少公开。参见 Chappell, D. (1994) *Inside Agitators: White Southerners in the Civil Rights Movement*. Johns Hopkins University Press, Baltimore, p. xvi. 一些南方白人可能确实扮演了"内部鼓动者"的角色,但实际上,对从外部观察的观众来说,他们是不可见的。南方白人正在经历着共情和同情,但这一表演场景却无法展现在公众面前。在国家民权戏剧中,南方白人的"角色"留给了那些代表种族主义的群众和起压制作用的精英人物。

从弗雷德里克·道格拉斯(Frederick Douglass)到哈丽特·塔布曼(Harriet Tubman),再到杜波伊斯等等,这些非裔美国人抗议活动的领导者都是社会演员,他们对戏剧表演兴趣浓厚,驾驭起公共舞台来得心应手。虽然这些领导人在意识形态方面和志向抱负上往往可能大异其趣,但他们都有一个共同的重要才能。那就是,他们对美国人——无论是白人还是黑人——的集体良知都有一种直觉。用索绪尔的术语来说,他们抓住了可以称之为美国语言(American *langue*)的东西,后者作为美国的文化语言为民权运动的具体言语(*paroles*)设定了背景,而非裔美国人正是借言语这种言语行为去抗议压迫他们的社会世界,不仅将战略脚本投射到黑人同胞身上,也投射至周围的白人平民百姓那里。

美国黑人和白人共同拥有深厚的文化语言,这种文化语言由世俗派和基督教派组成,前者的内容是反对独裁主义的共和主义思想和自由主义思想,后者的主题是先知基督教(prophetic Christianity)。黑人认同法老统治埃及时期的犹太人,他们从出埃及的故事中看到了自己的命运,也意识到了某种可能性。白人把自己的民族使命追溯至反抗国王乔治三世(King George III)时代。但是,在后革命时代,他们却发现自己陷入了一场反对欧洲贵族、帝国和专制的民主战争之中。不过,在美国实验(American experiment)的最初三个世纪里,种族主义阻止白人把自己的解放叙事与黑人争取自由的斗争等同起来。只是随着道格拉斯、塔布曼和杜波依斯这些令人信服的非裔美国人表演者以及诸如全国有色人种促进会(National Association for the Advancement of Colored People,NAACP)等宣传组织的出现,这种相互认同才可能逐渐得以发展。

马丁·路德·金牧师受过高等教育,笃信宗教,精力充沛,勇敢坚定,天赋异禀,生而具有戏剧表演天赋。表面上,他把南方白人作为民权抗议的主要观众,但在实际的抗议戏剧表演中,他只是将南方的白人当作衬托。金牧师把他们从真正的敌人变成假想敌,后者比他设计、编剧和演出的道德剧中的人物还要生动逼真,不同凡响。在这部戏剧中,他本人扮演的就是活动家这个主角。通过诱导南方白人反基督的力量来扮演反民主的角色,民权抗议运动剧一次又一次地颠覆了南方白人的权力。

1955年12月,阿拉巴马州蒙哥马利市(Montgomery)的罗莎·帕克斯(Rosa Parks)拒绝换到公交车后排就坐。当时,她的勇敢行动貌似只是自发的个人抗议。事实上,这一举动是早就经全国有色人种促进会地方分会策划过的。帕克斯本人在该促进会当秘书。不过,在此之前我们不可能知道的是,领导随后发生的这场剧变的人物将是当地政府部门新来的一位年轻牧师,他的名字叫马丁·路德·金。

蒙哥马利公交车非暴力抵制运动持续了长达十二个月的时间,这就要求人们将各种各样的表演巧妙恰当地融合在一起。抗议最终取得了成功,原因在于这场运动有一个组织严密的制作团队,在后台严格缜密地进行彩排的公民演员,在四面八方铺展开来的场面调度,在整个不可预测却又跌宕起伏的过程中能维持戏剧情节和思想明晰性的灵活台词,还有足以满足各种需要的物质力量,即能够满足经济拮据的黑人所需要乘坐的私人交通工具,能够保释黑人出狱的合适人选,能够物色到合适的法律代表,等等。① 同时,这部社会大戏剧还需要一位英勇的男主角,他能站在代表着国家的警察面前,面对镇压,临危不惧,表现出大无畏的英雄气概;在言语上,他能言谈犀利,慷慨陈词,激发观众的热情;在认识上,他能引发认同,使观众产生共鸣;在道德精神上,他能产生激励促进作用。②

马丁·路德·金不仅将抗议剧本生动地投射给本地黑人,投射给蒙哥马利运动中的演员和合唱团的黑人民众,而且他还通过整个美国的白人记者将这一剧本投射给北方民众。在金的公民宗教脚本中,白人记者已经强烈地感受到了他的远见卓识所产生的非凡力量,并为他发人深省的话语所深深地震撼:"公交车上发生的事件只是个诱发因素,其中存在着更深层的东西。这些更深层的东西就是,痛下决心……揭竿而起,反抗那些压迫势力。"③当时颇具影响力的《新闻周刊》(Newsweek)援引了马丁·路德·金掷地有声、振聋发聩的宣言,称"美国的光荣之一"就是"为权利而抗争的权利",并将蒙哥马利市的抗议定性为公民行为,而非种族或经济行为。抵制活动取得成功后,《时代》杂志将马丁·路德·金的照片刊登在封面上,称他"正是许多黑人,如果不是因为肤色,也是许多白人梦寐以求想成为的那种人"④。

---

① Branch, T. (1988) *Parting the Waters: America in the King Years, 1954–63*. Simon and Schuster, New York.
② 对比阅读:Meier, A. (1965) On the Role of Martin Luther King. *New Politics* 4 (1) pp. 52–59。
③ 引自 Lentz, R. (1990) *Symbols, the News Magazines, and Martin Luther King*. Louisiana State University Press, Baton Rouge, p. 26。
④ 引自 Lentz, *Symbols*, p. 34。

蒙哥马利事件是在一系列的抗议活动中的第一个行动。随后纷纷举行的抗议活动稳中有升,不断加剧戏剧性的紧张局势。这场持续数十年的社会大戏剧策划了一个接一个的戏剧性情节——公民正义战胜反公民恶行。大量生动报道比比皆是,充斥于报端。1960年,学生因便餐馆入座(lunch counter sit-ins)事件而发起运动,一波又一波的非暴力学生抗议者遭到逮捕和监禁。1961年,又发生了一场血腥、恐怖而又危险的自由之旅①运动。运动中,抗议者遭到毒打。晚间新闻对此进行了报道,称这是以勇敢的抗议来反对犯罪暴行。

1964年夏天,阿拉巴马州伯明翰市的白人警察以使用消防水枪、放出凶猛恶狗等手段袭击黑人学生。这一戏剧性事件引起了北方民众前所未有的关注,激起了他们的想象。一年后,当阿拉巴马州警察开枪射杀决心跨过塞尔玛(Selma)一座桥的非暴力游行者时,这场戏剧终于引发了最深刻的道德焦虑,导致整个北方集体意识的大爆发。② 运动领袖选择伯明翰和塞尔玛,恰恰是因为他们知道,在这些城镇,白人领袖特别容易迸发种族主义情绪,表现出反民主的行为倾向。抗议活动通过剧本编辑、排练演出、精心筹划等,巧妙地控制了在现场演出时可能会出现的失误。然而,正如柯勒律治所言,戏剧的技巧是绝对不能示人的:戏剧效果取决于自愿

---

① Freedom Rides,指为争取公民权利,民权工作人员去美国南方各州乘坐实行种族隔离的交通车辆作示威性旅行。——译者注
② Eskew, G. T. (1997) *But for Birmingham*: *The Local and National Movements in the Civil Rights Struggle*. University of North Carolina Press, Chapel Hill; Garrow, D. (1978) *Protest at Selma*: *Martin Luther King*, *Jr.*, *and the Voting Rights Act of* 1965. Yale University Press, New Haven.

终止怀疑①。尽管南方白人对民权抗议不屑一顾，认为一切都是凭空捏造，是炒作，但是，北方白人观众却把这些抗议看作是非常真实且真诚的，是对种族压迫道德真相的浓烈渲染。

由于电视新闻貌似是实时报道，北方白人目睹了这场民权运动的演变过程后，对南方白人"失去的事业"原本充满感情色彩的恻隐之心逐渐烟消云散。"我们从来没有……分散努力"，马丁·路德·金于1964年向一位记者吐露，"只不过是把关注的焦点集中在具体的象征性目标上而已。"②金明白，只有象征性的力量才会产生真正的影响。北方的公民-观众要求调用联邦权力来保护无能为力的黑人，惩罚压迫他们的白人；他们着重强调的是黑人主角，而不是他们的南方白人对手。1964年和1965年，在肯尼迪总统遇刺激起的余波中，国会采取行动，废除了种族隔离法，并通过立法赋予黑人公民权利和政治权利。北方各州势力趁机入侵过去的邦联各州。许多人将此称之为第二次重建（second Reconstruction）。

21世纪美国的"黑人的命也是命"运动

20世纪50年代到60年代，民权运动是美国人关注的焦点，但它也因此而激发了一个全球性的集体想象，并将这一舞台场面从当地场景投射至与外界表演联系在一起的数以亿计的人。它开创

---

① "the willing suspension of disbelief"，这个概念是由英国诗人和评论家泰勒·柯勒律治（Samuel Coleridge-Taylor）创造的。简言之，就是观众明知故事情节是假的，却主动选择暂时放弃自己的怀疑态度，告诉自己剧中情节和镜头都是真的，以达到更好地欣赏艺术作品的目的。——译者注
② Garrow, *Protest at Selma*, p. 321.

了一种叙事弧线①,一种对乌托邦社会表演的连续性重复。在随后的几十年里,不仅在美国,而且在全球公民社会中,它都成为一种根深蒂固的文化结构。

在一个充满着社会不公、耻辱和压抑的世界里,公民团结这一乌托邦理想着实令人焦虑不安。②对现有社会安排的不满长期存在,公民领域也让人焦躁不安。阈限的反复出现,以及需要公民修复的社会戏剧,都是阶段性的结果:波兰的团结工会运动(Solidarity movement),菲律宾的人民力量革命(People Power Revolution),中欧和东欧的天鹅绒革命(Velvet Revolution),巴拉克·奥巴马(Barack Obama),阿拉伯之春(Arab Spring),占领运动(the Occupy movement)③,等等。其中,有些运动成功地夺取了国家政权,这些运动都产生了非凡的象征性力量。在公共舞台上、在自己的地盘上、在"全人类"的广大观众面前,这些运动都是恰如其分地巧妙上演的政治大戏剧。④

---

① narrative arc,叙事弧线描述的是现实,时间顺序就是现实中的实际顺序。在任何一篇完整的故事中,叙事弧线分为五个阶段:阐述、上升、危机、高潮、下降/结局。——译者注
② Alexander, J. C. (2006) *The Civil Sphere*. Oxford University Press, New York.
③ 指始于纽约的一系列国际性的抗议运动,矛头直指经济与社会不平等。——译者注
④ 参见 Alexander, J. C. (2006) The Arc of Civil Liberation: Obama-Tahrir-Occupy. *Philosophy and Social Criticism* 39 (4-5), pp. 341-347。在1949年政权变更前后,构成中国革命的迭代表演反复进行,创造了一个同样强大的叙事弧,几十年后,它在全球舞台上经久回荡。如果没有毛泽东思想这一范本,很难想象20世纪50年代(如弗朗茨·法农和菲德尔·卡斯特罗)和60年代(切·格瓦拉)这股反殖民主义思潮的涌动。(参见 Alexander, J. C., 2016, Dramatic Intellectuals: Elements of Performance. *European Journal of Social Theory*.)更不用说像气象员派(Weathermen)和黑豹党(Black Panthers)这样的西方左翼团体的革命表演了,他们更是利用了对法农和切·格瓦拉等人范本的解读。不过,毛泽东思想及其迭代出现是革命性的,而非公民社会运动。相比之下,美国民权运动的目标是激进的改革,而不是革命,它欣然接受非暴力,对这种表演来说至关重要。在社会主义乌托邦消失后,这种差异使它成为激进公民社会运动的核心思想,一个变革性的剧本。

第一章 占领舞台：毛、金和当今的"黑人的命也是命"运动

不过，在本章的最后一节，我关注的不是上述全球性运动的细枝末节，也不是过去几十年，而是最近才刚刚在美国舞台上发生的一场新的民权运动，那就是"黑人的命也是命"。20世纪中期，迭代上演的民权运动戏剧，不仅留下了一种根深蒂固的文化结构，同时也留下了鲜明浓烈的背景底色，以至于后来的黑人抗议活动只好在这些背景底色上加以描绘，涂涂抹抹。但是，我希望我已经说清楚了，在背景与表征亦即文化结构与具体表演之间实际上还存在着巨大的差距：文化结构为象征性行为提供了语言，具体表演处于特定的时空，其信息内容是由文化结构提供的。具体表演就像实际使用中的言语行为，不是文化结构发散的产物。具体表演要求表演的其他诸要素一并发挥作用。

在20世纪中期形成的黑人抗议传统和21世纪早期城市内部贫穷黑人居民状况之间，隐隐约约存在着一个巨大的挑战，那就是打造以行动为导向的新剧本。这些剧本也必须被打造成能行能言（walk and talk）的样子，这可能会吸引、激励并在某种程度上将公民-观众团结起来，因为他们已经被种族和阶级搞得四分五裂、被政治宿命论打击得一蹶不振。此外，还必须要有坚决果敢的领导人物，能够创作抗议戏剧的剧作家，以及能够进行场景调度的导演。要想成功地将观众、脚本和演员融合在一起，还需要使用创作象征性作品的手段；需要评论家，如记者和知识分子等对正在进行的演出给予共情性解释；相对于物质力量，还需要有足够的影响力，以防止各州通过镇压手段阻止演出。

这些完全不同的元素，实际上是由自2012年以来集结力量的反对警察暴力的黑人运动带来的。创造任何一个表演元素都需要

非凡的创造力。将各种迥然不同的因素编织在一起,成为一个迭代序列,需要技巧、毅力和运气。而迭代序列使非裔美国人得以再次登上国家的政治舞台。

下层阶级成为表演主体

到"黑人的命也是命"运动正式形成时,非裔美国人从事这一活动已经有几十年的历史了。如果说20世纪中叶民权运动取得的胜利具有决定性作用,那这种决定作用也只是部分性的。黑人聚居区的大门对非裔美国工人、小职员、专业人士和生意人等大敞四开。① 可是,虽然行动自由得到了极大的拓展,这一群体仍然被打上了深远的种族歧视的烙印。② 当他们纷纷离开黑人聚居区的时候,那些没有受过教育、无一技之长、找不到工作的人只好剩在那里,待在老城区,并由此形成了一个种族下层阶级(underclass)。种族下层阶级通常是被统治阶级和仍然受歧视的种族的残余的混合产物,这种混合令人绝望,致使他们铤而走险。种族偏见和阶级偏见在这个老城区群体周围筑起了一道厚厚的文化屏障;政客、房地产经纪人、法院、警察和监狱等都对他们采取了行政上的、物质

---

① Duneier, M. (2016) *Ghetto: The Invention of a Place, the History of an Idea*. FSG, New York; Landry, B. (1988) *The New Black Middle Class*. University of California Press, Berkeley.
② Aderson, E. (2012) The Iconic Ghetto. In E. Aderson et al. (eds.), *Bringing Fieldwork Back In: Contemporary Urban Ethnographic Research*, *The Annals of the American Academy of Political and Social Science*, vol. 642, Sage Publications; Anderson, E. (2015) The White Space. *Sociology of Race and Ethnicity* 1 (1), pp. 10–21.

上的强制性控制措施。① 年轻黑人男性受监禁的比重之高，尤其让人惊讶，因为通常情况下，如果换作肇事者是白人，那些所作所为是不会导致其坐牢的。

在 20 世纪，工薪阶层和中产阶级的非裔美国人作为人口主力，为民权运动提供了关键的文化资本。他们为抗议活动带来了教育技能和专业技能。黑人教堂作为强大的纽带和桥梁机构，不仅为民权运动提供了普遍信任，还提供了保护性空间，为公共表演的排练提供了条件。② 然而，新的种族下层阶级几乎不可能利用这类资源。因此，黑人教堂行使政治权力的能力受到了严重削弱。

在理论上，如果不是在实践中，代表下层阶级进行社会抗议的可能性仍然存在，同时也有可能利用广泛的社会批评对维持其掠夺的机构进行民事修复。尽管存在各种有分歧、矛盾、软弱无力的自由主义，以及保守派的强烈反对③，美国的公民领域仍然具有潜在的权力。如果能够作出正确的社会安排，处于待命状态的理想和制度会随叫随到。而要作出这样的安排，就需要一场体现出强大表演力量的社会运动，一场能卓有成效地、戏剧化地渲染底层人

---

① Wilson, W. J. (1987) *The Truly Disadvantaged: The Inner City, the Underclass, and Public Policy.* University of Chicago Press, Chicago; Patterson, O. (1998) *Rituals of Blood.* Civitas, Washington, DC; Massey, D. S. & Denton, N. A. (1993) *American Apartheid: Segregation and the Making of the Underclass.* Harvard University Press, Cambridge, MA; Alexander, M. (2012) *The New Jim Crow: Mass Incarcerattion in the Age of Colorblindness.* New Press, New York.
② Morris, A. D. (1984) *The Origins of the Civil Rights Movement: Black Communities Organizing for Change.* Free Press, New York.
③ backlash,亦作 white backlash,美国英语,白人对黑人民权运动的强烈抵制、集体反对。——译者注

民苦难的运动,以便在被边缘化了的社会群体与核心群体之间形成新的意义网络。所谓被边缘化了的群体是被排除在公民领域之外的群体,核心群体则是在公民领域内占据稳固地位并具有影响力地位的群体。

自2012年以来,这样一场声势浩大的黑人民权运动已经初具规模。几十年来,警察对黑人采取暴力手段一直是司空见惯的行为,只是很少公之于众而已。当在线组织者创建令人回味无穷、高度概括性的标语口号和简洁的视觉符号,并在其社交网络上传播开来时,上述情况陡然改观。一旦他们打开手机,打开电脑,就会看到有数以万计的黑人群体走上街头,举行精心设计的示威活动。在这些示威活动中,黑人的无辜与警察的暴行本身就形成了一种鲜明对比。一度成为家常便饭的警察枪击事件,现在被戏剧化地描述为当局过分使用民事权利,滥用民事权利,恶名昭彰,这一点不可否认。就此,保罗·库特纳(Paul Kuttner)说得一点不错:

> 无论是警察在黑人社区行使暴力,还是对这种暴力的抵制,都不是什么新鲜事儿。但现在,新鲜事儿还真就出现了:对愤怒和绝望的关注是新鲜的,至关重要的希望的来源是新鲜的,社会想象力和创造力的催化剂是新鲜的。一场运动在这个特殊的时刻发展起来无疑有许多原因。当然,原因之一是,组织者使用各种符号、标签、圣歌、隐喻和图像等技巧,快捷而高效地传达运动的潜在价值和基本目标。每一场社会运动都会发展出一系列的符号。这些符号为分散的基层工作提供了连贯的一致性。它会激发我们的情绪,鼓励我们学习更

多。我们用这些符号来标志我们的集体身份,以吸引新闻媒体的注意,大家都知道,媒体以注意力持续时间短暂而闻名。①

据《赫芬顿邮报》(*Huffington Post*)报道,"黑人的命也是命"这一运动"重塑了美国人对警察对待有色人种的看法"。穷苦黑人的生命开始变得重要起来:

> 这场运动成功地激起了人们对一个长期存在的问题的警觉,直到现在,除了遭受困扰的群体,人们对这个问题几乎熟视无睹……现在,还没有证据表明警察开枪打死黑人的事件具有明显上升趋势。但是,尽管如此,警察杀人事件还是成了头版新闻和政治热点问题,这完全是由于这场运动所延续下来的紧迫感所致。②

在《纽约时报》(*New York Times*)上,杰·凯斯宾·康③以同样的方式描述了抗议产生的戏剧性效果:"现在的运动,行动的速度之快及参加抗议活动的人流量之大,将每一起警察杀人事件都变成了一场关于全民对美国黑人生命价值的公投。"④

---

① Kuttner, P. (2015) Black Symbos Matter. *Cultural Organizing*. August 10. Accessed July 17, 2016 (original italics): http://culturalorganizing.org/black-symbols-matter/.
② McLaughlin, M. (2016) The Dynamic History of #BlackLivesMatter Explained: This Is How a Hashtag Transformed into a Movement. *The Huffinton Post*, February 29. Accessed July, 2016: http://www.huffingtonpost.com/entry/history-black-lives-matter_us_56d0a3b0e4b0871f60eb4af5.
③ Jay Caspian Kang,韩裔美国作家兼编辑,也是《纽约时报》杂志的自由撰稿人。——译者注
④ Kang, J. C. (2015) "Our Demand Is Simple: Stop Killing Us." *New York Times Magazine*, May 4.

这种具有象征意义的全民公决造成的影响是同情下层阶级，认同下层阶级。直到最近，根据皮尤研究中心①的说法，在实现种族平等是否还需要进行重大变革的问题上，"公众舆论……仍然存在着重大分歧。"②经过三年的社会动员，到2015年7月，认为需要进行深层次改革的美国人远远超过那些对现状感到满意的人，比例是二比一。"公众舆论的这种转变在全国随处可见。全美所有地区、所有人口和各党派团体都认为，种族主义是一个大问题，为实现种族平等，需要做的事情还有很多很多。"③

义愤表达与认同延伸

为什么规模如此之大的黑人抗议表演能够影响到人数上仍然占大多数的美国白人公民-观众？当他们的身影出现在电视和电脑屏幕上时，前所未有的反对警察暴行的示威浪潮看起来像是自发的，就好像他们来自草根阶层，是从下层阶级的受害者中突然涌现出来的一样。不过，实际情况并非如此。当然，示威活动确实是发自内心的。但是，活动的真实性却是经过精心设计编排的，其逼真程度也是演员和观众之间经过独特融合、强化表演效果的结果。

2012年2月26日，十七岁的高中生特雷沃恩·马丁

---

① Pew Research Center，美国的一家无倾向性独立民调机构，总部设于华盛顿特区。该中心对那些影响美国乃至世界的问题、态度与潮流提供信息资料。——译者注
② Pew Research Center (2015) Across Racial Lines, More Say Nation Needs to Achive Racial Equality. August 5. Accessed 7 July 17, 2016: http://www.people-press.org/2015/08/05/across-racial-lines-more-say-nation-needs-to-make-changes-to-achieve-racial-equality/.
③ Pew Research Center Across Racial Lines.

(Trayvon Martin)在佛罗里达州桑福德的一个封闭社区里被一名社区监督协调员乔治·齐默尔曼(Geroge Zimmerman)杀害。一时间,在广播电视中,全国黑人团体及其白人支持者都纷纷怒斥种族主义,表达这种对公民不负责任的行为的愤慨之情。而此时,当地警察局长却拒绝逮捕齐默尔曼,声称佛罗里达州所谓的"坚守立场"法规(Stand Your Ground statute)是允许齐默尔曼行使武装自卫的。于是,数千人提出了抗议,他们的示威活动震惊了全美,并引起了广泛的同情。这一反应既令人振奋又出人意料,因为同以往任何时候相比,该示威活动都更深入地挑战了超越种族间的道德责任和情感认同的极限。当奥巴马总统公开确定这一认同时,他戏剧性地承认:"我一想到这个孩子,就会想到我自己的几个孩子……如果我有个儿子,他看起来该会像特雷沃恩一样。"①奥巴马不仅是在替自己和其他非裔美国父母说话,也是在替他作为美国总统所代表的更广泛的一群公民说话。枪击事件发生一个月后,"百万套头衫正义"抗议组织("Million Hoodies for Justice" protest group)在纽约组织游行,抗议者高呼"我们要逮捕他!""我们都是特雷沃恩",许多人穿着连帽运动衫,因为这"象征着马丁被杀时所穿的衣服"②。两周之后,齐默尔曼被一名特别检察官指控犯有谋杀罪,这名检察官是由保守派共和

---

① Shear, M. (2012) Obama Speaks Out on Trayvon Killing. *New York Times*, March 23. Accessed July 17, 2016: http://thecaucus.blogs.nytimes.com/2012/03/23/obama-makes-first-comments-on-trayvon-martin-shooting/.

② Miller, J. T. (2012) "Million Hoodie March" in New York Rallies Support for Trayvon Martin. *Time*, March 22.

党州长里克·斯科特任命的。

十五个月后,齐默尔曼被无罪释放,这再次激起了民愤,并因如下一则新闻而达至白热化:一位名叫埃里克·加纳的非裔美国人,一个六岁孩子的父亲,在被捕过程中,被一名纽约市警察局(NYPD)白人警察从后面用胳膊勒住脖子二十秒导致死亡。随后数日甚至数周,在美国各大城市,各种抗议活动如雨后春笋般涌现,非常戏剧化地上演了一幕幕的"拟死"①剧。抗议者们横七竖八地躺在车水马龙的繁忙街道中间,示威者公开高喊加纳生前的最后一句话:"我不能呼吸了。"2014 年 8 月 9 日,也就是在加纳死后一个月,密苏里州弗格森市的一名白人警察开枪打死了另一名年轻的黑人男子迈克尔·布朗,抗议运动再次爆发。布朗临终最后一句话是:"我没带枪,别开枪!"据《纽约时报》报道,这些祈求和抗议的世俗祈祷"成了全国性集会口号"②。当抗议者在全国各地城市和大学校园里有节奏地反复高呼这些口号时,他们也会同时做出指示性手势,这些手势立即被视为宗教仪式的重演。例如,他们将手臂举过头顶,坚定地声援黑人少年迈克尔·布朗。据目击者称,布朗被枪杀时正在举手投降。

2014 年 12 月,大陪审团拒绝对埃里克·加纳谋杀案提起诉讼。一时之间,城市里的抗议活动再次白热化。面对警察的镇压和潜在的危险,非裔美国人表达的是心中的愤怒,表明的是斗争的

---

① die-ins,亦作 die in、Dine-In,指为抗议使用生化武器等而举行的拟死示威,集体躺倒;或以死亡相威胁的死亡抗议。——译者注
② Healy, J., Stolberg, S. G., & Yee, V. (2015) Ferguson Report Puts 'Hands Up' to Reality Test. *The New York Times*, March 6, p. A1.

决心。他们准备了戏剧性的言辞和经过精心编排的动作,这些言辞和动作在社交媒体上现场直播,在主流新闻媒体上广泛报道,一时间又在全国范围内引起热烈反响。抗议示威者以团结和恐惧的典型姿态,反复高喊口号,高举手臂,在公共广场上游行,封锁当地公路和州际公路,中断购物中心的交易,阻止宗教节日活动的举行,中止政治活动的开展。他们的标语口号和手势变成了图腾——"迈克尔·布朗是一个象征",费城的一名抗议者宣称,这些图腾由黑人偶像名人,来自音乐、电影、体育、戏剧和政治等领域的名人广泛传播。[1] 在百老汇纽约警察局对面,非裔美国演员上演了一场精准的说唱+舞蹈的抗议表演。在克利夫兰骑士队(Cleveland Cavaliers)和布鲁克林篮网队(Brooklyn Nets)举行篮球比赛的赛场外,聚集了数千参加抗议活动的人,摩肩接踵,熙熙攘攘;而在场地内部,超级巨星勒布朗·詹姆斯(LeBron James)身穿一件上书"我不能呼吸"(I can't Breathe)的T恤衫,向国家媒体宣布:"就一个社会而言,我们必须做得更好……不管你属于什么种族。"在《今日美国》(USA Today)的同一篇文章中,篮网后卫杰拉特·杰克(Jarret Jack)解释说:"我们不能仅仅把自己当作运动员……我们需要从整体上来理解,这是一个需要解决的问题。我们对它关注越多,认识就越深刻。这不是颜色的问题,而是人的问题,是一个公民的问题。"克利夫兰赛场的场外示威者对这些姿态表示欢迎,认为这些球员有可能与外界更广泛的观众产生联系。

---

[1] Associated Press. (2014) Thousands protest nationally after Ferguson grand jury decision, more protests planned. November 24. Accessed July 17, 2016: http://www.nola.com/crime/index.ssf/2014/11/national_ferguson_protest_mike.html.

"这是因为他们都受过良好的教育,并且拥有最灵敏的道德指南针,"一名仅自称为 L. B. 的抗议者说,"他们知道自己站在属于自己的大舞台上。任何能为公众发声的人都需要站出来,做点什么。"①

在如此宏大的舞台上投射出姿态和声音自然产生了巨大冲击。这种类似仪式的象征行为激发了集体热情,它像一波波巨大的浪潮,由内向外激烈搏动。政治评论家观察着这种变化,评价着这种变化。例如颇具影响力的非裔美国媒体评论员、民主党全国委员会临时主席唐娜·布拉泽尔(Donna Brazile)如是宣称:

> "举起手,不要开枪"已成为一个热切地想证明自己清白无辜的更大象征……在许多方面,它就像一个手无寸铁的少年在街上躺了好几个小时,总是能引起共鸣,就像"我不能呼吸"永远不会消失一样。它们会永远铭刻在我们刑事司法体系那些种族偏见的复杂故事中。②

"黑人的命也是命"运动登上了舞台

正是在弗格森的抗议活动过程中,"黑人的命也是命"抗议活动的话题标签、组织以及广泛的同名运动等,才在公众视野中凸显

---

① Zillgit, J. & Strauss, C. (2014) Protests Greet Prince William and Kate at Cavaliers-Net. *USA Today*. December 9.
② Healy, Stolberg, & Yee, Ferguson Report Puts "Hands up" to Reality Test.

出来。① "黑人的命也是命"抗议运动起始于乔治·齐默尔曼获得自由的那天。但在此后的一年里,这件事鲜被提及。迈克尔·布朗遇害后,♯BLM 运动领导"自由之旅"(Freedom Rides)为弗格森事件助燃。其间,网站访问人数猛增了一百倍。② 西班牙语激进主义分子网站南方电视网 TeleSUR③ 最近发布了一篇令人窒息的当代报道,很有启迪作用:"未来三天,一个全国性联盟将在弗格森集合,召开会议,向国家暴力发出挑战。"南方电视网站如此报道,同时还以表演的方式描述了本次联盟大会的目的:"重新构想一个美国黑人政治平台。"打造这个平台的团体就是"黑人的命也是命"这一组织。网站将该组织与黑人民权的神圣传统联系在一起,为一位组织创始人提供了一个平台,以便他在这个平台上公开发表对压制、反弹以及命运等的观点。

  星期五,将近六百人将横跨美国大陆聚集在密苏里州的弗格森市,这是"黑人的命也是命"之旅(BLM Ride)活动的一部分。"'黑人的命也是命'之旅是我们这代人的自由之旅

---

① "显然,♯BlackLivesMatter 和 Black Lives Matter 之间存在一定程度的重叠:组织成员(还有许多其他成员)使用这一主题标签,反过来,这几乎肯定会将潜在的成员引向该组织。同时,这两个说法有时也被用来指称第三种观点:所有组织、个人、抗议活动以及数字空间的总和,旨在提高公众对警察对待黑人暴行的认识,并最终结束这一暴行。"参见 Freelon, D., McIlwain, C. D., & Clark, M. D. (2016) *Beyond the Hashtags: ♯Ferguson, ♯BlackLivesMatter, and the Online Struggle for Offline Justice.* Center for Media and Social Impact, School of Communication, American University. Washington DC. February 29. Accessed July 17, 2016: http://cmsimpact.org/sites/default/files/beyond_the_hashtags_2016.pdf.
② Freelon, McIlwain, & Clark, *Beyond the Hashtags*.
③ TeleSUR 是拉丁美洲的多媒体平台,旨在领导和促进南方各民族的统一。——译者注

(Freedom Ride),"合作组织者帕特里斯·卡尔勒斯(Patrisse Cullors)这样解释……BLM 之旅来自 20 世纪 60 年代去密西西比自由旅行的精神和历史,目的是结束种族隔离……"'黑人的命也是命'之旅号召全国黑人团结起来,行动起来,重新阐明我们的命运,"卡尔勒斯强调说……"我们相信,为了让这个国家从毁灭和创伤的循环中走出来,我们必须奋起反抗!要在当地奋起反抗,在全国奋起反抗!弗格森既代表在黑人社区所受的压制,也代表了我们的巨大韧性。"BLM 在其全国宣传和组织工作平台如是倡导。①

卡尔勒斯是加州大学洛杉矶分校宗教与哲学专业的毕业生,全职投入奥克兰埃拉贝克人权中心(Ella Baker Center for Human Rights)的组织工作。该中心是一个致力于老城区社会正义问题的非营利性组织。② 在乔治·齐默尔曼被宣判无罪的那天,卡尔勒斯在她的朋友艾丽西亚·加尔萨(Alicia Garza)的脸书上发了一个帖子,创建了"黑人的命也是命"这个主题标签。"可悲的是,"加尔萨写道,"现在有一部分美国人正在欢呼和庆祝。这让我心里很不舒服。我们就得要聚它一聚。"加尔萨后来补充说:"顺便说一句,别说我们并不惊讶。这本身就是该死的耻辱。我继续被黑人的生命是如此的微不足道给惊到了。接下来还会继续被惊到。不要放弃黑人

---

① Tele SUR. (2014) 2014 Freedom Ride Arrives in Ferguson Today. August 29. Accessed July 17, 2016: http://www.telesurtv.net/english/news/2014-freedom-Ride-Arrives-in-Ferguson-Today-20140829-0032.html.
② Cobb, J. (2016) The Matter of Black Lives. *The New Yorker*, March 14, pp. 33-40, at p. 36.

的生命……黑人。我爱你们。我爱我们。我们的命也是命呐。"①

加尔萨在加州大学圣地亚哥分校学习人类学和社会学,在全国家政工人联盟(National Domestic Workers Alliance)奥克兰办事处担任特别项目主管,代表的是两万名护理员和家政服务员。♯BLM 三位创始人中的第三位成员是奥普尔·托梅蒂(Opal Tometi)。托梅蒂是布鲁克林的一名作家兼移民权利组织者,她在脸书和推特上建立了一个社交媒体平台,用《纽约客》记者杰拉尼·科布(Jelani Cobb)的话来说,"积极分子们"可以用这个标签"彼此联系"。正如科布所说的,那三个女人接着就"开始思考如何把这个短语变成一场运动"②。

组织者、制片人、导演和活动家

加尔萨、卡尔勒斯和托梅蒂三人成了隐形的戏剧作家,为她们的组织的引人注目的公众表演撰写剧本。她们并不在现场露面,而是隐身于幕后。回顾过去,卡尔勒斯称自己担任的是制片人和导演的角色,并将这一角色的诸多责任与参与实时演出和处理现场事务区分开来:

> 我认为自己是一个组织者,而不是一个活动家,因为我相信组织者是一个更小的单位,你可以围绕它建立你的团队。组织者是把媒体聚集在一起、组建新领导人的人,是帮助组织并发起运动的人,是决定目标是什么以及我们将如何改变这

---

① Cobb, The Matter of Black Lives, p. 35.
② Cobb, The Matter of Black Lives, p. 26.

个世界的人。①

实际上协调了从纽约、芝加哥、波特兰、洛杉矶、费城和波士顿到密苏里州的自由之旅的另有其人。这个人不属于"隐形组织者"创始团体,是布鲁克林的一位积极分子,也是卡尔勒斯的朋友,名叫丹尼尔·摩尔(Daniel Moore)。随后,二十九岁的德雷·麦克森(DeRay Mckesson)也加入进来。麦克森之前是明尼阿波利斯市的一名学校管理人员。推特上循环滚动着简讯,其中的一些图片和文本让麦克森深感震撼。于是,他驱车960多公里至弗格森,沉浸在抗议的真实场景中。② 在一次街头医疗训练中,麦克森遇到了二十五岁的圣路易斯人约翰妮塔·埃尔齐(Johnetta Elzie)。埃尔齐在大学里学的是新闻学。两人成为亲力亲为、全情投入的街头组织合作伙伴,他们全身心投入到活动中,热切地分享信息。在接下来的几周和几个月里,几乎每一场活动中都有他们俩的身影。

在抗议者与警察对峙的过程中,埃尔齐是最可靠的实时观察员,也是挺身而出与警察发生冲突的人之一。埃尔齐拍下了抗议组织者的一系列照片:有抗议组织者,有她和朋友们为其他抗议者做的三明治,还有佛教僧侣。麦克森也进行微博直播,合成视频,并指名道姓地提到抗议者和警察。麦克森的推文通常冷静而详细,而埃尔齐的则是语调欢快,讽刺味十足。③

---

① http://patrissecullors.com/bio/.
② Kang," Our Demands Is Simple: Stop Killing Us."
③ Kang," Our Demands Is Simple."

第一章 占领舞台:毛、金和当今的"黑人的命也是命"运动

很快,埃尔齐和麦克森成为"弗格森运动中最知名的人物"①。后来,随着对警方枪击事件的回应,黑人抗议活动不断发展壮大,这两人在新兴人群中虽然脱颖而出,逐渐成为公众关注的人物,但在很大程度上仍然隐姓埋名。在电视和电脑屏幕上,人们看到和听到的"黑人主题"越来越多,其凝聚力也越来越大。

不久,埃尔齐和麦克森就在电视和广播中频频露面。这两个人温文尔雅、彬彬有礼、魅力十足,很容易被他们的众多追随者辨认出来。麦克森开始时穿一双红色的鞋子和一件红色的衬衫,以示抗议。后来,他用一件亮蓝色的巴塔哥尼亚(Patagonia)马甲替换了这身行头。现在,无论走到哪里,他都穿这件马甲。(有人创建了一个德雷·麦克森的马甲的推特账户。)埃尔齐经常涂着深色口红,戴一副超大的太阳镜,穿一件皮夹克:这位美容师的女儿是在模仿黑豹党成员。②

上述段落来自 2015 年《纽约时报》杂志上一篇关于埃尔齐和麦克森的文章。文章很长,配有彩色照片,十分动人,文字热情洋溢,不乏溢美之词,甚至还带有那么一点点谄媚语气。③麦克森后来宣布参选巴尔的摩市长。不久之后,他穿着标志性的红色运动鞋和亮蓝色马甲,和史蒂芬·科尔伯特(Steven Colbert)在《深夜秀》(*The Late Show*),和特雷弗·诺亚(Trevor Noah)在《每日秀》(*The Daily Show*)中进行客串演出。

---

① Cobb, The Matter of Black Lives.
②③ Kang, " Our Demands Is Simple."

59

双重运动

当记者和社会科学家开始考察"黑人的命也是命"这一新的抗议运动时,他们的重点是强调运动的在线状态。如此一来,似乎软件具有的悟性,再加上群众的愤怒和勇气本身,就足以引发巨大的冲击波,所以能在更广泛的民间环境中发展得汹涌澎湃。受科技的魅惑,这样的理解缩短了表演过程,一方面忽略了剧本、演员与观众之间的鸿沟,另一方面使表演无形,换句话说,正是表演诸元素的"消融"才凸显了获得戏剧性成功的文化困难和实用困难。

上述鸿沟真实存在,也极富挑战性,这也解释了为什么"黑人的命也是命"这一抗议运动是一系列相互关联但又相互独立的号召和回应;它不是一场整体表演,而是几场表演;即使这些表演主题相关,但每场表演在时间、空间、人口构成等几方面也都是独立的。像加尔萨和卡尔勒斯这样的匿名领导者的引爆帖都是由如麦克森和埃尔齐这样的现场演员精心制作,并转发给一个由数百名组织者组成的网络,这些组织者被认为"在适当的位置""准备用推特吸引成千上万的人走上街头"①。在分层观众中,②最先作出反应的已经蓄势待发,作好准备全力以赴,等着接受"重新融合"。麦克森如是评价道:"我发推文时,主要是在向唱诗班布道。"③他相信

---

①③ Kang, "Our Demands Is Simple."
② Rauer, V. (2006) Symbols in Action: Willy Brandt's Kneefall at the Warsaw Memorial. In J. C. Alexander, B. Giesen, & J. Mast (eds.), *Social Performances: Symbolic Action, Cultural Pragmatics, and Ritual*. Cambridge University Press, New York, pp. 257-282.

第一章　占领舞台：毛、金和当今的"黑人的命也是命"运动

接收他信函的受众会成为走向街头进行抗议表演的演员。不过，这场演出虽然经过精心编排，组织者也亲力亲为，但到底会对观众产生怎样的影响，现场组织者并没有十分把握。因为演出会排除掉某个层面上的观众，即那些通过主流媒体来观看街头表演、聆听街头演讲的观众。当然，麦克森希望的是，那些身在远方的观众能认同他编排的戏剧，但同时他也坦率地承认，在第二个阶段，他实际上是在与唱诗班唱反调。

> 运动的核心是……关闭街道，关闭沃尔玛，关闭任何人们感到舒适的地方。我们想让人们感到不舒服，就像我们听到迈克的事情感到不舒服，听到埃里克·加纳的事情感到不舒服，听到塔米尔·赖斯（Tamir Rice）的事情感到不舒服一样。我们就是想让他们体验一下我们每天都在经历的事情。[①]

"黑人的命也是命"的街头抗议并不是为了夺取政权；甚至大多数抗议连具体的要求都没提出来。在某种程度上，他们努力争取的目标就是进行戏剧性表演，以引起人们关注下层阶级其他人的痛苦，产生同情，产生一种情感上的共鸣，从而扩展文化认同，将"普通人（大部分是白人）置于受压迫者的位置上，让他们"体验一下我们每天都在经历的事情"。

要产生这样一种间接的象征性体验，在新闻媒体中如何对抗议进行描述成为关键。这是"黑人的命也是命"进行抗议表演的第二幕。首先，由新闻工作者来解释抗议活动，并将他们的故事通过

[①] Kang, "Our Demands Is Simple."

35 印刷品、电视和互联网向外投射,将新闻报道归档。双重运动的第一轮是,社交媒体向一个结盟网络发出指令,即把黑人群体带向街头,提出把种族下层阶级的表演作为一个新兴的黑人主题。第二轮表演的目的是,把这场抗议与更遥远的观众重新融合在一起。新的黑人主题必须得到有影响力的白人核心团体的认可,而且要以一种同情的方式得到认可。

弗里隆(Freelon)等对 2014 年 6 月 1 日至 2015 年 5 月 31 日间的 4080 万条与运动相关的推文展开了大规模研究,他们重建了"黑人的命也是命"这一数字通信的网络结构。① 有两项研究发现恰好精确地暗合了我在此提出的双重运动。首先,数字网络显然是松散的,由弱纽带而非强纽带组成,其间你来我往的交互性交流相对较少。弗里隆和他的同事们认为,理想的传播方式是"传播如何进行动员的那些观点"。研究人员发现了一种"极其分散"的网络,这种网络"显然更有助于广泛分发信息和传播信息",而不是那种"密集的、有相互联系结点的网络——这种网络有助于建立联系人之间的信任"。② 第二个发现是,关注点不在于网络的地理位置,而是对其结点(nodes)的实质作出识别。到目前为止,最频繁连接的中心是媒体组织,而不

---

① Freelon, McIlwain, & Clark, *Beyond the Hashtags*.
② Freelon, McIlwain, & Clark, *Beyond the Hashtags*, p.16;"图密度为.003⋯在网络所有可能的链接中,实际上只有一小部分真正存在。作为比较,具有相同节点数的随机网络密度为.02,这意味着在可能的连接中,网络包含了所有联系的 2%。站点之间几乎没有彼此之间的交流(在 97%的情况下,链接到另一个站点的站点不会从后一个站点接收到链接)。不管是单向交流还是双向交流,很少有站点有多个指向任意站点的链接(平均连接权重——任意两个站点链接的次数——是一个,只有 30%的连接权重大于 1)。"

第一章 占领舞台:毛、金和当今的"黑人的命也是命"运动

是个人或抗议团体。这些媒体大多是主流媒体。"就'黑人的命也是命'的网站情况而言,"弗里隆与其同事总结道,"主要是制作和传播新闻,我的意思是,它主要是广泛地进行新闻播送。"①

这个经验信息阐明了双重运动的神经结构。抗议活动组织者发布的指示不仅激发了街头表演,还激发了积极分子进行大规模转发。随后,这些信息要么被直接发布,要么被接二连三地转发给感兴趣的记者。记者们都很警觉,他们会立即置身于现场,或者几乎是实时得到消息,或者是亲自赶赴现场。在发起第二轮表演时,记者们在媒体博客上进行了实时报道。这些信息是由参与示威活动的内部人士收集的,或多或少也会同时又被数十个,有时是数百甚至数千名潜在的关注者从外面收集到,很多人将之依次转发到新的网络节点上。

即使抗议运动的组织和策略发生了变化,但由两部分构成的这种表演结构却保持不变。2015年晚些时候,关于警察杀人的争议似乎有所缓解。②《纽约时报》报道称,"如果'黑人的命也是命'

---

① Freelon, McIlwain, & Clark, *Beyond the Hashtags*, p. 17:"整个'黑人的命也是命'的网络,59%的是新闻网站,超过75%的网站与BlackLivesMatter. Com 的新闻网站直接相关。我们已经指出,网络对整体的报道稀稀拉拉。不过,网络中新闻网站之间的联系却非常紧密,这意味着它们主要是相互连接的,而非新闻网站则不然。"

② 然而,并不是警察击杀事件本身。在一项为期12个月的普利策奖(Pulitzer Prize)获奖调查中,《华盛顿邮报》(*The Washington Post*)经调查发现,2015年就发生了990起致命的警察枪击事件(参见 Kindly, K. et al. [2015] A Year of Reckoning: Police Fatally Shoot Nearly 1000. *Washington Post*, December 26);2016年的头3个月里,有250起(参见 Sullivan, J. et al. [2016] In Fatal Shootings by Police, 1 in 5 Officers' Names Go Undisclosed. *Washington Post*, April 1)。在2015年的死亡人数中,非裔美国人258名,西班牙裔美国人172名,少数族裔总人数为430名,与494名白人相比,这个数字是不成比例的。受害者中,有三分之一的人年龄在18至29岁之间。

这一事件的目标是……为了让更多的美国人相信警方存在着暴力行为",那么,"这么做就是成功的"。随着这一成功的到来,《纽约时报》表示,"运动的势头开始转变,变成了其他东西",而且"抗议活动比以前减少了"。① "黑人的命也是命"的全国组织分裂成三十多个相对独立的、以当地为主的激进组织。尽管零零星星的街头示威仍在继续,但人们的注意力却转向了更有针对性的干扰活动,尤其是引起公众注意的全国性政治运动。② "黑人的命也是命"的示威者控制了在凤凰城(Phoenix)举办的、以伯尼·桑德斯(Bernie Sanders)和马丁·奥马利(Martin O'Malley)为主要代表人物的"网根族国家论坛(Netroots Nation forum)",并开始高喊口号;③ 在西雅图举行的桑德斯集会(Sanders rally)上,两名来自"黑人的命也是命"组织的女性积极分子接过麦克风,要求这位候选人把他对激进改革的呼吁从一个阶级扩大到一个种族;在亚特兰大,BLM成员打断了希拉里·克林顿关于刑事司法和种族问题的演讲;在

---

① Howard, G. (2016) DeRay Mckesson Won't Be Elected Mayor of Baltimore. So Why Is He Running? *New York Times Magazine*, April 11.
② Aron, H. (2015) These Savvy Women Have Made Black Lives Matter the Most Crucial Left-Wing Movement Today. *LA Weekly*, November 9; Ruffin, H. G. 2nd. Black Lives Matter: The Growth of a New Social Justice Movement. *Blackpast*. org. Accessed July 17, 2016: http://www. blackpast. org/perspective/black-lives-matter-growth-new-social-justice-movement; Stockman, F. (2016) On Crime Bill and the Clintons, Young Blacks Clash with Parents. *New York Times*, April 18, p. A1. 参见 Eligon, J. (2016) Activists Move from Street to Ballot, Emboldended by Protests. *New York Times*, February 7, p. A1。
③ Hesel, P. (2015) "Black Lives Matter" Activists Disrupt Bernie Sanders Speech. *NBC News*. August 9. Accessed July 17, 2016: http://www. nbcnews. com/politics/2016-election/black-lives-matter-activists-disrupt-bernie-sanders-speech-n406546.

费城的一次集会上,希拉里的丈夫,前总统比尔·克林顿试图平息那些愤怒的活动分子的呼声,因为后者将他 1994 年的打击犯罪法案与大规模监禁黑人联系在了一起。一位自由派博客的标题这样写道:"黑人活动家确实从 2016 年的竞争对手那里偷走了舞台——而且还真管用。"①

事实确实如此。作为对破坏性对抗的回应,民主党的"竞争者……重新调整了他们的信息和语气"。奥马利因称"所有的命都是命"而道歉,桑德斯将"种族公正"和刑法改革列入他的政治优先事项清单,②希拉里·克林顿发起了"运动之母(Mothers of the Movement)"运动,鼓励特雷沃恩·马丁、埃里克·加纳、迈克尔·布朗、塔米尔·赖斯和桑德拉·布兰德等人的哀伤的母亲们悼念他们,并"组织竞选活动,与她的竞选活动团队一起周游全国",并为她们支付所需费用,使她们能够参加民主党总统候选人辩论。在描述这一戏剧性策略造成的影响时,《纽约时报》指出此举增强了希拉里·克林顿性格的真实性,增加了她竞选表现的活力和逼真度:"把这些妇女笼络在自己身边,克林顿夫人在向非裔美国人选民陈述自己的观点时,就找到了坚定有力、富有同情心的见证

---

① Moore,D. C. (2015) Black Activists Are Literally Stealing the Stage from 2016 Contenders-And It's Working. *Identities. Mic.* , August 13. Accessed July 17, 2016: http://mic. com/articles/123796/black-activists-called-out-bernie-sanders-jeb-bush-hillary-clinton-and-martin-omalley#. 8ktXIiucn.

② Moore,D. C. (2015) Two Years Later, Black Lives Matter Faces Critiques, But It Won't Be Stopped. *Identities. Mic.* , August 10. Accessed July 17, 2016: http://mic. com/articles/123666/two-years-later-black-lives-matter-faces-critiques-but-it-won-t-be-stopped#. kE68fRkeH.

人。她们给希拉里的竞选带来了一种谨慎的、经过民意调查检验的行动,一种原始的、人性的,有时甚至令人心痛的感觉。"① 连克林顿先生也感到有必要作出公开回应。《纽约时报》头版头条报道:"比尔·克林顿称后悔与 BLM 抗议者一决雌雄。"②

BLM 新近采取的颠覆性策略也是针对共和党候选人的,但是,这些抗议活动并没有引起支持性回应,反倒似乎旨在突显被活动分子们认为在保守派运动中漠不关心的白人。这一策略似乎特别奏效,与唐纳德·特朗普的候选人身份相符。他的白人支持者对 BLM 的挑衅行为作出的暴力回应,不仅加剧了民主党人的焦虑,也加剧了共和党人对这位纽约房地产开发商在竞选活动中因"越界"而造成的反公民情绪的担忧。

尽管《纽约时报》将本节分析的一系列反复的示威活动描述为"迄今为止 21 世纪最强大的美国抗议运动",③但是与 20 世纪中叶的前辈们相比,BLM 的表演能力仍然相对有限,并不完全具备社会表演的关键因素。例如,BLM 的脚本存在问题;破坏性义愤的说服力有限。或许,强调"美国例外论(American exceptionalism)"或强调美国人是上帝选民这一观念,通过创造一个更强大的神话可能会开辟一条救赎之路,即从痛苦到拯救,从下层社会到社会

---

① Chozick,A. (2016) Mothers of Black Victims Emerge as a Force for Hillary Clinton. *New York Times*, April 14, p. A1.
② Chozick,A. (2016) Bill Clinton Says He Regrets Showdown with Black Lives Matters Protesers. *New York Times*, April 9, p. A12.
③ Kang,"Our Demands Is Simple."

公正。然而，BLM 的世俗论调却排除了自己与美国公民宗教的任何联系。①

　　缺乏传奇式的人物是另一个主要障碍。要成为英雄，就必须突出主角。光有集体性主题、网络话语和数字图像等是远远不够的。德雷·麦克森可能是唯一一个从一场非凡的匿名抗议运动中脱颖而出的人物，但在 2016 年巴尔的摩市长竞选活动中，他却仍然为缺乏"知名度"而苦苦挣扎。② 2015 年 12 月下旬，美国有线电视新闻网络（CNN）称麦克森"推动了对话"③。四个月后，《纽约时报》杂志报道说，麦克森"去年名列《财富》全球最伟大的领导者排行榜"，"他曾多次前往白宫，并称自己已不再感到紧张"。④ 然而，这种魅力型权威的断言被过分夸大了。麦克森进入了美国公众的关注范围之内，但未能进入神圣的中心。无论是对种族下层阶级，还是抗议戏剧的多元文化和多阶级的外部观众，他都没能成为黑人苦难和希望的集体表征。无论是他说的话，他说话的语气，或是他的面部线条，都没有体现出当代非裔美国人对正义的渴望。麦克森是一个卓有成效的组织者，他成了一个知名人物，但他更多的

---

① Bellah, R. N. (1970) Civil Religion in America. In R. N. Bellah (ed.), *Beyond Belief*. Harper and Row, New York, pp. 168-189.
② Eligon, J. & Stolberg, S. J. (2016) A year After Gray's Arrest, 'Baltimore's Mind-Set Has Changed'. *New York Times*, April 13, p. A18.
③ Sidner, S. & Simon, M. (2015) The Rise of Black Lives Matter: Trying to Break the Cycle of Violence and Silence. *CNN. Com*, December 28. Accessed July 17, 2016: http://edition.cnn.com/2015/12/28/us/black-lives-matter-evolution/.
④ Howard, DeRay Mckesson Won't Be Elected Mayor of Baltimore.

像是一个名人,因出名而著名的名人,却不是一个真正的英雄。①

*　　*　　*

社会运动取得成功并不是因为它们拥有强大的物质力量;但运动却会因为成功而在物质上变得强大。为了解释这一看似悖论的现象,我认为,应该把形形色色的社会运动理解为社会表演。要想夺取国家政权,首先要抓住集体的想象力,把反映正义胜利的戏剧搬到社会生活的大舞台上,与远方的观众强力融合,这样一来,连危险的起义都变得合法了。

尽管经过了好几代批判知识分子和法律改革家的不断抗议,但是在奴隶制废除后的几十年里,非裔美国人大部分时间仍旧处于隐忍与沉默之中。最终是马丁·路德·金及其支持幕僚们的表演天赋帮助非裔美国人获得了发言权。他们打造的戏剧投射的是一种救赎式的叙事,这种叙事吸引了北方白人观众的注意力,赢得了重要的政治权力,并对美国生活中"出租"的种族服装进行了大修大补。五十年后,甚至在社会科学家纷纷围绕着新的黑人下层阶级清晰地讲述出结构性力量时,"黑人的命也是命"这一运动依旧构成了一个活跃的黑人主题。运动的组织者运用了最新的数字化象征制作手段,设计了引人入胜的叙事、口号和手

---

① 在历数麦克森的诸多成就时,《纽约时报》也透露道:"他收集名流'朋友'"——阿泽莉亚·班克斯(Azealia Banks)、杰西·威廉姆斯(Jesse Williams)、苏珊·沃基茨科(Susan Wojicicki)、苏珊·萨兰登(Susan Sarandon)、拉什达·琼斯(Rashida Jones)、特雷西·埃利斯·罗斯(Tracee Ellis Ross)。麦克森在提到这些名人时一律直呼其名;同时,《纽约时报》还解释说,这是"因为在过去一年半的时间里,他是'黑人的命也是命'这场运动中知名度最高的人物,他在全国各地巡游,抗议警察暴力"(Howard, DeRay Mckesson Won't Be Elected Mayor of Baltimore)。

势,引发了大规模的非裔美国人的抗议活动,并与富有同情心的记者融合在一起,将明确的种族平等要求即黑人的命和白人的命一样重要的观念,带至一个国家的中心,尽管这个国家不愿对此作出回应。

第二章 埃及革命表演：2011年起义

对形形色色的革命活动所展开的各种讨论，无论是从社会科学角度还是新闻报道角度，几乎都是一成不变地按照现实主义模式进行的。不管是唯名论者、集体主义者，还是唯物主义者，无论是从其政治性入手还是体制性入手，有一点似乎是关乎名誉的要事，那就是，真正的问题、真正的群体和真正的利益，以及这一切如何影响相对于国家而言的相对权力，决定了谁发动革命，谁反对革命，谁最终胜出。

2011年，在埃及"一·二五"革命发生之初，《纽约时报》的记者追溯了其时空根源，认定这场革命是由单一的自然因果事件所导致的："去年，一位名叫哈立德·萨义德(Khaled Said)的年轻商人在亚历山大①遭到殴打，该事件引发了抗议警察暴行的游行示

---

① Alexandria，埃及北部港市，亚历山大省省会。——译者注

威。示威活动持续数周。"①萨义德是一名二十八岁的商人。据称,他拍摄了有关警察腐败的证据。2010年6月6日,萨义德被从一家网吧拖出来,折磨殴打致死。《纽约时报》也在头版头条刊登了一篇名为《中东起义,工作和时代是主要因素》(Jobs and Age Reign as Factors in Mideast Uprisings)的文章,从更广泛的社会根源角度出发来讨论这场社会革命。文章还配发了专栏作家的解释。解释称:"虽然这些衡量尺度都坚实可靠,但是,我还会添加上食品等必需品支出花费过高"以及"收入不平等、互联网的使用蓬勃发展"等其他因素。②《世界报》(A Le Monde)的一位记者指出,虽然革命口号主要是政治性的,但是,"最近的物价上涨和失业率上升已经成为埃及发生抗议的强力引擎"③。《卫报》(Guardian)的一名记者也把发生抗议活动的原因归于物质层面:"一波由自焚、失业和食品价格过高等因素引发的抗议浪潮,迅速席卷了从毛里塔尼亚到沙特阿拉伯的整个阿拉伯世界。"④英国

---

① Mekhennet, S. & Kulish, N. (2011) With Muslim Brotherhood Set to Join Egypt Protests, Religion's Role May Grow. *New York Times*, January 28, p. A10.
② Blow, C. M. (2011) The Kindling of Change. *New York Times*, February 5, p. A17.
③ Hennion, C. (2011) Un Mouvement de contestation gagne l'Egypte. *Le Monde*, January 27, p. 5.
④ Egypt: Rage Against the Mubaraks. Editorial. (2011) Guardian, January 27, p. 36. See also Levinson, C. & Dagher, S. (2011) Rallies Fan out as Regime Closes Ranks. *Wall Street Journal*. February 9. Accessed June 20, 2011: http://online.wsj.com/article/SB10001230527487048584045761336301077943 42.html.

广播公司(British Broadcasting Corporation,BBC)网页上"无处不在的二十个原因"援引了"经济失败"和"人口膨胀"来解释,并补充说:"这一切问题,其核心都可以归结为一个新的社会学类型:毕业生看不到未来";"作为顶梁柱的妇女数不胜数";"人们懂得的比过去多得多";"对权力有了更好的理解";"真理的传播速度比谎言快";"技术扩张";"网络比等级制度更强大、更有力"。①

西方新闻媒体对此迅速作出反应,并向读者保证,埃及起义不是"意识形态的"或"道德的";起义的要求是实实在在的,是"具体的"。② 埃及的生活条件急剧下降;受苦受难的群体开始反抗;人口问题不可小觑;信息共享也至关重要。这一切最终导致国家压制开始动摇。至于接下来会发生什么,实力较强的一方才是起最终决定作用的力量。在《纽约时报》的一篇文章中,一位评论家提出了这样一个问题:"谁在真正地控制这些大事件?"然后他话锋一转,利用传统智慧,如是答曰:"列宁明白,每一场革命的终极问题,永远都是权力深不可测的炼金术,即:谁控制着谁(Who controls

---

① Mason, P. (2011) Twenty Reasons Why It's Kicking Off Everywhere. *Idle Scrawl Blog*, BBC, February 5. Accessed June 20, 2011: http://www.bbc.co.uk/blogs/newsnight/paulmason/2011/02/twenty_reasons_why_its_kick_ing.html.

② Slackman, M. (2011) In Mideast Activism, a New Tilt Away from Ideology. *New York Times*, January 23, p. 10; El Naggar, M., & Slackman, M. (2011) Egypt's Leader Used Old Tricks to Defy New Demands. *New York Times*, January 28, p. A11.

whom)。"其实,列宁本人说得更为简洁:"谁[控制]谁？（Who whom?）"①就革命的学术性解释而言,虽然在细枝末节和复杂程度上各有差异,但并不存在实质上的区别。一位颇有影响力的法国人口统计学家将"阿拉伯之春"与出生率的下降和识字率的上升联系在一起,并引用这些数据,将之作为现代民主"精神派"的可靠指标。②

本章在此采用了与上不同的研究方法。当然,我并不是说这种所谓的社会因素毫无意义,而是说社会事实本身并不能说明问题,能说明问题的是社会事实所起的表征作用。当工资和失业,出生率和文化素养,青年,新的阶级和旧的国家,腐败,压迫,以及城市衰退等进入反反复复、不断动荡的革命性社会冲突之中时,它们所起的就是符号的作用,亦即把这些经验事实(用符号学的术语来说,就是"所指")叠合在一起,形成一个本已十分强大的符号链(能指)。但是,尽管社会事实的物质性是一种错觉,但其真实性却不是:它是一个有用的虚构。所指的社会事实具有不言而喻的自然性,它赋予了符号结构以非凡的语用效果和表演效果。社会事实作为一种意义进入历史,不仅对局外人如此,对革命者本身

---

① Monefiore, S. S. (2011) Every Revolution Is Revolutionary in Its Own Way. *New York Times*, March 27, p. WK11.
② 8 Todd, E. (2011) Interview by Lara Ricci. *Il Sole 24 Ore*, February 26. Accessed June 12,2011: http://lararicci.blog.ilsole24ore.com. 这些评论引用了被采访人早期的作品。作品阐述了人口变迁改变阿拉伯世界,将现代化等同于最终的民主化的情况,作品还将政治意识形态和文化作为潜在人口变迁的反映。参见 Todd, E. (2007) *Le Rendez-vous des civilizations*. Seuil, Paris.

也是如此。①

梦想中的公民社会

社会意义的核心是文化符码(cultural codes)。文化符码用道德术语来给事物分类,既有优也有劣,既有纯粹-神圣,也有玷污-亵渎。一旦人们深刻地感受到这些道德评价和表达评价包裹着一

---

① 早期威廉·苏威尔(William Sewell)对阿达斯·斯科波尔(Theada Skocpol)作出的回应,仍然是最有趣的理论和经验陈述,这表明他对革命更倾向于采用文化的方法。在冲突理论、马克思主义复兴以及新兴的韦伯(Weber)制度主义解读的背景下,斯科波尔提出了唯物主义的基本前提,即强调政治经济和国家暴力。参见 Skocpol(1979), *States and Social Revolutions*. Cambridge University Press, New York。她修正立场,只是承认意识形态是对伊朗宗教革命的有意操纵,参见 Skocpol(1982), Rentier State and Shi'a Islam in the Iranian Revolution. *Theory and Society* 11, pp. 265 - 303。受格尔茨(Geertz)和法国历史研究方法符号学转向的影响,威廉·苏威尔以极具争议性的视角挑战了斯科波尔的观点,将法国大革命描述为"具有划时代意义的文化创造行为","具有重大的……行动意义"。参见 Sewell, W. (1996) Historical Events as Transformations of Structures: Inventing Revolution as the Bastille. *Theory and Society* 25 (6), pp. 841 - 888, at pp. 852,861;另外还可以参见 Sewell, W. (1985) Ideologies and Social Revolutions: Reflections on the French Case. *Journal of Modern History* 57 (1), pp. 57 - 85。此后几十年里,随着学术界对革命的兴趣明显减弱,在对文化因果关系的抽象理论进行陈述的问题上,社会学文献摇摆不定,例如,Goldstone, J. A. (1991) Ideology, Cultural Frameworks, and the Process of Revolution. *Theory and Society* 20 (4), pp. 405 - 453; Emirbayer, M. & Goodwin, J. (1996) Symbols, Positions, Objects: Toward a New Theory of Revolutions and Collective Action. *Theory and Society* 35 (3), pp. 358 - 374。关于具体的、历史文化影响的例子,参见 Moaddel, M. (1992) Ideology as Episodic Discourse: The Case of the Iranian Revolution. *American Sociological Review* 57 (3), pp. 353 - 370; Redd, J. (2002) Culture in Actions: Nicaragua's Revolutionary Identities Reconsidered. *New Political Science* 24 (2), pp. 235 - 263;同时也可参阅安妮·凯恩(Anne Kane)的鸿篇巨制: Kane, A. (2011) *Constructing Irish Nationalist Identity: Ritual and Discourse during the Irish Land War*, 1879 - 1882. Palgrave Macmillan, New York。这部作品重新诠释了一种文化社会学方法。

层人类主角与对手的外衣,那这些评价就会赋予标志着革命时代的动态社会叙事以某种结构形式。这些叙事确定了社会苦难的恶劣根源,确定了作为当代革命斗争发展源头的过去,确定了正义和社会变革的终点,还确定了当前斗争所筹划并着手推进的未来。①

> "We Are All Khaled Said" Facebook Page("我们都是哈立德・萨义德"脸书页面)②

---

① 就代码和叙事作为理解相对自主文化结构力量的关键概念、理解意义在社会解释和因果关系中的中心地位以及理解如何解释夸张的社会科学等,参见 Alexander, J. C. (2003) *The Meanings of Social Life*: *A Cultural Sociology*. Oxford University Press, New York; and Alexander, J. C. (2010) *The Performance of Politics*: *Obama's Victory and the Democratic Struggle for Power*. Oxford University Press, New York;近来关于社会苦难及其文化叙事的文化社会学方法,参见 Alexander, J. C. & Breese, E. B. (2011) Introduction: On Social Suffering. IN R. Eyerman, J. C. Alexander, & E. B. Breese (eds.), *Narrating Trauma*. Paradigm Press, Boulder。

② 2010 年 6 月,也就是在哈立德・萨义德受折磨、被谋杀的那个月里,反政府抗议运动在脸书上创建了"我们都是哈立德・萨义德(WAAKS)"的页面,以纪念这位殉道者,并以哈立德・萨义德的名义发起了各种抗议活动。脸书页面有两个,一个是英文版,另一个是阿拉伯文版。出于安全原因,两个页面均为匿名。在这场斗争的最后几日,阿拉伯文的网页管理员透露了自己的身份。在开罗一个受欢迎的卫星电视节目中,瓦伊尔・高尼姆遭到逮捕被囚 12 天后,被释放出狱。高尼姆承认是他发起并领导了该脸书活动项目。在斗争的最后阶段,这位埃及人在国内外都成了英雄人物。例如,《时代》杂志在"年度百大最重要人物"中将他列在榜首。在被捕之前,也就是 2011 年 1 月 27 日左右,高尼姆只能扮演 WAAKS(阿拉伯文)网页管理员的角色;在此之后,另一名管理员或多名管理员接管了高尼姆网页管理员的工作,仍然是匿名运作。高尼姆出狱后,虽然得到 WAAKS(阿拉伯文)的职位,但可能无法使用全名来继续充当管理员角色。

从 2011 年 1 月 18 日到 2 月 11 日,这两个 WAAKS 页面在革命前以及标志着这一事件本身的 18 天抗议活动中都发挥了核心作用。英文网页和阿拉伯文网页具有实质上的不同。这种不同不仅表现在内容上,而且还表现在语气上。虽然两名管理人员都仔细地关注着对方的语言发布,但双方并没有合作,也没有声称知道对方的身份。阿拉伯文页面更多地采用了宗教术语,其内容更多地指向即时事件,比如示威的时间、关于身着防护服等建议以及在哪里见面等相关指示。正如我在本章最后一节中将会阐述的那样,英文页面所指向的不是埃及和阿拉伯地区,而是假定为全球受众。在我引用这些 WAAKS 页面时,语法、拼写以及标点符号都被保持当时的书写状况,那就是,在当时情绪的激动状态下,往往伴随着巨大的骚动、压力和剧变。脸书页面上的时间和日期均为埃及当地时间和日期。

"We Are All Khaled Said（我们都是哈立德·萨义德）"——英语翻译。

管理员瓦伊尔·高尼姆（Wael Ghonim）（1月27日,凌晨5点49分）

"感觉自己像是在做梦一样。"

易亚德·艾瑞斯海德（Eyad Irshaid）（1月27日,凌晨5点50分）

"有啥新鲜事吗？"

穆罕默德·博埃尔·埃拉（Mohammed Abo El-ella）（1月27日,凌晨5点50分）

"不,不——,这就是现实,不是梦境！"

米度·舍巴（Mido Sheba）（1月27日,凌晨5点50分）

"梦想,梦想成真了。"

塔格瑞德·阿曼德（Taghreed Ahmed）（1月27日,凌晨5点50分）

"天哪,我们都觉得自己是在梦境中啊。"

班诺·格罗德特（Bannour Grodt）（1月27日,凌晨5点50分）。

"如果穆巴拉克（Mubarka）跑到沙特阿拉伯,你会作何感想？"

艾思拉·海曼（Esraa Hyman）（1月27日,凌晨5点50分）。

"我感觉好像身在沙场,但胜利在望。这是上帝的旨意……上帝的美好旨意总不会有错吧。"

对于那些发动"一·二五"革命的人士来说,他们所面临的危险不仅仅是单纯的经济上的,或狭义上的政治上的。正如一位观察家所敏锐地指出的那样,毫无疑问,他们所真正较量的,乃是一种"无形"的东西。① "这是一个关于希望和理想的问题,是关涉到自治和团结的价值观的问题,因为自治和团结决定了一个更文明的社会。② 一名埃及活动分子讲述了一名突尼斯水果商的故事。2010年末,这名水果商的殉道行为引发了2011年初阿拉伯之春的民主抗议。他字斟句酌,谨慎地解释说,这不是钱的问题,而是个人'尊严'的问题。傲慢的突尼斯官员拒绝给这位街头商人颁发执照,对他"说话的那种语气就像是在打发一个要饭的"③。

    同样,对于殉道的埃及人哈立德·萨义德来说,抗议也不是一个单纯的经济问题。正是官员长期明目张胆地腐败这一民事问题,才使他萌生了反抗的念头。瓦伊尔·高尼姆创建了阿拉伯文的脸书网页,该页面具有深远的影响力。2010年6月,为纪念萨义德,高尼姆发出了"我们都是哈立德·萨义德(WAAKS)"的帖子。页面中有关于警察暴力、官员腐败以及被政府歪曲的传播媒介的视频片段和报纸文章。"这可是你的国家啊,"高尼姆向他的追随者坚定地宣称,"政府官员是你的雇员,他的薪水来自你上缴的税收款,你拥有本该拥有的权利。"④在1月27日的一篇博文中,高尼

---

① Slackman, in Mideast Activism.
② Alexander, J. C. (2006) *The Civil Sphere*. Oxford University Press, New York.
③ Slackman, in Mideast Activism.
④ Kirkpatrick, D. D. & Sanger, D. E. (2011) A Tunisian-Egyptian Link That Shook Arab History. *New York Times*, February 14, p. A1.

姆写下了"Freedom *and* the Loaf(自由及面包)",后者"Loaf"指的是面包(bread),前者"Freedom"指的是道德抱负。好像是为了清楚地阐明这一点,他又特地加上一句:

الحرية و الرغيف.. مطلب كل مصر شريف.

全埃及都在要求荣誉/美德。①

五天后,也就是一月革命斗争进行了一周之后,WAAKS(英文网页)宣布了"所有埃及人的尊严革命"。此后六天,又发帖宣布:"这不是一场政治革命,也不是一场宗教革命。这是一场所有埃及人的革命。这就是尊严与自由的革命。"②一位名叫穆罕默德的示威者接受半岛电视台(英文版)采访时解释说:"只要我们觉得自己有尊严,我们就准备过最低限度的生活,我们会带着尊严走在大街上。"③《世界报》发表的一篇社论称,埃及人民正在对苦难和腐败说"不",对尊严和自由说"是"。④ 开罗的一位销售主管穆罕穆德·古达,在回忆起埃及警方如何折磨拷打他的兄弟时说:"现在我以我兄弟尊严的名义,要求穆巴拉克下台。"⑤二十六岁的开罗医生沙迪

---

① WAAKS (Arabic), January 27, 2011, 3:46 p. m.
② WAAKS (English), February 27, 2011, a. m. ; WAAKS (English), February 6, 2011, 2:14 p. m.
③ Hill, E. (2011) Egypt's Rooftop Revolutionaries. Al Jazeera (English), February 6. Accessed March 7, 2011: http://english. aljazeere. net/news/middleeast/2011/02/201126194730350605. html.
④ Hussein, M. (2011) Apres la Tunisie, l'Egypte cherche sa liberte. *Le Monde*, January 27, p. 18.
⑤ Barthe, B. & Hennion, C. (2011) La Revolte Egyptienne; "On s'est remis a repirer normalement, la peur a disparu." *Le Monde*, February 3, p. 6.

亚·阿卜杜勒拉希姆表达了同样的看法:"这不是政治问题,这是尊严问题。"①《卫报》报道称:"埃及政权剥夺了人民的一切权利,包括自由和尊严,却连他们的日常需要都满足不了。"《共和报》(*La Repubblica*)对此表示赞同:"他们要求的就是面包、工作、公正、尊严。"政府竭尽所能镇压革命。在此之后的一段日子里,《纽约时报》的一名记者注意到,"尊严"是"一个常常被人们挂在嘴边的词"。②

个人自由和尊严的存在取决于一种社会状态,一种比原始社会更为文明的社会。一个新泽西州人在写给《纽约时报》的一封信中这样发问:"那些认为每一个穆斯林都可能成为恐怖分子的人,是否至少现在可能在想,中东到处都是渴望得到我们所有人都想要的东西的人,是一个尊重不同观点、建立在基本自由基础之上的世界?"③"四月六日青年运动"(April 6 Youth Movement)是领导埃及起义的组织之一。该组织在其阿拉伯文网站上宣称,他们发起运动不是出于地方利益或个人利益的考虑;推动这场革命运动的,是对重建一个受人爱戴的共同体的共同承诺:"除了我们对这个国家的热爱和改革这个国家的愿望之外,没有任何东西能让我

---

① Barthe,& Hennion, La Revolte Egyptienne.
② Al Aswany, A (2011) Comment: Police Alone Can't Keep Rulers in Power. Egypt's Battle Is On. Guardian, January 28, p. 38; *La Repubblica* (2011) Scontri e Morti in Tutto l'Egitto. Il Presidente in TV: "E" Complotto. *La Repubblica*, January 29. Accessed April 22, 2011:http://www.republica.it/4steri/2011/01/29/news/scontri_e_morti_in_tutto_l_egitto_il_presidente_in_tv_complotto - 11795852; Shadid, A. (2011) Street Battle Over the Arab Future. *New York Times*, February 3, p. 1.
③ Prail, B. (2011) In the Mideast, Days of Tumult, [Letter to the Editor]. *New York Times*, January 29, p. A22.

们如此紧密地团结在一起。"①日复一日,革命者们把自己描绘成埃及社会的一个横切面,因为他们是在最广泛、最理想化的意义上把一个具有普遍性的共同体编织在了一起。"从采访抗议者中获悉的实际情况是",骚乱发生后的第一天,《纽约时报》报道称,"反对穆巴拉克统治的声音来自各个不同的社会阶层,跨越了意识形态界限",不仅如此,抗议者"不属于任何特定群体",而且,许多人"是有生以来第一次参加示威游行"。② 甚至连地位卑微的埃及步兵都明确表态:"这是全体人民的革命。"③连那些富有的埃及人都承认:"像我们这样的精英会说,'哦,运动中我们会失利'",但与此同时,他们仍然坚称,"为了给自己要回一些东西,我们可能不得不放弃另外一些东西"。④

在当代埃及不同寻常的社会分层背景下,上述观察结果持续不断地引发各种意想不到的事。《纽约时报》在报道这场持续十八天的运动时,称其中心主题是:这场革命的参与者广泛、文明、团结一致,关注普遍性,而非狭隘、原始,关注特殊性。

> 周五的抗议活动是规模最大、最具多样性的一次,既有年轻人,又有老年人,既有挎路易威登手袋的女性,又有穿加拉

---

① Slackman, in Mideast Activism.
② Fahim, K. & El-Naggar, M. (2011) Violent Clashes Mark Protests Against Mubarak's Rule. *New York Times*, January 26, p. A1.
③ Kirkpatrick, D. D. (2011) Egyptians Defiant as Military Does Little to Quash Protests. *New York Times*, January 30, p. 1.
④ Alderman, L. (2011) Arab Executives Predict Regime Change in Egypt. *New York Times*, January 29. Accessed June 12, 2011: http://www.nytimes.com/2011/01/30/business/global/30davos.html.

比亚①的男性,既有工厂工人,又有电影明星。②

这是埃及人的希望。无论是贫穷还是富有,这些为开罗桥(Cairo Bridge)而战的埃及人团结一致,汇聚在一起。③

抗议者来自不同的社会阶层,甚至包括埃及富人。通常,人们认为富人对政治漠不关心,或者因为养尊处优而难以动员。对于抗议人群中的一些人来说,安全部队在星期五的暴行恰恰就暴露了真相。"真是些畜生!"看到流血的抗议者被拖走时,他们对着防暴警察发出了愤怒的吼声,"这些可都是我们埃及人啊!"④

上埃及的汽车修理工和经常出入于开罗咖啡馆的人士似乎达成了一个简单的民族共识:政府让他们失望了。⑤

过去的几天里,成千上万的埃及人——从贫困的水果小商贩和看门人到学生和工程师,甚至是腰缠万贯的大老板——全都一股脑儿地涌上了街头。⑥

本周的大多数抗议活动似乎代表了公众的几乎所有不同

---

① galabeyas,埃及传统礼服,一种宽松长袍,通常用丝线装饰。——译者注
② Kirkpatrick, D. D. (2011) Mubarak Orders Crackdown, With Revolt Sweeping Egypt. *New York Times*, January 29, p. A1.
③ Fahim, K. (2011) Hopes of Egyptians, Poor and Wealthy, Converge in Fight for Cario Bridge. *New York Times*, January 29, p. A12.
④ Fahim, Hopes of Egyptians.
⑤ Shadid, A. (2011) Seizing Control of Their Lives and Wondering What's Next. *New York Times*, January 30, p. A1.
⑥ Kirkpatrick, D. D. & El-Naggar, M. (2011) Rich, Poor and a Rift Exposed by Unrest. *New York Times*, January 31, p. A6.

阶层。①

发起这场战斗的是一位名叫默罕默德·盖密尔的牙医。盖密尔打着蓝色的领带,朝着解放广场(Tahrir Square)的路障奔跑;法耶卡·侯赛因也投入了这场战斗。侯赛因戴着面纱,是七个孩子的母亲。她把一个聚苯乙烯泡沫塑料容器装满了石块;麦格第·安保戴尔-瑞哈曼是一位六十岁的老祖父,他亲吻了一下地面,然后只身朝着人群冲去。本次冲锋是由亚瑟尔·哈马迪领导的。哈马迪说,他两岁的女儿应该过上比他所忍受的更好的生活。"你们不是男人吗?"他高声喊道,"向前猛冲啊!"②

起义不仅是年轻人和弱势群体的最后选择,而且几乎也是埃及人口的每一分子——戴头巾的牧师、来自富裕郊区的生意人、电影导演和富有的工程师——的最后选择。③

诸如此类的观察评论并不局限于美国报纸的记者和专栏作家。人们普遍注意到,推动革命的团结是文明的、广泛的。一名半岛电视台(英文版)记者观察到:"今天,我们看到走上街头的人,与过去五六年里在埃及进行抗议的五六十名活动分子判然有别",如今,他们中"有普通的埃及人、年长的女性、年轻的男性,甚至还有

---

① Kirkpatrick, D. D. (2011) Mubarak's Grip Is Shaken as Millions Are Called to Protest. *New York Times*, February 1, p. A1.
②③ Shadid, Seizing Control of Their Lives.

儿童"。① 半岛电视台的英文网站上有一条评论强调说：

> 解放广场上，支持民主抗议是我在埃及所见证过的最为多样化的大型集会……在支持民主派的阵营中，有很多十几岁到三十出头的男男女女。与他们在一起的还有孩子、老人、极端虔诚的人、最老练世故的世界主义者、工人、农民、专业人士、知识分子、艺术家、长期参加活动的积极分子、进行政治抗议的绝对菜鸟，以及各种政治游说团体的代表，不一而足。②

《卫报》报道了"一个由青年活动家、政治伊斯兰主义者、工业工人和足球迷等组成的不太可能结成的联盟"：③

> 来自不同背景和社会阶层的年轻人一起参加游行示威活动，他们一路高歌。年长的、备受尊崇的人物带着食物和毯子四处走动。在人行道上，穿着牛仔裤、抽着烟的女性坐在蒙着尼卡布面纱的姐妹们身旁。参加过20世纪70年代学生运动的老同志们几十年来第一次碰面。年轻人四处走动着捡拾垃圾。留守在家的人们打电话给附近的餐馆，定购食物给抗议者送去。没有听到任何宗教或宗派口号。他们表现出来的团结作风显而易见。如果这听起来很浪漫的话，嗯，那它过去浪

---

① Al Jazeera (2011), Egypt Protesors Clash with Police. 25 January 25. Accessed March 7, 2011：http://english.aljazeere.net/news/middleeast/2011/01/20111251136220742.html.
② Ambrust, W. (2011) Tahrir: Shock and Awe Mubarak Style. Al Jazeera (English), February 3. Accessed March 7, 2011：http://english.aljazeere.net/indepth/opinion/2011/02/20112310224495606.html.
③ Shenker, J. (2011) Egypt Awaits Nationwide 'Day of Revolution'. *Guardian*, January 25, p. 22.

漫过,现在也仍然很浪漫。①

《共和报》提醒读者,埃及的公民传统要比意大利古老:"我们更多地了解到,就政治信仰而言,埃及人开始把他们的穆斯林信仰看作是次要的,就像他们在历史上一样……埃及的议会比意大利要早四年。"②

在动乱的第三天,瓦伊尔·高尼姆在 WAAKS 上强调了团结这一公民性质:

> الكنيسة المصرية تجعو المسيحيين لحضور المظاهرات السلمية مع إخوتهم المسلمين ... الحمد لله
> و كلنا ايد واحدة لأن كلنا عايزين حقوقنا.

埃及教堂邀请基督徒与穆斯林兄弟一起参加和平示威……赞美上帝,我们得到支持,亲如一家,因为我们都渴望拥有自己的权利。③

第二天,这则消息在 WAAKS(英文版)上发布:"致我们在埃及的兄弟姐妹们。变革之风正吹拂着大地——所有的埃及人——基督徒、穆斯林、每个人……亲如一家人。"(2011 年 1 月 28 日)两天前,当运动准备举行第一次大规模对抗时,高尼姆就早已在 WAAKS(阿拉伯文版)上宣布了类似的主题:

---

① Soueif, A. (2011) Fittingly, It's the Young of the Country Who Are Leading Us. *Guardian*, January 28, p. 1.
② Rampoldi, G. (2011) La Rivolta che Cambia la Storia Araba. *La Repubblica*, January 29. Accessed April 22, 2011: http://www.repubblica.it/esteri/2011/01/29/news/la_rivolta_che_cambia_la_storia_araba-11796023.
③ WAAKS (Arabic), January 27, 2011, 9:23 p.m.

第二章 埃及革命表演：2011年起义

سنخرج بمسيرات في كل مساجد وكنائس مصر الكبرى متجهين ناحية الميادين العامة ومعتصمين حتى ننال حقوقنا المسلوبة. مصر ستخرج مسلميها ومسيحييها من أجل محاربة الفساد والبطالة والظلم وغياب الحرية. سيتم تحديد المساجد والكنائس ليلة الخميس.

我们将会走出去，举行示威游行活动，进入埃及的各大清真寺和教堂，前往公共广场，并在那里一直待到我们获得被剥夺的权利为止。埃及将会走出去，她的穆斯林教徒和基督教徒，要去为腐败、失业、不公正和不自由而斗争。所选定的清真寺和教堂将于周四晚上宣布。①

从起义的第一天起，革命领袖们就已经把自己及其组织当作在国家新兴的公民领域中不可穿透的盾牌。这个盾牌不仅能保护个人，还能保护个人赖以生存的更为广泛的群体。"四月六日青年运动"警告当局，"对任何个人的虐待都是在与整个国家对抗"，这种虐待一旦发生，"将会出现无法预料的结果，并且无法控制"。②

以下是半岛电视台（阿拉伯语版）的一些引文：

وأضاف البيان -الذي تلقت الجزيرة نت نسخة منه- أن الحركة ستتخذ التدابير اللازمة لحماية الجميع قدر المستطاع، وقالت
"قمنا بتجهيز دروع واقية وكذلك أطباء وصيادلة" لإسعاف أي مواطن قد يتعرض لإيذاء جسدي. وتم تجهيز غرفة عمليات خاصة باليوم.

（"四月六日青年运动"所发的）声明——半岛电视台网

---

① WAAKS (Arabic), January 26, 2011.
② Al Jazeera (Arabic), January 25, 2011. 7:43 a.m. Accessed June 12, 2011: http://www.aljazeere.net/NR/exeres/B0C28F6C－8B4B－4786－B183－FFFB488C956E.htm.

收到的一份副本——补充称,运动将尽其所能采取一切必要措施来保护每一个人,并称"我们已经使用防护盾牌,并调用医生和药剂师"来营救任何身体上可能会受到伤害的公民。

ووصفت الحركة تصريحات وزارة الداخلية المصرية -التي قالت فيها إنها ستتصدى بكل حزم للمظاهرة- بأنها "متغطرسة وليست جديدة، فالحكومة تأبى إعطاء التصاريح اللازمة، ثم تتعامل بطريقة قمعية مع الجماهير بحجة عدم الحصول على تصريح بالمظاهرة."

运动称内政部(Interior Ministry)发布的声明"高傲自大,目空一切,毫无新意,政府拒绝提供一些必须的抗议许可,然后会以未能获得抗议许可为借口来压制群众"①。内政部的声明表明了他们将会处理/挫败任何抗议的决心。

文化背景:道德二元分类

无论是参与者还是观察者,他们都是把革命冲突当作一场生死斗争来体验的。革命冲突不仅仅是社会群体之间的生死斗争,同时也是社会表征之间的生死斗争。社会表征一个代表着神圣,另一个代表着世俗。一位卫报作家称埃及政权是"一个暴政的泥潭"②。"这是一场极艰巨的斗争,"《纽约时报》的一位专栏作家在

---

① Al Jazeera (Arabic), January 25, 2011. 7:43 a.m. Accessed June 12, 2011: http://www.aljazeere.net/NR/exeres/B0C28F6C-8B4B-4786-B183-FFFB488C956E.htm.
② Ghannoushi, S. (2011) Comment: A Quagmire of Tyranny: Arabs Are Rebelling Not Just against Decrepit Autocrats but the Foreign Backers Who Kept Them in Power. *Guardian*, January 29, p. 32.

起义的最后时日里写道,"在两次革命中,1952 年由埃及军方领导(Army-led)的革命是自上而下的,虽然疲惫但依然强大有序,而 2011 年由人民领导(people-led)的新革命是自下而上的,虽然充满活力却混乱不堪。"①《时代周刊》的另一位专栏作家这样写道:"我们很少看到光明与黑暗两种力量所产生的这种史诗般的冲突。"②

对于埃及政府及其意识形态机构(ideological apparatus),即穆巴拉克的秘密警察、腐败政府、傀儡议会以及众议院知识分子等来说,对于十八天的革命事件以及推动这些事件的行动者/演员来说,所有这一切都被看作严重污染;这一切都是由一种消极的话语建构起来的,而这种消极话语实际上就是要求把上述各种压制合法化。③ 1981 年,在其前任安瓦尔·萨达特(Anwar Sadat)被暗杀之后,穆巴拉克就开始有计划地投射一种进步主义的叙述。他反对原教旨主义、暴力和反动势力,打算使埃及实现现代化,并带领埃及走进未来。"我们将踏上伟大的征程,"穆巴拉克在 1981 年的

---

① Friedman, T. (2011) Speakers' Corner on the Nile. *New York Times*, February 8, p. A27.
② Dowd, M. (2011) Stars and Sewers. *New York Times*, February 20, Week in Review, p. 11.
③ 在市民社会甚至是一个处于初级地位的社会,其制度和互动的核心是一种二元对立话语,这种二元对立话语与神圣的、净化的压制形成对比。关于这种二元文化结构的详细分析及其与民主诉求的模糊关系,如有必要,可参考 Alexander, *The Civil Sphere*。尽管这种文化结构的规范因历史时间和地理空间而呈现出差异性(有关历史差异与民族差异而造成的多样性研究,参见 Alexander, *The Civil Sphere*, pp. 573 - 574),但只要具有确定的各种动机、关系,需要维持一个自治的民主秩序的制度,其基本原理就是通用的。这一分析话语同样明确地推动了阿拉伯人(主要是穆斯林)的革命运动,同时也为这种话语的普遍地位提供了进一步的证据。

就职演说中如是承诺,"在这一伟大的征程中,我们不会停止不前,不会犹豫不决,我们会建设而不会破坏,我们会保护而不会威胁,我们会维护而不会挥霍。"① 在 20 世纪 90 年代,穆巴拉克政权针对伊斯兰组织发动过一场低级战争,它不仅把自己描绘成社会秩序的保卫者,还把自己描绘成现代性乃至民主改革的捍卫者,描绘成伊斯兰主义者为反民主而战的角色。② 例如,穆巴拉克任命一位杰出的知识分子为最高文化委员会(Supreme Council of Culture)秘书长。该秘书长撰写了数本著作,其中就有《捍卫启蒙运动》(*Defending Enligthtenment*)和《反对狂热》(*Against Fanaticism*)。③ 2006 年,即便宣布将终身担任总统,穆巴拉克还是采用一种进步的方式作出该决定的。他向议会保证:"我将和你们一起走向未来,在向未来过渡的进程中,只要一息尚存,我就会承担责任,勇挑重担。"④

这种华丽辞藻似乎与社会现实主义的自然法则格格不入。然而,在五年之后的"一·二五"革命中,穆巴拉克仍然使用了相同的二元道德符号网格,将道德能指用于它所展开的所指。例如,那些反对政权的人是"煽动者",是"外国人",是"间谍",不是真正的"埃及人",不是构成"绝大多数"的真诚的"爱国者";一旦外部煽动者

---

① Slackman, M. (2011) Compact Between Egypt and Its Leader Erodes. *New York Times*, January 29, p. 11.
② Creswell, R. (2011) Egypt: The Cultural Revolution. *New York Times*, February 20, Book Review, p. 27.
③ Creswell, Egypt: The Cultural Revolution.
④ Slackman, Compact Between Egypt and Its Leader Erodes.

从事"破坏"活动并制造"混乱",国家将会维持"稳定"、维护"安全";街头活动积极分子是"一小撮""歹徒",是一个动用"武力"的"不正当的非法"团体。相比之下,政府是合法的,它拥有"绝大多数民众的支持",并显示出"倾听的能力";批评者参与了"宣传",但穆巴拉克政权是"谨慎的",且经过"深思熟虑",愿意发起"对话"。与此相比,革命人士却在"不假思索、仓促行事,这会导致更大的非理性",他们是一些"立场不坚定"的"有思维能力的青少年",而国家是"强大"和"有力"的。抗议活动会很快"偃旗息鼓",而穆巴拉克及其政权仍然"坚忍不拔"。那些向政府发出挑战的人所面临的处境将是"危险的",而政权则是"安全的"。①

---

① 有关穆巴拉克政权及其反对者神圣和世俗特征的引述,来自该政权的官方新闻稿、演讲,以及匿名、非公开的(off-the-record)对记者声明。污蔑性的引文,参见 Slackman, In Mideeast Activism; Fahim, & El-Naggar, Violent Clashes Mark Protests Against Mubarak's Rule; Youssef, M. I. (2011) Quotation of the Day. *New York Times*, January 27, p. A2; Mekhennet & Kulish, With Muslim Brotherhood Set to Join Egypt Protests; Fahim K. & Stack, L. (2011) Opposition in Egypt Gears Up for Major Friday Protest. *New York Times*, January 28, Section A; Kirkpatrick, D. D. (2011) As Egypt Protest Swells, US Sends Specifics Demands. *New York Times*, February 9, p. A1; Shadid, A. & Kirkpatrick, D. D. (2011) Mubarak Won't Quit, Stoking Revolt's Fury and Resolve. *New York Times*, February 11, p. A1. 关于神圣化政体的引文,参见 Fahim & Stack Opposition in Egypt Gears Up for Major Friday Protest; El-Naggar Slackman, Egypt's Leader Used Old Tricks; Kirkpatrick, Mubarak Orders Crackdown; Cooper, H. & Mazzetti, M. (2011) Prideful and Prizing Status Quo, Mubarak Resists Pressure. *New York Times*, February 7, p. A10; Shadid, A. (2011) In the Euphoria of the Crowd, No Party or Leader Unifies teh Opposition. *New York Times*, February 1, p. A11. 虽然这些资料引自《纽约时报》,但在其他媒体中也广泛报道过这些特点,这包括:半岛电视台(阿拉伯语版) January 25, 2011, 7:43 a.m. Accessed June 12, 2011:http://www.aljazeera.net/NR/exeres/B0C28F6C-8BFB-4786-B183-FFFB488C956E.htm。

表2-1 穆巴拉克政权的分类

世俗抗议	神圣政权
煽动者	埃及人
外国人、间谍	爱国者
混乱	安全、稳定
武力	倾听的意愿
草率的	谨慎的
一时冲动的	深思熟虑的
非理性的	对话
少数人	受欢迎的大多数
精疲力竭	可迅速复原的
立场不坚定	强大、有力
危险的	安全的
原始的	现代的
褊狭的	理性的
不合法的	
非法的	
不法分子	
破坏	
宣传	
有思维能力的青少年	

虽然有证据表明，埃及精英和民众最初对这种政权编码表示出了一定的同情，但随着穆巴拉克的统治时间延长，且他的紧急法令并未取消，他与集体意识之间不稳固的联系就与他的现代化承

诺一起,逐渐减弱及至消失了。不过,直到"一·二五"革命爆发,几乎还没有任何公开的机会来阐明另一种象征体系,一种与现政权的世俗主义相匹配的体系,一种以道德方式与之针锋相对地进行斗争的体系。诸如 2005 年发生的开罗之春(Cairo Spring of 2005)运动与 2008 年在埃及的一个城市马哈拉(El-Mahalla el-Kubra)发生的食品骚乱这样的示威活动已经被迅速平息。① 相比之下,从"一·二五"革命开始,抗议者已经能占领公共舞台,他们宣传的是另一种符号系统。其实,他们所使用的道德范畴本身与穆巴拉克本人的并没有什么不同,所改变的只是一种特性相对于另一种特性的相对权重,以及社会是如何利用这些离散的话语能指(discursive signifiers)的。民主和自由变得更加突出,国家成为被污名化的一方。革命话语也找到了言说神圣和世俗的新鲜比喻,并且现在还能够以极其有效的方式,在时间和空间上将之付诸实践。

在革命者神圣和世俗的分类中,穆巴拉克施行的是"镇压"和"暴力",而示威者则是呼吁"自由"和"沟通";革命人士谴责的是"现代法老"领导的"野蛮的"埃及政府,并将其一举一动解释为"精心校准过的",相反,他们把自己的行动描述为"无人带头",选择时机,并一再地强调他们活动的"自发"性质;政府官员是"狗",是"暴徒",但抗议者却被描述为"人民";穆巴拉克发起"镇压"活动,并以"暴力"来"扼杀"人民的声音。尽管如此,抗议者仍然表现得"英勇

---

① Tisdall, S (2011) World Briefing: New Wave of Protest Takes Mubarak Out of Comfort Zone. *Guardian*, January 26, p.22.

顽强""无所畏惧",他们的志向据称就是"交流沟通"。这位"傲慢自大"的独裁者称其臣民为"儿女",革命者们则互相称对方为"公民";示威者是"年轻有活力、生机勃勃的",国家政权"冥顽不化";穆巴拉克政府是一个"独裁"政权,革命派要求的则是"民主"。①

在这个公民社会的二元话语体系内,如果埃及革命者可以有效地代表他们自己,即酣畅淋漓地表达自己的民主动机、各种关系以及想象中的制度机构,那是因为在很大程度上,阿拉伯政治生活中存在着更广泛意义上的知识分子革命,在政治语言基础中,这是一个戏剧性的转变,因为毕竟是政治语言基础为当代公共演讲提供了背景。在"一·二五"革命事件发生之前几十年,阿拉伯政治文化的开路先锋已经发生了变化。阿拉伯民族主义激进好战,其

---

① 关于革命人士自身的这些陈述,参见 Kirkpatrick, D. D. & Slackman, M. (2011) In New Role, Egypt Youths Drive Revolt, *New York Times*, January 27, p. A2; Fahim K. & Stack, L. (2011) Opposition in Egypt Gears Up for Major Friday Protest; Fahim, Hopes of Egyptians. 关于对政体和穆巴拉克的评述,参见 Fahim, K. & Stack, L. (2001) Egypt Intensifies Effort to Crush Wave of Protests, Detaining Hundreds. *New York Times*, January 27, p. A10; Mekhennet & Kulish, With Muslim Brotherhood Set to Join Egypt Protests; Fahim & Stack, Opposition in Egypt Gears Up for Major Friday Protest; Landler, M. & Lehrer, A. W. (2011) State's Secrets; Cables Show US Tack on Egypt; Public Support, Private, Pressure. *New York Times*, January 28, p. A1; Kirkpatrick, Mubarak Orders Crackdown; Fahim, Hopes of Egyptians; Kirkpatrick, D. (2011) In Protests, a Nobelist Has an Unfamiliar Role. *New York Times*, January 29, p. A11; MacFarqhar, N. (2011) Egypt's Respected Military Is Seen as Pivotal in What Happens Next. *New York Times*, January 29, p. A13. 同上面一样,虽然这些资料引自《纽约时报》,但在其他媒体中也广泛报道过这些特点,这包括:半岛电视台(阿拉伯语版)January 25, 2011, 7:43 a.m. Accessed June 12, 2011; http://www.aljazeera.net/NR/exeres/B0C28F6C‐8BFB‐4786‐B183‐FFFB488C956E.htm.

后殖民承诺渐渐失去了昔日光彩。① 政治伊斯兰(political Islam)

表2-2 革命者的分类

世俗政权	神圣抗议者
压制	自由
令人窒息的野蛮暴力	沟通
现代法老	缺乏领导人
仔细校准过的	自发的
死板僵化的	年轻有朝气的
狗、暴徒	人民
穆巴拉克及其亲信	大多数埃及人
儿女	公民
独裁者	民主
傲慢自大的	
暴力	

---

① 在20世纪80年代早期,伟大的埃及小说家纳吉布·马哈福兹(Naguib Mahfouz)在他的道德寓言小说《在王座前:与埃及伟人对话——从梅内斯到安瓦尔·萨达特》(Before the Throne: Dialogs with Egypt's Great from Menes to Anwar Sadat, 2009/1983, The American University in Cario Press, Cario)中,以虚构的形式呈现了后殖民计划的幻灭与对复兴市民社会的支持,二者交织在一起。在神秘的正义大厅(Hall of Justice)里,掌管来世的冥神奥西里斯(Osiris)主持了对埃及统治者的一场审判,以决定在神圣的正义大厅里,谁应该占有一席之地,与不朽神灵坐在一起,谁应该被移送地狱或炼狱。当阿普杜勒·纳赛尔(Abdel Nasser)出现在法庭上时,他遇到了一位著名的前辈,萨阿德·扎格鲁(Saad Zaghloul)。纳赛尔在1952年的一次军事政变中掌权上台,并支持国家社会主义、泛阿拉伯主义、反犹太复国主义和激进的后殖民主义。扎格鲁是20世纪初埃及最受人尊敬的革命领袖,他是政治自由和经济自由的华夫脱党(Wafd Party)的创始人。扎格鲁警告纳赛尔:"领导权是神授的礼物。你要尽你所能建立……一种开明的、民主的政府形式。"纳赛尔回答说:"对我来说,真正的民主就是把埃及人从殖民主义、被剥削和贫穷中解放出来。"听罢此言,扎格鲁的继任者、华夫脱党的领袖穆斯塔法·纳哈斯(Mustafa al-Nahhas)愤怒地回答说:"你对自由和人权漠不关心,尽管我不否认你对穷人有信心,但你是加在政治作家和知识分子身上的诅咒……你用逮捕、监禁、绞刑、杀害来压制他们"。参见 Mhafouz, Before the Throne, pp. 135-136。

内部的思潮也在转换更替。有关公民社会和民主的各种辩论充斥于书籍、报纸、杂志、网站以及半岛电视台的权威评论和访谈节目中。一些世俗知识分子摇身一变，成为"法庭自由主义者（court liberals）"，他们把民主视为一种遥不可及的理想，却又对当代阿拉伯政权三缄其口。另一些人在国内或国外流亡，公开抨击阿拉伯独裁主义，并强烈要求立即进行根本性的民主变革。① 伊斯兰思想的这种核心观念如自由（Hurriya, freedom），从宗教领域扩展至政治领域，甚至连伊斯兰教法（Sharia law）和伊斯兰司法（Islamic justice）也都开始用民事方式来加以诠释。② 尽管《今日美国》这样

---

① Gerecht, R. M. (2011) How Democracy Became Halal. *New York Times*, February 7, p. A23.
② 可以毫不夸张地说，西方的思想文化史已经背叛了对阿拉伯民主之可能性的深刻怀疑：从希腊关于波斯野蛮状态的比喻到马克思的亚细亚生产方式（Asiatic mode of production），韦伯的苏丹主义（sultanism）和武士宗教（warrior religion），以及塞缪尔·亨廷顿（Samuel Huntington）等当代保守派关于文明的主张。在过去的三十年里，不仅爱德华·萨义德（Edward Said）势不可挡的福柯式批判大声叫嚷着这种"东方主义（Orientalism）"，而且历史学者与哲学学者也在孜孜以求，不遗余力地为此而摇旗呐喊，如帕特丽夏·斯普林堡（Patricia Springborg）。参见 Patricia Springborg (1986) Politics, Primordialism, and Orientalism: Marx, Aristotle, and the Myth of the Gemeinschaft. *American Political Science Review*, 80(1), pp. 185–211, 以及 (1992) *Western Republicanism and the Oriental Prince*. Polity, Cambridge. 正是在这一时期，在阿拉伯知识分子的生活中，产生了一股影响深远的与"西方主义（Occidentalism）"相决裂的思潮。"西方主义"是东方主义的防御性镜像，尤其是随着反殖民运动的兴起，它旨在贬低西方各种现代性元素，特别是那些与公民社会和民主有关的元素。随着国家共产主义在国外分崩离析，泛阿拉伯社会主义（pan-Arab socialism）在国内土崩瓦解，伊斯兰主义无疑继续为北非和中东的一些人提供了一个西方主义的替代性选择。然而，也出现了一种新的开放性，一种新的与西方知识分子传统的斗争，最引人注目的是，这种斗争的对象是市民社会理念。将近 20 年前，阿兹梅（al-Azmeh）就已经观察到如下问题："近年来，阿拉伯世界，关于民主的话语无处不在"，它如何"在阿拉伯世界，与……公民社会理念一起，在无数的政治、学术、记者和其他作品得以表达"，以及如何"成为日常闲聊中根深蒂固的评论主题"，（转下页）

的保守派解读者对此不免会有种种担心,担心穆斯林兄弟会(Muslim Brotherhood)可能会掌握领导权,因为一旦其掌权,那可

(接上页)参见 al-Azmeh(1994) *Democracy without Demorats: The Renewal of Politics in the Arab World*. I. B. Tauris, London;此后两年,参见 *Democracy and Civil Society in Arab Political Thought: Transcultural Possibilities*(2006)Syracuse University Press, Syracuse。两年之后,布朗兹(Browers)提供文献证明,在 20 世纪 80 年代后期,在阿拉伯知识分子中间出现了一个全新的术语——市民社会(al-mujtama al-madani),与之一同出现的,还有"一系列的概念,这些概念从根本上改变了政治话语的可用工具,为政治思想和政治行动开辟了不可预见的可能性"。参见 *Democracy and Civil Society in Arab Political Thought: Transcultural Possibilities*(2006)Syracuse University Press, Syracuse。布朗兹证明,文明社会的含义在阿拉伯知识分子中受到了强烈的质疑,然而,正如她也指出的,这个词自打西方思想产生之初就受到了强烈的质疑。例如,在阿拉伯世界,无论市民社会是自由主义还是社会主义,对其界定更多的是强调对其个人主义和多元性的理解,这与采用更具有公共性的伊斯兰方法形成了对比。这既有有利的一面,也有不利的一面。尽管如此,布朗兹还是得出结论,称"世俗主义的拥护者和伊斯兰化(Islamicization)的支持者之间造成了两极分化,而两极分化掩盖了一个潜在的共识,那就是,至少有一些观念的群集(constellations)构建了一个自由的公共领域(民主、市民社会、公民权)",她还称,"尽管市民社会的某些概念各不相同,但人们普遍认为,扩大民主参与的公共领域必须成为阿拉伯地区发展的优先事项。"参见 *Democracy and Civil Society in Arab Political Thought*, p. 209。在最近出版的当代埃及长篇调查中,塔勒克·奥斯曼(Tarek Osman)发现,智力上的这种发展与该国文化的流行趋势相一致:"形成自己对埃及主义(Egyptianism)的定义","因埃及文化、价值观、态度和行为等毁灭性的衰退而消沉",埃及年轻人"跨越了过去的五十年(只看到困难和失败),欣然接受 20 世纪 20、30、40 年代埃及的自由实验",参见 Osman, T.(2010) *Egypt on the Brink: From Nasser to Mubarak*. Yale University Press, New Haven, p. 210。奥斯曼报告说,"在 21 世纪初,大量的电影、电视剧和小说歌颂自由实验,赞美自由实验,尤其是其中宽容的价值观和放松的生活方式(modus vivendi)",此外,他还特别提到"私立大学的崛起、商人协会、商会、消费者保护团体和众多的独立媒体和卫星电视频道的崛起等"。参见 *Egypt on the Brink*, p. 220。

大众媒体对"阿拉伯之春"尤其是埃及革命的报道出现了显著的失误,因为几乎没有提及前几十年的阿拉伯知识分子革命。这种忽视反映了更大的失败,那就是,西方在评论埃及革命时,强调的是其文化本质;西方社会科学家在分析这场革命时,把意义置于分析的中心。关于证明知识传统在历次革命中起决定性作用的突出学术成果,参阅 Bailyn, B.(1967) *The Ideological Origins of the American Revolution*. Harvard University Press, Cambridge, MA, and Baker, K. M.(1990) *Inventing the French Revolution: Essays in French Political Culture in the 18th Century*. Cambridge University Press, Cambridge, UK。

就是一场"灾难",①其他西方记者也意识到,伊斯兰主义已经滋生出"各种各样的立场",其中,他们的许多主张就具有明确的民主性:"既有正统思想,也有异端邪说的纳赛尔主义者(Nasserites)、共产主义者、工会工党成员、穆斯林劳工党(Labor Muslim)、自由主义者……自然也有伊斯兰主义者,但是他们又分裂成各种不同的派别。当然,其实际情况远比我们想象的要复杂得多。"②《共和报》强调了示威活动的世俗性质:"昨天,也就是星期五,祈祷日,人群像平常一样,高喊着'安拉·阿卡巴尔(Allah'u Akahbar)、伟大的安拉'等口号,但同时街头还响彻着另一种口号,反叛的口号:'不合法!'穆巴拉克是一个不合法的总统(因为他的当选就是一个骗局)。"③

一位穆斯林兄弟会的埃及领导人写了一篇《纽约时报》专栏文章。文章强调了当今阿拉伯和穆斯林知识分子在观点上的民主转向:"我们设想着利用普遍的自由和正义措施,去建立一个民主、文明的国家,这是伊斯兰教的核心价值观……我们欣然接受民主,不是把它当作一个陌生的概念……而是将之作为一套原则和目标,这套原则和目标的固有特性与伊斯兰诸教义相辅相成,并能强化伊斯兰诸教义。"④

半岛电视台(阿拉伯语版)向埃及人民和其他地区播放的革命

---

① *USA Today*,(2011) Anti-Mubarak Protest Brings Moment of Truth for US. *USA Today*, January 31, p. 8A.
②③ Rampoldi, La Rivolta che Cambia la Storia Araba.
④ El-Errian, E. (2011)What the Muslim Brothers Want. *New York Times*, February, 10, p. A25. 在埃及,埃利安(El-Errian)被《纽约时报》看作是穆斯林兄弟会训导委员会(guidance council)成员。

第二章 埃及革命表演:2011年起义

报道能让人最明白无误地了解阿拉伯知识分子革命,最清楚地体会到它产生的影响。电视台的记者和编辑们强烈认同激进主义分子的公民精神和民主愿望。不过,虽然他们的报道非常专业,但似乎常常是以运动的名义发表的。例如,在起义的第一天,即1月25日,阿拉伯语网络为起义的这些事件提供了一个框架,将抗议者视为民主激进主义的神圣载体,他们诚实而有原则,将政权的反对者斥为傲慢自大、诡计多端、打压群众、咄咄逼人、充满暴力。

以下是半岛电视台(阿拉伯语版)的一些引文:

> حذرت حركة شباب 6 أبريل وزارة الداخلية المصرية من التعامل بعنف مع النشطاء والمتظاهرين الذين سينزلون إلى الشوارع اليوم في احتجاج يصادف يوم عيد الشرطة، في الوقت الذي أنذرت فيه الحكومة المصرية المتظاهرين بأنهم سيواجهون الاعتقال إن هم مضوا قدما في تنظيم الاحتجاجات.

"四月六日青年运动"受到埃及内政部的警告。警告称,在国家警察日[1月25日]当天的抗议活动中,走上街头的激进主义分子和抗议者将会受到严肃处理。埃及政府警告抗议者,如果抗议者受到一次警告,还继续组织活动,就会面临被捕的危险。

> حذرت حركة شباب 6 أبريل وزارة الداخلية المصرية من التعامل بعنف مع النشطاء والمتظاهرين الذين سينزلون إلى
> وحذر بيان أصدرته الحركة وزارة الداخلية من ممارسة "الاحتيال القديم بدس عملائها من البلطجية داخل صفوف المتظاهرين لإحداث مشاجرات واعتداءات على الممتلكات العامة، ثم اتخاذ ذلك ذريعة لسحق المتظاهرين ونعتهم بالمخربين والخارجين على القانون".

四月六日运动发布的一份声明则警告内政部,称他们的做法"是故伎重演,用一种老掉牙的欺骗手段,派出探子、暴徒打入抗议者队伍内部,以制造争端,袭击公共财产,并以此作为镇压抗议者的借口,从而给抗议者贴上破坏分子和法外之徒的标签"。

> وخاطب البيان قوات الأمن بأن "يلتزموا بحدود القانون"، و"ألا يمارسوا ما تعودوا على ممارسته من قبل، لأن ذلك الزمن قد مضى وانقضى، والاعتداء على أي فرد هو اعتداء على الأمة بأكملها، وقد يأتي بنتائج غير متوقعة ولا تمكن السيطرة عليها

这份声明还呼吁安全部队"遵守法律规定"。

> ...ووصفت الحركة تصريحات وزارة الداخلية المصرية -التي قالت فيها إنها ستتصدى بكل حزم للمظاهرة- بأنها "متغطرسة وليست جديدة، فالحكومة تأبى إعطاء التصاريح اللازمة، ثم تتعامل بطريقة قمعية مع الجماهير بحجة عدم الحصول على تصريح بالمظاهرة".

这场运动称内政部的声明是"高傲自大且毫无新意的,政府拒绝为抗议提供必要的许可,然后以未能获得许可为借口来镇压抗议群众"①。内政部的声明还表明,该部将会处理/挫败任何抗议决议。

对许多西方观察者来说,阿拉伯世界的这些知识分子发展状况往往被反美和反犹太复国主义(anti-Zionist sentiments)情绪所掩盖,因为这些情绪通常伴随着他们的狂热表现,以及伊斯兰激进组织成员在同一时期采取的暴力行为。例如,《今日美国》在报道"一·二五"革命时,就将穆斯林兄弟会描述为"一场被禁止的政治运动,这场运动希望政府严格按照伊斯兰国家的模式来运作"②。这些变化对阿拉伯知识分子生活的影响也被长期独裁政权对他们

---

① Al Jazeera (Arabic), January 25, 2011. 7:43 a.m. Accessed June 12, 2011: http://www.aljazeere.net/NR/exeres/B0C28F6C-8B4B-4786-B183-FFFB488C956E.htm.
② Dorell, O. & Fordham, A. Fury Grows in Egypt. *USA Today*, February, 11, p. 1A.

所统治的人的心理施加的微妙力量所掩盖,有时会导致他们怀疑自己的统治能力。诺贝尔奖得主穆罕默德·巴拉迪(Mohammed ElBaradei)曾回到埃及,组织公众反对穆巴拉克政权。他观察评论说:"人们受到教导不要进行思考或采取行动。"他承认:"坦率地说,我认为人们还没有做好准备。"当埃及精英们参加示威活动时,一名抗议者表达了惊讶之情,他评论道:"这个阶层以前可是从来没有大胆地说出过自己的想法的。"①

"一·二五"革命开始时,一群看似"不关心政治、对公共生活基本上漠不关心的"人有机会开口说话了。② 这不仅是对国家实际镇压的反抗,同时也表达了对政权话语的愤怒。因为实际镇压推动了反抗,维护了反抗,而政权话语则污蔑了埃及人民,把埃及人民视为卑贱的,把激进分子视为邪恶的。由于社会意义是任意的,是由社会建构出来的,所以它总是在发挥着作用。对道德进行二元划分看似是静态的,但事实并非如此。道德二分法的社会定位具有不稳定性和不确定性,因此对它的诠释也就是动态的,且具有潜在的爆发性。二元结构玷污了那些自认为是神圣的人,净化了那些被别人狂热地误认为渎神的人。随着"一·二五"运动的声势越来越浩大、越来越迅猛,这场运动更容易受到污浊的政权象征的破坏,同样,对这种令人蒙羞的误解的愤慨之情也与日俱增。《纽约时报》评论道:"一个曾经抱怨过自己沉默的民族,再也不会保持

---

① Friedman, T. L. (2011) Up with Egypt. *New York Times*, February 9, p. A27; Kirkpatrick & Slackman, In New Role, Egypt Youths Drive Revolt; Fahim, Hopes of Egyptians.
② El Naggar, & Slackman, Egypt's Leader Used Old Tricks to Defy New Demands.

沉默了。"究其原因,正是因为他们终于可以畅所欲言,能直言不讳地说出"他们掌握了自己的生活"①。半岛电视台(阿拉伯语版)报道说,在这个过程中,"走上街头的埃及人让观察家们感到惊讶,让分析人士感到惊讶,让埃及总统感到惊讶,让政府感到惊讶","他们甚至让自己都感到惊讶。"②

表2-3 道德二律背反之间的张力

穆巴拉克的分类		革命者的分类	
世俗抗议	神圣政权	世俗政权	神圣抗议者
煽动者	埃及人	压制	自由
外国人、间谍	爱国者	令人窒息的野蛮暴力	沟通
混乱	安全、稳定	现代法老	缺乏领导人
武力	倾听的意愿	仔细校准过的	自发的
草率的	谨慎的	死板僵化的	年轻有朝气的
一时冲动的	深思熟虑的	狗、暴徒	人民
非理性的	对话	穆巴拉克及其亲信	大多数埃及人
少数人	受欢迎的大多数	儿女	公民
精疲力竭	可迅速复原的	独裁者	民主
立场不坚定	强大、有力	傲慢自大的	
危险的	安全的	暴力	
原始的	现代的		

---

① Shadid, Seizing Control of Their Lives.
② Al-Bushra, F. (2011) Eyptian Revolution. Al Jazeera, January 29. Accessed June 2, 2011: https://www.youtube.com/watch?v=JYuxjgU6yeE.

续表

穆巴拉克的分类		革命者的分类	
世俗抗议	神圣政权	世俗政权	神圣抗议者
褊狭的	理性的		
不合法的			
非法的			
不法分子			
破坏			
宣传			
有思维能力的青少年			

民族衰落与拯救的叙事

正如复调音乐中的对位①推动巴洛克音乐一样,并置的道德符码的激动效应(agonism)也为社会剧变提供了生机和能量。在1月25日的运动中,抗议者的目的是纯净自己的名声,让致力于占据道德制高点的政权名誉扫地。为了做到这一点,他们把道德上充满矛盾的二元对立统一为具有先后顺序的时间性语言,这是由代表各自道德立场的社会行动者之间的冲突而组织起来的一种叙事。革命叙事将叛乱事件铭刻进国家衰落与复兴的情节之中。古

---

① counterpoint,把两个或几个有关但是独立的旋律合成一个单一的和声结构,而每个旋律又保持它自己的线条或横向的旋律特点。——译者注

埃及拥有广泛而狂热的理想化。埃及曾经是一个伟大的国度,拥有辉煌灿烂的文明。尽管对黄金时代起始时间的记录不是十分精确,但埃及衰落的日期却很清楚:它就发生在穆巴拉克统治时期。"所有的埃及人都认为,他们的国度是一个拥有深厚历史渊源的伟大国度,"开罗大学(Cairo University)的一位教授解释说,"但是,穆巴拉克政权破坏了我们在阿拉伯世界的尊严,也破坏了我们在全世界的尊严。"①当美联社(Associated Press)采访伊斯迈尔·萨义德时,这位酒店工作人员承认:"这是我有生以来第一次参加抗议,但我们的国家一直很懦弱。到最后,我们不得不说不。"②穆罕默德·巴拉迪曾哀叹道:"埃及,亚历山大图书馆曾经存在过的这片土地,在数学、医学、科学等领域为文化取得过突破性进展的埃及,现在已经远远落在后面了。"③一位街头抗议者说得更简单:"我想对当局说:统治三十年已经足够啦。拜你们的政策所赐,我们的国家每况愈下,一个劲儿地走下坡路。"④许多人表达了类似的情绪:"三十年来,埃及失去了它昔日的辉煌。我们被雇佣军统治着,被偷窃我们国库的统治者统治着。现在,一切都结束了。人们开始觉醒,他们又要崛起了。埃及将再次成为榜样。"⑤在开罗北部的

---

① Friedman, Speaker's Corner on the Nile.
② Hendawi, H. (2011) Egyptian Protesters Denounce Mubarak; Clash with Riot Police. Associated Press, January 25. Accessed March 7, 2011: http://www.aolnews.com/2011/01/25/egyptians-denouncemubarak-clash-with-riot-police.
③ ElBaradei, M. (2011) The Next Step for Egypt's Opposition. *New York Times*, February 11, p. A27.
④ El Naggar, & Slackman, Egypt's Leader Used Old Tricks to Defy New Demands.
⑤ Shadid, Seizing Control of Their Lives.

苏布拉(Shubra),一位咖啡店的老板也加入了抗议者的行列。他奋力高喊:"埃及正在觉醒!"①1月27日凌晨,在最初几天的成功动员和对抗之后,瓦伊尔·高尼姆集合起义军,准备在未来的日子里作出更多的牺牲。"我们不会被吓倒的,"他在WAAKS(阿拉伯文版)上打出标语:

> كلنا سنموت لتحيا مصر

> "我们愿为埃及的生存而牺牲生命。"②

一周后,半岛电视台(阿拉伯语版)播放了一个名为"解放广场上众多抗议者的愿望"的片段——أراء عدد من المعتصمين في ميدان التحرير——这是对解放广场上那些坚定的抗议者进行的面对面的系列采访。一位身着黑衣的老妇人,站在帐篷入口处,告诉采访者:

> لو أعدنا سنة هنا لاحدي ما نأخذ هائنا عشنا كثير محرومين و ذلنا بلدنا كثير

> 哪怕在这里待上它整整一年,我们也要一直待到拿到我们理应得到的东西为止。我们长期生活在贫困中。我们的国家蒙受了奇耻大辱。

一名妇女高举着埃及国旗宣布:

> إن شاء الله هناخذ هريتنا و نحرر مصر من ظلم حسني مبارك

> 上帝愿意我们夺取属于我们的自由,将埃及从对胡斯

---

① Shenker, J. (2011) Mubarak Regime in Crisis as Biggest Anti-government Demonstratins in a Generation Sweep across Egypt. *Guardian*, January 26.
② WAAKS(Arabic), January 27, 2011, 12:42 a.m.

尼·穆巴拉克的不公正/压迫中解放出来。①

记者们也纷纷用同样的方式解读革命叙事。《纽约时报》报道称,埃及是一个"国家,一个曾经将自己看作文明之中心的国家,一个将自己看作阿拉伯世界之中心的国家",它记录了"过去几十年来,国家如何在独裁统治中逐渐遭到侵蚀",如何"从一个世界性的陈列橱窗(Showcase)沦落为一个落魄者,一个苦苦挣扎中的城市,她呼唤着几近于无的昔日辉煌遗迹"。埃及曾经是"文明的摇篮,曾经是阿拉伯世界的领袖",但现在,她"已经滑向落后的深渊,变得微不足道、无足轻重"。②

这条倒抛物线的最低点就是当下。当今的埃及被描述成处于最糟糕的时代。一名世俗抗议领袖谴责道:"我们现在正身陷人间地狱。"穆斯林兄弟会的一名媒体顾问宣称:"人人都在遭受社会问题、失业、通货膨胀、腐败和压迫之苦。"一位受欢迎的剧作家颇有诗意地写道:"在每一个埃及人的内心深处,都写就了一百篇痛苦的短篇小说和苦难的长篇小说。"在这种对国运衰微的叙述中,反派角色不言而喻:罪魁祸首就是穆巴拉克。"这场噩梦就是执政党和当前的政权,"一位因沮丧而辞职的前兄弟会成员解释道:"这是

---

① Al Jazeera(Arabic),February 5,2011,Accessed June 12,2011:http://www.youtube. com/watch? v = wkvzYY _ Kp7c7feature = relmfu7safety _ mode = true&persist_safety_mode=1.
② Slackman, M. (2011) A Brittle Leader, Appearing Strong. *New York Times*, February 12, p. A1; Mekhennet & Kulish, With Muslim Brotherhood Set to Join Egypt Protests; Kirkpatrick, D. D. (2011) Egypt Protests Continue as Government Resigns. *New York Times*, 29 January. Accessed 20 June,2011:http://warsclerotic. wordpress. com/2011/01/29/egypt-protests-continue-as-government-resigns-nytimes-com.

每个人的噩梦。"①据埃及前政治犯、社会学家萨阿德·易卜拉欣（Saad Ibrahim）说：

> 聚集在解放广场上的人们已经受够了法老的欺骗……这位日趋年迈的法老正试图制造一种错觉：没有他那只坚定的手指引，埃及将会陷入混乱。那些暴民——精心策划、装备精良的"亲穆巴拉克示威者"，只不过是穆巴拉克在三十年的骗局中采取的最新行动而已。②

《华尔街日报》描述了"在邻近的公园里，两个十几岁的孩子站在大理石基座上，举着一张纸板标语牌，言辞犀利而又有说服力：'胡斯尼·穆巴拉克已经不再是总统，他是恶魔。'"。《共和报》则如是写道："现在，总统是一个没有未来的领袖，一个符号，一个影子，让人尴尬"，并将穆巴拉克拒绝辞职称之为"一个塑料法老的最后笑柄"。③

---

① Slackman, In Mideast Activism; Kirkpatrick & Slackman, In New Role, Egypt Youths Drive Revolt; Friedman, T. L. (2011) Pharaoh Without a Mummy. *New York Times*, February 16, p. A25; Slackman, M. (2011) In Mideast Activism
② Ibrahim, S. E. (2011) Mubarak's interests Are Not America's; The Dicatator Can't Be Trusted. *Wall Street Journal*. February 8. Accessed June 20, 2011：http://online.wsj.com/article/SB10001424052748704858404576128450511611970.html.
③ Champion, M. (2011) In a Flash, Alexandria Erupts in Mass Jubilee. *Wall Street Journal*. February 8. Accessed June 20, 2011：http://online.wsj.com/article/SB10001424052748704329104576138353660891850.html; Valli, B. (2011) Egitto, Nella Piazza che Grida 'Da qui non ce ne andiamo'. *La Repubblica*, February 5. Accessed April 22, 2011：http://www.repubblica.it/esteri/2011/02/05/news/egitto_nella_piazza_che_grida_da_qui_ce_ne_andiamo-12081033; Valli, B. (2011) La Beffa Finale del Faraone di Plastic. *La Repubblica*, February 11. Accessed April 22, 2011：http://www.repubblica.it/esteri/2011/02/11/news/beffa_faraone-12321773.

"一·二五"革命是一条新的情节主线,推动这一情节主线的主角肩负着民族复兴的重任,希望能够改变世界。在起义的第一天早上,"四月六日青年运动"警告安全部队"不要故伎重演,因为时光不再,那个时代已经过去"。①《卫报》在街头记录了同样的国家叙事:

> 在狭窄的小巷里,抗议者们重新编组。高处阳台上的人们表达了良好的祝愿,他们向那些因瓦斯催泪而泪流满面的人泼水。"醒来吧,埃及,你的沉默正置我们于死地。"下面街道上的人高声呼喊。其他人则回应道:"埃及人,下来加入我们吧。"人们从各公寓街区涌来,抗议者的呼吁得到了回应。他们呼喊着:"我们在改变",以及"贾迈勒(穆巴拉克),回家告诉你爹,埃及人恨他"。②

推翻穆巴拉克政权将使埃及从黑暗走向光明。"这个国家存在着很多问题,"一位失业的抗议者评论道,同时还解释说:"总统已经在埃及掌了三十年的大权。"③《世界报》报道了穆罕默德·巴拉迪最近一次回到埃及时的评论:"这是埃及历史上的一个关键时刻……我们必须尊重埃及人民进行变革的意愿。"④《共和报》的头

---

① Al Jazeera (Arabic), January 25, 2011. 7:43 a. m. Accessed June 12, 2011: http://www. aljazeere. net/NR/exeres/B0C28F6C - 8B4B - 4786 - B183 - FFFB488C956E. htm.
② Beaumont, P. & Shenker, J. (2011) A Day of Fury: Cario in Flames as Cities Become Battlegrounds. *Guardian*. January 29, p. 2.
③ Fahim, & El-Naggar, (2011) Violent Clashes Mark Protests Against Mubarak's Rule.
④ Hennion, C. (2011) Egypte: Moubarak sous pression. *Le Monde*, January 29, p. 1.

版头条新闻是"应运而生的巴拉迪：'今日一个新国家正在诞生'"①。驱逐穆巴拉克会把埃及从二元对立符码的一边推到另一边，这会让埃及人将他们的国家重新定位在神圣的一边。当局和抗议者都热爱这个国家，但只有一方是以一种文明的方式来构想这种民族主义的。②《纽约时报》报道：③

> "这是我们的国家，"三十三岁的玛拉姆·简尼说。简尼戴着粉红色的面纱，她在波斯湾（Persian Gulf）当了三年的心理学家，刚刚回到埃及。"我们想留在自己的国家。我们想分享她的财富，我们想成为她国土的一部分。他们对我们的嘲笑到此为止，对我们的取笑到此为止。"④

解放广场上，气氛从四面楚歌变成了一片欢腾。抗议者拆除了临时搭建的路障，围绕在广场中心，有的在反复吟诵着圣歌，有的低声祈祷，还有的在高唱着国歌。⑤

> "我们获得了属于我们的自由，"穆斯塔法·阿布都拉什

---

① Scuto, F. (2011) El Baradei, l'Uomo del Destino 'Oggi Nasce un Paese Nuovo'. *La Repubblica*, February 1. Accessed April 15, 2011: http://www.repubblica.it/esteri/2011/02/01/news/baradei_uomo-destino-11904735.
② 只有分析性地来看待公民领域（civil sphere）和民族-国家（nation-state），才能作出这种区分。"民族主义研究"的一个常见错误就是完全用民族主义的多样性来解释文化认同（cultural identities）。但是，公民世界是一个相对独立的文化世界和社会组织世界，它有自己的话语和组织模式，即使强制执行与国家职能有关。与原始民族主义相比，埃及人正在欣然接受公民主义，这表明他们希望建立一个相对独立的公民领域，这不仅是来自国家的强制性，而且还来自宗教资格、种族、地区和经济地位。
③ 在此处及后面的章节中，引号中的部分摘自参与者的陈述，其余的引自媒体的评论。
④ Shadid, Seizing Control of Their Lives.
⑤ Kirkpatrick, D. D. & Sanger, D. E. (2011) Egypt Officials Seek to Nudge Mubarak Out. *New York Times*, February 5, 2011, p. A1.

迪·穆哈纳说,"埃及重获新生了。"埃及国旗也重获新生了。它不再被视作一个停滞不前的国家的象征,或是一个官员的墙面装饰,也不再为国家电视播送穆巴拉克举行一场场会议充当背景。周五,在广场上,它成为女人的一条披肩,成为孩子手里一个心爱的玩具、一件珍爱的配饰。它可以售价两美元,上面用黑色钢笔写上政治口号,或者像年鉴一样署上名。放眼望去,旗帜到处飘扬。……一个年轻人举着的标语上写着:"穆巴拉克:Enter+Shift+Delete。"二十岁的穆瓦安·穆哈迈德打着另一幅标语,上面写着"欢迎来到新埃及"。①

二十三岁的萨马尔·阿里毕业于开罗的艺术大学。她回忆说:"我决定去解放广场",但又"害怕伊斯兰激进主义者,担心会受到街上男人的性骚扰"。来到广场之后,她发现了一个不同的埃及,一个正在崛起的国家:"我很震惊,因为我看到,那些让我谈之色变的埃及人现在正在以如此这般的尊严保护着我。我发现了另一个埃及,就是我父亲曾经向我讲述过的那个埃及。"②

小说家阿拉·阿斯瓦尼(Alaa al-Aswany)对半岛电视台(英语版)评论说,示威者"冲破了恐惧的障碍","当局的作家称埃及不是突尼斯,埃及人的受教育程度不如突尼斯人。"对此,他反驳道:"事实就是这样:这些年轻人证明他们能够强有力地行使自己

---

① Fahim, K. (2011) Birthplace of Uprising Welcomes Its Success. *New York Times*, February 12, p. A9.
② Barthe, & Hennion, La Revolte Egyptienne.

的权利。"①半岛电视台(英语版)前记者菲若斯·阿塔拉其(Firas al-Atraqchi)同样将革命与民族复兴联系起来:

> 我在开罗生活的时间已经超过十八年了,但我从来没有感觉到过像今晚在埃及才有的那种激动人心的希望。我从与同事(其中许多人是采访抗议者的记者)、朋友和邻居的交谈中得知,他们都有一种感觉,尽管大量抗议者被发射催泪弹,被殴打,被拘留,但长期蛰伏于心的爱国主义情怀和自豪感最终还是觉醒了。②

据英国广播公司(BBC)报道,在2月11日解放广场上的示威活动达到高潮时,"有三首圣歌占据了主导地位——而且非常生动感人"。

> 第一首圣歌是:"昂首挺胸,你是埃及人"。这是对过去四十年来我们所感受到的屈辱与绝望的回应。第二首是:"我们将缔结姻缘,生儿育女"。这首歌反映了数以百万计的埃及人的希望,他们迫切地需要成家立业,这种需要曾经驱使他们冒着生命危险,非法越洋进入欧洲或是穿越沙漠到达利比亚。

---

① Al Jazeera (2011) Fresh Anti-government Protests in Egypt. January 26. Accessed March 7, 2011: http://english.aljazeere.net/news/middleeast/2011/01/201112663450547321.html.
② Mohamed, Z. et al. (2011) The Word on the Street: The Protests This Week Egypt Against the Mubarak Regime Have Gripped the Country. *Guardian*, January 28, G2, p. 6.

第三首是:"凡热爱埃及的,都来重建埃及"。①

革命将复兴埃及的黄金时代。在一次示威活动中,活动人士分发了一份假造的《金字塔报》(Al Abram)。《金字塔报》是一份国有报纸。报纸的头版刊登了一幅法老时代的木乃伊照片。照片下方的文字为:"致解放广场上我子子孙孙的子子孙孙们,是你们把我的灵魂还给了我。"②

脚本和航母战斗群

埃及革命剧变的背景由集体表征构成——道德教化二元性、充满活力的叙述和知识分子先驱者。③ 这场后来演变为"一·二五"革命运动的剧变,起初只是为了实现这些背景表征,后来却逐渐从象征结构(symbolic construction)转向了象征行为(symbolic

---

① Soueif, A. (2011) Protesters Reclaim the Spirit of Egypt. *BBC News*, February 13. Accessed April 22, 2011: http://www.bbc.co.uk//news/world-middle-east-12393795.
② Fahim, K. & El-Naggar, M. (2011) Emotions of a Reluctant Hero Inject New Life into the Protest Movement. *New York Times*, February 9, p. A14.
③ 在近期的这些集体表现背后,这场运动的世俗领袖和宗教领袖的政治文化——用葛兰西(Gramsci)的话来说,就是运动的"有机(organic)"和"高级(high)"知识分子——仍有待进一步探索。如果我们更深入地研究关于自由、正义和社区的伊斯兰主题,无疑会发现宗教和世俗之间的断字情况(hyphenations),这让人回想起几个世纪前英美革命期间基督教和世俗政治意识形态之间的那种融合。关于美国的情况,参见Bloch, R. (1985) *Visionary Republic: Millennial Themes in American Thought*, 1756-1800. Cambridge University Press, New York;以及 Hatch, N. C. (1997) *The Sacred Cause of Liberty*. Yale University Press, New Haven. 英国的情况,参见 Walzer, M. (1965) *The Revolution of the Saints*. Harvard University Press, Cambridge, MA。

action)。为了使集体行动取得成功,必须将各种象征符号从其创造者那里投射到分层观众身上:从更坚定忠诚的人中召集追随者和基层人员,吸引精英,引诱中产阶级,并获得整个阿拉伯地区乃至于全球公民领域的关注。

作为这次行动计划的核心人物,他们组成了革命的"航母战斗群"(carrier group)。正是他们投射了这些符号,并在与观众进行交流之后,导演了这场革命的现场演出。虽然成千上万的抗议者聚集在这场革命戏剧的宏大"现场",但它实际上是由运动中的知识分子导演的,[①] 而预先竭尽全力编写剧本和编排街头动作的也是知识分子。

仅仅因为这样一个指挥部的存在,甚至只是一个组织相对松散的指挥部的存在,似乎就对革命的民主代表权造成了威胁,故而其领导人试图将他们运用的策略隐藏起来,甚至把组织的存在也层层包裹起来。西方媒体直到革命开始近一周后才首次提到革命委员会。尽管有人声称他们是自发的,没有领导者,但仍有报道称,不仅贯穿整个事件始终,甚至在事件发生之前,就有"一小群精通网络的年轻政治组织者"一直在频繁会面。例如,1月30日,星期天,领导网络的成员交叉着在三个不同的时间和地点进行了侦

---

① 参见 Eyerman, R. & Jameson, A. (1991) *Social Movements: A Cognitive Approach*. Polity, Cambridge, 以及 Eyerman, R. (2006) Perfroming Opposition or, How Social Movements Move. In J. C. Alexander, B. Giesen, & J. Mast (eds.), *Social Performance: Symbolic Action, Cultural Pragmatics, and Ritual*. Cambridge University Press, New York, pp. 193–216。

察。每天晚上,领导人都会为第二天的各种活动制定出规划。① 第二天早上,通过电子邮件和短信息发布出来,并在一天中不断更新;为剧本提供需要的口号,给运动所经路线和采取的具体行动提出建议,并分配好关键人物所要扮演的角色和要表演的台词。②

组织者使用影印本来传播信息。在开罗散发着的匿名传单……为群众示威、对抗防暴警察、包围政府机关和控制政府机关提供了切实的建议和可行的战术指导。已经签署的"埃及万岁"的文件,制作技巧娴熟,长达26页。文件要求示威者从和平抗议开始,手持玫瑰,但不拉横幅,浩浩荡荡地向政府大楼挺进;与此同时,还要劝说警察和士兵加入游行队伍行列。传单要求收件人通过电子邮件和影印本重新分发文件,但不要使用脸书和推特等社交媒体,因为这些社交媒体已经受到安全部队的监控。开罗的抗议者得到建议,大批地聚集在自己的社区,远离警察和军队,然后转移至关键设施所在地,如尼罗河畔滨海路的国家广播公司总部(state broadcasting HQ),并试图以"人民的名义"控制这些关键设施。其他的优先目标是总统府和开罗市中心几个地区的警察局。宣传单上还包括标有路线的航拍照片、标有记号的途经路线、有关人群构成的各种图表等。已经建议使用的"积极"口号包括"埃及万岁"和"打倒腐败政权"。从文件上看不出任

---

① Kirkpatrick, D. D. (2011). Protest's Old Guard Falls in Behind the Young. *New York Times*, January 31, p. A1.
② Kirkpatrick, Protest's Old Guard Falls in Behind the Young.

何反映强大的穆斯林兄弟会会议议程的痕迹。传单上建议参加游行活动的人穿戴连帽夹克、跑鞋、护目镜和围巾等衣服用具,以防御催泪瓦斯,并随身携带抵御棍棒和橡皮子弹的垃圾箱盖、急救包以及象征和平意愿的玫瑰。图表中显示了如何防范防暴警察,如何波浪形地向前推动,突破警戒线。传单上写道:"最重要的是互相保护。"①

甚至在老一辈和更成熟的反对派领导人加入起义之后,这些"年轻的互联网先锋""仍在发号施令",他们仍然是"幕后的急先锋"。② 在为期十八天的抗议活动结束时,《纽约时报》以如下标题进行了报道:"精力充沛、训练有素、聪明机智的埃及年轻人引导起义。"③

在革命的第二周和第三周,有关年轻领导层的故事才零零散散地浮现出来:信息主要透露了他们的友谊、背景和志向,他们如何相遇相识,他们的组织历史,以及他们现在所扮演的角色。对他们的身份、利益和团结等通常是从唯物主义的角度着眼,将他们描述成一个新阶层④的人。这些来自新阶层的年轻人,铭刻在他们身

---

① Black, I. (2011) Middle East: Protest Plans: Leaflets Being Circulated in Cario Give Blueprint for Mass Action. *Guardian*, January 28, p. 26.
② Fahim, Hopes of Egyptians.
③ Kirkpatrick, D. D. (2011). Wired, Educated and Shrewd, Young Egyptians Guide Revolt. *New York Times*, February 10, p. 1.
④ 有关阶级新观念的政治及概念的悠久历史,参见 King, L. P. & Szelenyi, I. (2004) *Theories of the New Class: Intellectuals and Power*. University of Minnesota Press, Minneapolis。

上的技术劳动和高等教育昭示着一个至关重要的批判方向。① 现在,他们展示的就是这个方向。② 不过,似乎有一点是不言而喻的:革命领导权远不止于此。这些年轻人从事的日常工作也是五花八门,千差万别。有些人在高科技行业工作,有些人是全职的政治组织者;有些人从事非政府组织(NGOs)工作,有些人是女权主义者和劳工活动家;有些人经商,还有些人是宗教领袖。实际上,在人口构成上,他们唯一的共同点就是相对年轻。为了阿拉伯知识分子革命,为了公民社会的道德双重性,为了拯救埃及民族以避免进一步衰落,为了承诺的国家复兴的叙事,他们形成了一个真正的航母战斗群。正是共同的理念将这一群体凝聚在一起,他们共同经历了水深火热的战斗洗礼,这造就了他们的文化感知,他们受一种非同寻常的意愿所驱动,心甘情愿地牺牲自己的特权从而换取更

---

① 有关针对新阶层的批判性话语文化,参阅 Goulder, A. W. (1979) *The Future of Intellectuals and the Rise of the New Class*. Seabury, New York。
② 在渐次展开的对"阿拉伯之春"的分析中,法哈德·科斯罗哈瓦(Farhad Khosrokhavar)以一种不那么经济的方式使用了新阶级的比喻;参见 Khosrokhavar, F. (2011) Fin des dictatures au Proche et Moyen-Orient? *Le Monde*,January 17. Accessed June 12, 2100(应为 2011,原著如此,应是有误。译者求证过作者,此处为打印错误。——译者注):http://www.lemonde.fr/idees/article/2011/01/17/fin-des-dictatures-au-proche-et-moyen-orient_1466683 - 3232.html; Khosrokhavar, F. (2011) Les Neuf Piliers de la revolution Arabe. *Le Nouvel Observateur*, February 10 - 16, pp. 94 - 95。在论述"新中产阶级的出现"为"政治和道德提供方向"时,科斯罗哈瓦的用法与此处使用的航母战斗群(carrier group)的概念相近。将革命领导权理解为一个航母战斗群,而不是作为一个阶层的代表,这阐明了领导权不仅代表自己的利益,甚至利益本身,而且代表着更广泛的文化志向和政治抱负,这不仅是一个特定的时间和地点所特有的,而且将它所代表的意义延伸到其他群体而非仅仅是本群体。清教徒神职人员与英国绅士共同组成了英国革命的航母战斗群,对这二者之间关系情况所进行的持续研究,参见 Walzer, *The Revolution of the Saints*。

广泛的利益和更深远的大义。

这些年轻积极分子的集体认同"已酝酿多年",①他们将这个新兴的航母战斗群从传统的、以工人阶级为主导力量的积极分子转变为公民社会的激进倡导者。② 他们松散的联系始于 2005 年的

---

① Kirkpatrick & Sanger, A Tunisian-Egyptian Link That Shook Arab History.
② 当把组织者作为一个团体来谈论时,我们不应该使这个网络物化,因为它关联的是构成革命领导权的人。自 2005 年以后,在不同时期,许多社团的会员重叠,甚至在十八天的革命过程中,各种联合也是不断变化的。例如,阿提夫·萨义德(Atef Said)在他的战地笔记中就提到,"大约在 1 月 30 日,成立了一个主要联盟","联盟包括许多号召举行 1 月 25 日抗议的青年组织"。这是革命青年的联盟,包括"正义与自由"(左派)、"四月六日"(以自由为导向),巴拉迪的支持者(以自由为导向),穆斯林兄弟会(政治上温和的伊斯兰主义者),青年民主阵线党(以自由为导向)……该联盟拥有一个脸书页面,其新闻稿被广泛转载。参见 Said, A. (2011) On the Communication During the Internet Blackout in Egypt and Generally During the 18 Days of the Egyptian Revolution. Ethnographic Field Notes, unpublished manuscript, April 22;另外参见 Ishani, M. (2011) The Hopeful Network. In M. Lynchi, S. B. Glasser, & B. Hounshell (eds.), *Revolution in the Arab World*. Foreign Policy, Washington, DC. 不过,如果航母战斗群只是网络,而不是中央委员会的话,在突尼斯茉莉花革命(the Jasmine revolution in Tunisia)后的几天里,埃及确实形成了一个组织严密的指挥小组,为 1 月 25 日的革命提供了战略组织和战术组织。在未来的岁月里,关于构成这一革命领导阶层及其意识形态的团体和利益的历史辩论和社会学辩论无疑会活跃起来。例如,胡萨姆·哈姆拉维(Hossam El-Hammalawy)和阿提夫·萨义德就强调了 2000 年之前发生的那些政治事件,并声称劳工激进主义(labor activism)和"反帝国主义"(反以色列占领、反美)等意识形态就发挥了重要甚至是根本性的作用。参见 El-Hammalawy, H. (2011) Egypt's Revolution Has Been Ten Years in the Making. *Guardian*, March 2. Accessed June 10, 2011: http://www.guardian. co. uk/commentisfree/2011/mar/02/egypt-revolution-mubarak-wall-of-fear; Said, A. (2011) Upring in Egypt: America in the Eyptian Revolution. *The Immanent Frame*[blog], April 4. Accessed June 15, 2011: http://blogs. ssrc. org/tif/2014/04/11/america-in-the-egyptian-revolution。在本章中,我更看重早期埃及和中东抗议形式的发展变化,尽管这些抗议具有非连续性:1 月 25 日运动具有广泛的跨阶级、公民社会特征;阿拉伯社会知识分子革命具有转变效应;将非暴力作为一种策略整合起来;更广泛地说,公民团结所体现出来的特征就是一种表演性的成就。

"足够"(Kefaya)运动。在该运动中,他们组织的"变革青年"之旅("Youth for Change"brigade)让很多人陷身囹圄。到2008年,许多人都转而退回到自己的电脑跟前,成为政治化的博主,呼吁掀起一波反对政府的罢工浪潮。2008年3月,他们在脸书上建立了第一个主页,宣传马哈拉①城市的抗议活动。面对对工人及其家庭采取的暴力镇压,一些年轻的活动人士发起了"四月六日青年运动",开始重新筹划,从头再来。革命者不仅受实际经验的影响,而且受汹涌澎湃的公民社会知识分子兴趣的影响,革命者开始阅读有关非暴力战略的书籍,特别是仔细研读吉恩·夏普(Gene Sharpe)的思想。夏普是美国人,他的激进公民抗议哲学来源于圣雄甘地和马丁·路德·金。夏普的战略思想启发了塞尔维亚青年团体奥特波②反对斯洛博丹·米洛舍维奇(Slobodan Milosevic)的斗争。一些埃及积极分子竟然真的前往塞尔维亚接受政治再教育;其他人则在卡塔尔成立了一个名为"变革学院"(Academy of Change)的组织,以推广夏普的理念。③ "变革学院有点像我们的马克思,我们有点像列宁,"在1月25日事件中,领导小组中一位年轻成员这样说。"一·二五"革命发生前几天,来自塞尔维亚和埃及变革学院

---

① Mahalla,2008年,埃及发生了几十年来的第一次大规模罢工活动,这次罢工发生在尼罗河三角洲上的工业城市马哈拉。——译者注
② Otpor,是一个得到美国资助和支持的学生组织,它在推动米洛舍维奇下台的运动中发挥了重要的作用。"Otpor"的意思是"抵抗"。——译者注
③ 关于年轻的埃及组织者与奥特波发起的塞尔维亚非暴力运动之间的关系、对CANVAS国际推广组织以及奥特波创始人于2003年在贝尔格莱德创立的非暴力行动和战略应用中心(Center for Applied Non-Violent Action and Strategy)等的有关分析,均参见 Roseberg, T. (2011), Revolution U, in M. Lynch, S. B. Glasser, & B. Hounshell (eds.), *Revolution in the Arab World*. Foreign Policy, Washington, DC。

第二章 埃及革命表演：2011年起义

的组织者帮助指挥部在开罗培训抗议组织者。① 他们一心一意地教育活动分子们，要坚定地保持非暴力抗议的立场，否则，就不可能在公民领域实行民主。第一天的示威活动开始时，一名WAAKS（英文版）的管理人员无比清楚地阐明了上述承诺：

> 有些成员认为，在埃及举行和平抗议不会起多大作用。我们举行的所有抗议活动都是和平的、合法的。如果你有不同意见，请尽管畅所欲言；我从来没有，也永远不会在任何地方呼吁任何抗议或支持任何抗议，除非它是百分之百和平的、合法的。（2011年1月18日，下午12点15分）

斗争和现场表演

社会表演有许多要素，每一个要素都是必要的，但没有一个要素是充分的。革命需要航母战斗群，而这些群体要竭尽所能去编写引人注目的剧本。下一步就是让剧本行动起来，言说起来。行动和言说意味着把剧本付诸实践，与真实的人一起创造出在时间和空间中展开的真实事件。同剧场戏剧不同，社会戏剧是开放式的，具有视条件而定的偶然性。社会戏剧可以上演，但没有人确定演员能否到场，演员是谁，事件将如何展开，哪一方会在对抗中获胜，以及戏剧可能对观众造成怎样的影响。在相对民主的社会，存在一些独立的公民领域。而政治表演的影响具有偶然性，要视情

---

① Nixon, R. (2011) US Groups Helped Nurture Arab Opposition. *New York Times*, April 15, p. A1.

况而定，但它的舞台表演和戏剧化，即剧本中的一举一动、一言一行都是照本宣科，所以并不是特别难以做到。在更专制的社会中，公民领域受到压制，表演上的成功必须以更低的标准来加以考量。在某些真实场景中，一场反对派的表演仅仅是因为已经发生了才算是取得成功。采取专制制度的目的就是防止出现对立的政治表演行为。为了阻止从编写剧本到行动和言说的转变，当局以实施严厉惩罚来进行威胁——从破坏日常生活到判处监禁、施加酷刑直至死亡。在这样一个压制性的社会里能够举行公开表演已经算是取得一项重大成就了。正如哲学家约翰·奥斯汀可能会说的，就行事这一行动本身而言，它标志着行为所产生的影响：从单纯的携带意义的言词，到以言行事的对立，到变成有意义的言辞。意义在时间和地点上得以具体化，指涉情境的各种符号就从虚拟语气变成现在时。①

　　阻止公众表演的最好方法之一，就是阻止组织者以言行事，阻止那些表演对手戏的人与其他可能想参加表演的人交流。如果没有象征性的制作手段，除了面对面的直接接触之外，交流不可能实现。

---

① 用奥斯汀的话来说，携带意义的词仅仅是言内之意（locutionary）（参见 Austin, J. L. [1962] *How to Do Things With Words*, 2nd ed. Harvard University Press, Cambridge, MA），但实际上，以言指事表明言语行为"超越"了意义，从而获得了言外之意（illocutionary），甚至是言后之意（perlocutionary）之效。言外之意是指听众对演讲的含义有深刻的理解，言后之意是指听众对这一理解采取了相应的行动。当然，这之间也存在着梯度。在今天的中国，言论自由在私人领域和特定的制度空间如精英大学等等相对来说受到保护，但在公共空间中却受到限制。其效果即是允许言内之意而不是言外之意或言后之意发生，用我的话来说，就是允许编写剧本，但阻止它们得以执行。

即使穆巴拉克政权垄断并操纵了印刷媒体和电视媒体,但它对进步的、现代化的叙事的持续不断投资,也迫使它同时被彻底"束缚"起来。在埃及的八千万人口中,大约有两千万拥有计算机或社交网络设备,这意味着他们可以定期访问万维网(World Wide Web)。2006 年,穆巴拉克政府曾经得意扬扬地主办过维基百科的年度全球大会。

国家受监视、被束缚成为一个致命弱点,这也是埃及持不同政见者航母战斗群小心翼翼地瞄准的目标。例如,2010 年初,三十一岁的谷歌高管瓦伊尔·高尼姆加入了该团体。他曾是穆罕默德·巴拉迪圈子里的一员。高尼姆是全球互联网公司北非和中东市场总监,在符号投影技术方面是行家里手,擅长将数字信息从演讲者传递给听众。① "因为从事市场工作,所以我懂得,如果你创立了一个品牌,那你就要让人们信任这个品牌。"② 高尼姆在网上进行了民主参与演练,与成千上万的 WAAKS(阿拉伯文版)追随者进行了交流,为即将到来的起义彩排。在 2011 年 1 月 14 日的突尼斯革命胜利后,反对派领袖们意识到,进行大规模公众抗议表演的时机终于来到了。如果有五万人报名参加活动,脸书上就会发布消息,第一次公开抗议就将上演。对此,十多万人作出了回应。1 月 25 日是"警察日(Police Day)",是纪念英国殖民者镇压警察起义的一个全国性节日。航母战斗群将其转变成为一场反抗后殖民主义国家的起义。然而,在发起全面的示威活动之前,组织者又尝试了一次

---

① Holt, D. (2004) *How Brands Become Icons: The Principles of Cultural Branding*. Harvard Business School, Boston.
② Kirkpatrick & Sanger, A Tunisian-Egyptian Link That Shook Arab History.

"出城"式的表演,以检测反对派的激进表演到底在分层次观众中会产生怎样的影响:①

> 当1月25日到来时,由年轻的激进分子——他们几乎个个是有钱人——组成的联盟,想利用民众对埃及独裁统治的普遍不满情绪和埃及生活的极度贫困。一开始,他们试图通过抱怨钱包问题来召集穷人:"他们吃的是鸽子肉和鸡肉,可我们呢,每天靠豆子充饥度日。"②

游行队伍穿过开罗工薪阶层居住的狭窄的街道里弄,组织者发现了非同寻常的反应。埃及人从窗户里探出身子,敲打着锅碗瓢盆,呐喊助威,以示支持。成千上万的人离开自己的公寓,涌上街头加入游行队伍。③ 穆巴拉克的两幢国家党大楼被纵火焚烧。高尼姆打电话给集合起来等待这次运动试验结果的其他组织者,称试验取得了巨大成功。航母战斗群现在掌握了明确的证据,证明他们的行动可以更广泛地联系群众。

革命活动可以开展。当天晚些时候,选定了进入解放广场的道路,指派了街头抗议的领导人,一场大规模的、公开的、咄咄逼人的,但坚持非暴力的、与专制国家的对抗就这样拉开了序幕。这场运动规模浩大,进攻性强。抗议人群逐渐壮大。在奔向解放广场的路上,④人们口中不断地高呼着"自由、自由、自由"。随着1月25

---

① Kirkpatrick & Sanger, A Tunisian-Egyptian Link That Shook Arab History.
② Kirkpatrick, Wired, Educated and Shrewd.
③ Kirkpatrick & Sanger, A Tunisian-Egyptian Link That Shook Arab History.
④ Fahim, K. & El-Naggar, M. (2011)Across Egypt, Protests Direct Fury at Leader. *New York Times*, January 26, p. A1.

日示威活动的全面展开,一系列关于 WAAKS(英文版)的帖子将抗议活动的神圣公民目的与现政权亵渎、反对民主的回应并列展示:

> 最高法院的抗议者冲破警方的包围,向解放广场奔去。(下午1点23分)
>
> 抗议者从解放广场向歌剧院进发。他们的人数远远超过一千人。(下午1点38分)
>
> 警方对抗议者采取行动,向抗议者发动猛烈进攻。动用了警棍和高压水枪。(下午3点50分)
>
> 据确认:解放广场现在完全是我们的了。埃及警方现在只关心保护他们的老巢:内政部。(下午4点55分)
>
> 突发新闻:埃及警方向抗议者开火……我们的记者头部被击中……用的是橡皮子弹。(下午6点12分、6点19分)
>
> 已经证实的报道:解放广场上的餐馆纷纷向抗议者提供免费食物。还在等什么呢,你?加入解放广场的同胞们吧,至少你可以吃一顿免费餐!(晚上8点39分)
>
> 致所有埃及人:如你所知,推特已经关闭,脸书也很快将会关闭。请大家使用代理服务器,一并告知你在埃及的所有朋友,使用代理服务器连接。(晚上11点29分)

到1月25日夜晚,航母战斗群知道他们已经能够实现剧本的行动和言说了。最近几排的分层次观众已经认同他们的表演。一名埃及观察员报告了在举行示威活动的第一天,曾经迥然不同的组织团体是如何"融合在一起,和他们融合在一起的还有为数众多

的男男女女,老老少少":

> 对于开罗,他们选择了三个地点:舒布拉(Shubra)、马塔里亚(Matariyya)和阿拉伯联盟街(Arab League Street)。这些选择都是出于战略性考虑:社区本身车水马龙,大街小巷星罗棋布。年轻的活动积极分子在附近地区开始游行,身边聚拢了一批追随者。比如,在他们到达阿拉伯联盟街的时候,游行人数已经达到两万人。中央安全部队(Central Security Forces)一时之间陷入了混乱;当他们组成警戒线时,游行队伍就冲破防线;当他们举起防暴盾牌和警棍时,年轻人则高举手臂,不停呼喊着"Silmiyyah! Silmiyyah!(和平)"径直前行。①

现在,这些在早期就对革命作出回应的人士已经成为新扩大的集体行动的一部分,他们发起了一场大规模的社会运动。在接下来的十七天里,他们将与穆巴拉克及其国家进行斗争,争夺表演权力。

从那天下午起,由航母战斗群导演,不断壮大的埃及参与者-观众(participant-audience)开始上演一部渐趋高潮、日复一日的大戏剧。这场戏剧的主题是正义挑战邪恶。剧中,一群满腔怒火但热爱和平的公民-活动积极分子(citizen-activists)不仅有勇气继续为民主举行示威游行,奔走呼告,而且有勇气为之奉献生命,作出牺牲。表演的规模和热情虽然起伏不定,但坡度是向上的。在这

---

① Soueif, Fittingly, It's the Young of the Country Who Are Leading Us.

部神圣的革命戏剧中,情感的分量逐渐增加,这似乎是不可避免的。1月20日,记者们纷纷预测,即将到来的叛乱将标志着"政治演变"的开始。① 然而,政治专家却警告说,不要将其与1989年的反共民主起义相提并论。在列举了突尼斯的茉莉花革命是一个特殊的一次性事件之后,一位新保守主义知识分子特别指出:"我们有充分的理由认为,我们并没有处于民主雪崩的风口浪尖上。"②三天后,有媒体报道说,"成千上万"的示威者"挤满了街道",这是"1977年面包暴动(bread riots)以来,民众不满程度最高的一次示威活动"。③ "随着夜幕降临,成千上万的人聚集在开罗市中心的解放广场,开始了占领活动,共举大业。"④六天后:"埃及在一场大规模民众起义的愤怒下举国震动。"⑤又过去了三天,记者们报道:"从抗议者和其他许多人的角度来看……起义变成了他们所谓的'人民革命(popular revolution)'。"⑥《卫报》的一位博主这样宣称:"我们正在见证一场真正的革命。"⑦第二天运动就被宣布为"埃及历史上最壮观的群众运动之一"⑧。正如年轻的组织者萨尔玛·萨义德

---

① Slackman, M. (2011) In Mideast Activism, a New Tilt Away from Ideology.
② Kaplan, R. D. (2011) One Small Revolution. *New York Times*, January 23, Week in Review, p. 11. 卡普兰(Kaplan)以新保守主义政治知识分子而闻名;他是布什政府入侵和占领伊拉克的热心支持者。
③ Fahim, & El-Naggar, Across Egypt, Protests Direct Fury at Leader.
④ Shenker, J. (2011) Revolt Spreads to Egypt, Violent Clashes on Streets of Cairo. *Guardian*, January 26, p. 1.
⑤ Slackman, Compact Between Egypt and Its Leader Erodes.
⑥ Shadid, A & Kirkpatrick, D. D. (2011) In Egypt, Oppositions Unifies Around Government Critic. *New York Times*, January 31, p. 1.
⑦ Mohamed, The Word on the Street.
⑧ Shadid, In the Euphoria of the Crowd, No Party or Leader Unifies teh Opposition.

(Salma Said)告诉《今日美国》的那样,运动的规模越来越大,以至于组织者不得不求助于"年轻的开罗球迷们,以帮助他们组织起来反抗警方的行动",这是因为开罗球迷有"对付不法暴徒和与警察打交道的经验"。①

示威者的口号和标语牌的外延内容非常明确。他们呼吁本国其他社会成员加入他们的公民运动,并要求站在对立面的、危险的反民主政权下台。

> 埃及人都到哪里去了?!②
> 人们啊,人们,请你走上街头吧。③
> 明天所有的埃及人都要走上街头。④
> 穆巴拉克,你的飞机在等你。⑤
> 游戏结束了,穆巴拉克!现在开始实行民主!⑥

但是,在不断壮大的运动洪流和对抗中,不仅仅是字面信息,

---

① Michaels, J. (2011) "Tech-savvy Youths Led the Way in Egypt Protests; And They Want Seat at the Table in Negotiations. *USA Today*, February 7, p. 2A.
② Fahim, & El-Naggar, Across Egypt, Protests Direct Fury at Leader.
③ Mekhennet, & Kulish With Muslim Brotherhood Set to Join Egypt Protests, Religion's Role May Grow.
④ Worth, R. F. (2011) On Al Jazeera, a Revolution Televised Despite Hurdles. *New York Times*, January 29, p. A11.
⑤ Shenker, Revolt Spreads to Egypt.
⑥ *La Repubblica* (2011) 'Mubarak Vattene. Basta Dittatura,' La Protesta degli Egiziani a Roma. *La Repubblica* January 31. Accessed April 15, 2011: http://roma.repubblica.it/cronaca/2011/01/31/news/mubarak_vattene_basta_dittatura_la_protesta_degli_egiziani_a_roma-11893136. 在罗马,本条信息写在埃及抗议者的标语上。

其情感意义和象征意义也同样十分重要。展现在分层次观众面前的,无论远近,都是一部非凡的社会戏剧,参与者和观察者都以同样的方式唤起了戏剧语言。在第一个下午的游行中,WAAKS(英文版)键入了"神奇的场景"(1月25日,下午1点13分),这个说法频频出现在《卫报》上。① 记者们不断地将革命示威活动描述为舞台场景——"戏剧性的一天"②、"埃及的戏剧"③和"星期四的戏剧"④。他们也记录了"非凡的场景"⑤和"戏剧性的场景"⑥。

尽管革命表演蔓延到埃及的好几个城市,但主要还是集中在开罗的解放广场。解放广场是埃及首都地理上的中心,现在也成了埃及象征性的中心。《卫报》在描述解放广场时,称它具有"正在发生大规模示威活动的一幕幕场景"⑦,《华尔街日报》则暗示,这次

---

① *Guardian* (2011) Front: Egypt: How the Events Unfolded. *Guardian*, January 29, p. 2.
② Beaumont, P. & Shenker, J. (2011) Front: Egypt: A Day of Fury: Cario in Flames as Cities Become Battlegrounds. *Guardian*, January 29, p. 2.
③ Sherwood, H. A. et al. (2011) Fall of Mubarak: Hope and Fear, How the Arab World Reacted. Guardian, February 12, p. 4; Seib, G. (2011) Now Dawning: The Text Era of Middle East History. *Wall Street Journal*, January 31. Accessed June 20, 2011: http://online.wsj.com/article/SB10001424052748794254394761161101010596324.html; Bussey, J. (2011) How to Handle Employee Activism: Google Tiptoes Around Cario's Hero. *Wall Street Journal*, January 31. Accessed June 20, 2011: http://online.wsj.com/article/SB10001424052748704132204576136323073589858.html.
④ Dorell & Fordham, Fury Grows in Egypt.
⑤ Shadid, Seizing Control of Their Lives and Wondering What's Next.
⑥ Levinson, & Dagher, Rallies Fan out as Regime Closes Ranks; 比较 *Guardian*, Front: Egypt: How the Events Unfolded。
⑦ Tait, R. (2011) Front: Egypt: 28 Hours in the Dark Heart of Egypt's Torture Machine. *Guardian*, February 10, p. 4.

起义"已经找到了一个与其宏大抱负相称的舞台"①。革命现场主要包括进进出出广场的游行,广场内的演讲和示威,以及为保持对这个既有实体意义又有象征意义的舞台的控制局面而展开的激战。戏剧每时每刻都在这个舞台上上演,日复一日,夜复一夜,成为引人入胜的公共事件。

一个故事要想引人入胜就需要一波三折的情节,而四周围坐的观众却永远不知道接下来会发生什么。吸引观众注意力的是悬念。2月4日,在埃及起义这部戏剧的中期,《纽约时报》的读者来信栏就发表了如下标题的文章:《埃及的戏剧:下一幕是什么?》②就在同一天,《时代周刊》的新闻专栏报道称,"街道控制"已经"经历了令人眼花缭乱的一系列阶段"。③ 按照新闻报道的时间,每天的剧情展现如下:

> 1月25日:埃及博主泽尼阿波·穆罕穆德(Zeniab Mohamed)通过博客评论说:"我在脸书上收到了1月25日'愤怒'日的邀请,不过,我当时正在报道突尼斯革命……我觉得他们高估了形势:革命不会发生在脸书上,也不会发生在某个特定日期。我原以为这只是又一次小打小闹的市区抗议活动。抗议者在市区会像往常一样受到安全部队的骚扰。现在

---

① Ajami, F. (2011) Egypt's "Heroes with no Names"; We Must Remember that Mohamed Atta and Ayman Zawahiri Were Bred in the Tyranny of Hosni Mubarak. *Wall Street Journal*. February 12. Accessed June 20, 2011: http://online.wsj.com/article/SB10001424052748704132204576136442019920256.html.
② *New York Times*, February 4, 2011, A 12.
③ Kirkpatrick, Egyptians Defiant as Military Does Little to Quash Protests.

我才知道,我是大错特错了。"①

1月26日:尚不清楚示威活动的规模和强度……是否持续,或是否能够持续。②

1月28日:政府似乎以逸待劳,正在使用1974年穆罕默德·阿里(Muhammad Ali)击败乔治·福尔曼(George Foreman)时曾经使用过的一个倚绳战术③。当时,阿里先生一轮又一轮地倚绳休息,而福尔曼先生不断出拳,打得自己精疲力竭。④

1月29日:埃及危机已经到了一个生死攸关的转折点。⑤ 甚至在周五,埃及重要的政府机构周围都部署了装甲车。几十年来,这番阵势还是头一次。但是,目前仍难以预测武装部队在平息骚乱或让胡斯尼·穆巴拉克总统下台方面可能扮演何种角色。⑥

"我们不知道军队是支持我们还是反对我们。"⑦

革命?过渡?还是政变?昨天在开罗街头爆发了骚乱,

---

① Mohamed, The Word on the Street.
② Fahim, & El-Naggar, Across Egypt, Protests Direct Fury at Leader.
③ rope-a-dope,即背靠围栏绳索短暂休息的拳击法,以伺机反击。——译者注
④ El Naggar, & Slackman, Egypt's Leader Used Old Tricks to Defy New Demands.
⑤ Landler, M. (2011) Obama Cautions Embattled Egyptian Ally Against Violent Repression. *New York Times*, January 29, p. A1.
⑥ MacFarquhar, N. (2011) Egypt's Respected Military Is Seen as Pivotal in What Happens Next. *New York Times*, January 29, p. A13.
⑦ Kulish, N. & Mekhennet, S. (2011) In Alexandria, Protesters Win After a Day of Fierce Fighting with Riot Police. *New York Times*, January 29, p. A12.

无论其结果如何,有一点是非常明确的,那就是,埃及将永远不会变回原来的样子了。①

1月30日:"总统……地位的基础不稳了,他不知道明天会发生什么。"②

对于抗议活动将导致什么后果,目前涌动着一股焦虑情绪。③

似乎没有人确定这场运动将会走向何方。④

2月2日:"很难说接下来会发生什么事情。一切都悬而未决。"⑤

2月4日:反对派的运动势头起伏不定。⑥

2月5日:埃及革命还远未确定。⑦

2月7日:"这很令人兴奋,但也有点吓人……人们受伤

---

① Rampoldi, La Rivolta che Cambia la Storia Araba.
② Slackman, M. (2011) Omar Suleiman: A Choice Likely to Please the Military, not the Crowds. *New York Times*, January 30, p. A10. 这段话出自驻叙利亚前大使、奥马尔·苏莱曼(Omar Suleiman)的私人朋友马哈茂德·舒克里(Mahmoud Shokry),讨论苏莱曼先生被任命为副总统一事。
③ Shadid, Seizing Control of Their Lives and Wondering What's Next.
④ Shadid, Seizing Control of Their Lives and Wondering What's Next.
⑤ Soueif, A. (2011) Egypt: 'For Everyone Here, There's No Turning Back'. *Guardian*, February 2. p. 1.
⑥ Yaffa, J. (2011) Downloading the Uprising: Can Technology's Tools Liberate Those Living Under Political Repression? *Wall Street Journal*. February 4. Accessed June 20, 2011: http://online.wsj.com/article/SB10001424052748704150104576122751785029870.html.
⑦ Shadid, A. (2011) Discontended Within Egypt Face Power of Old Elites. *New York Times*, February 5, p. A7.

了,另外,我也不知道接下来会发生些什么。"①

2月8日:很难预测埃及起义的下一步会发生什么。②

在一场会导致高潮迭起的斗争中,其势头似乎在一天天地发生变化。③

抗议者和政府陷入了一场势头之争的僵局。④

2月12日:距离知道埃及的未来,我们还有很长的路要走。⑤

随着各种大小事态的曲折发展和回环往复,事件也起伏不定,没有确定性。记者们将之描述为一系列的章节,按周、日等顺序进行排列。

2月1日:"这是埃及革命的第一天,"卡里姆·里兹克(Karim Rizk)在开罗的一次集会上如是说。⑥

为期六天的抗议活动进入了一个新阶段。⑦

---

① Dorell, O. (2011) Protests Have Economic Ripple Effects; Movement Gets Mixed Reviews from Those Who Aren't Taking Part as Tourism has Disappeared. *USA Today*, February 7, p. 4A.
② Black, I. (2011) Egypt: Analysis. Constitution at the Heart of Change in Egypt. *Guardian*, February 8, p. 22.
③ Shadid, A. (2011) Egypt's Leaders Seek to Project Air of Normalcy. *New York Times*, February 8, p. A11.
④ Bradley, M. , Rhoads, C. & El Gazzar (2011) Cairo Demonstrators Dig In. *Wall Street Journal*. February 8. Accessed June 20, 2011: http://online.wsj.com/article/SB10001424052748704004576131560748488384.html.
⑤ *New York Times* (2011) Mr. Suleiman's Empty Promises. February 9, p. A26.
⑥ Shenker, J. (2011) Teargas and Baton Charges Sweep Protesers Off Cairo's Streets. *Guardian*, January 26, p. 22.
⑦ Kirkpatrick, Mubarak's Grip Is Shaken as Millions Are Called to Protest.

2月2日：星期二，示威活动的第八天，数十万人前往解放广场。①

进行大规模抗议。戏剧性的第八天。②

2月4日：九天前，一群抗议者在互联网上动员起来。成千上万的人聚集在一起。③

起义的第九天……④

2月5日：十一天了……主要要求是穆巴拉克应该下台。⑤

在开罗起义开始后的十一天里……⑥

抗议的第十二天……⑦

2月6日：埃及起义已有十二天了……⑧

2月8日：随着埃及起义进入第三周……⑨

---

① *New York Times* (2011) Beyond Mubarak. February 2, p. A22.
② Shenker, . J et al (2011) Egypt: Power to the People: Mubarak Finally Bows to the Inevitable. *Guardian*, February 2, p. 1.
③ Fahim, K. & El-Naggar, M. (2011) Some Fear a Street Movement's Leaderless Status May Become a Liability. *New York Times*, February 4, p. A7.
④ *Le Monde* (2011) Le Regime Moubarak Contre-attaque. February 4, p. 1
⑤ Valli, Egitto, Nella Piazza che Grida "Da qui non ce ne andiamo".
⑥ Stanley, A. (2011) As Crisis Plays Out Live on TV, Commentators Hurl Brickbats at One Another. *New York Times*, February 5, p. A7.
⑦ *La Repubblica* (2011) Manifestanti Ancora in Piazza al Cairo Usa Premono per Cambiamento. February 5. Accessed April 22, 2011: http://www.repubblica.it/esteri/2011/02/05/news/sostituiti_vertic_partito_mubarak_lascia‑12100571.
⑧ Sanger, D. (2011) As Mubarak Digs In, Complications for US Policy. *New York Times*, February 6, p. A12.
⑨ Shadid, Egypt's Leaders Seek to Project Air of Normalcy.

2月9日：在抗议的第十五天……①

2月11日：十七天后……②

2月20日：在解放广场的十八天……③

在最引人注目的戏剧性情节中，偶发事件成为目的论。亚里士多德认为，强有力的叙述不仅要有开头和中间，还要有结尾。终局感弥漫于当下，支撑着主人公与邪恶的他者进行斗争，推动着组织严密、逻辑有序的行动向前发展，这样一来，意义在另一面得以发生全新的转变。尽管陷入了戏剧性互动的焦虑之中，革命示威人士也相信自己最终会取得胜利。

"我们在25日的抗议是终结的开始，"那天，组织者在阿拉伯文版的"我们都是哈立德·萨义德"的脸书群中写道，"这是对我们国家眼下正在发生的一切保持沉默、默许以及服从的终结。埃及历史上将翻开新的一页，这一页就是采取激进主义和坚决要求我们的权利。"④

当我们跨过尼罗河大桥，从解放广场走过之后，马蒙·范迪（Mamoun Fandy）教授特地对我说，有一首埃及古诗这样写道："尼罗河可以转过一道又一道弯，但永远不可能枯竭。"自由之河也同样如此。在此，它可能会漫无目的地流溢。也许

---

① Kirkpatrick, As Egypt Protest Swells.
② Valli, Egitto, Nella Piazza che Grida "Da qui non ce ne andiamo".
③ El-Naggar, M. (2011)The Legacy of 18 Days in Tahrir Square. *New York Times*, February 20, Week in Review, p. 4.
④ Al Jazeera（2011）, Egypt Protesors Clash with Police. 25 January 25. Accessed March 7, 2011: http://english.aljazeere.net/news/middleeast/2011/01/20111251136220742.html.

你可以让它暂时拐个弯儿，或者让它转个方向，但它永远不会干涸。①

一位早已逝去的北非诗人最著名的一首诗歌已经成为这场运动的颂歌。他的诗作似乎解释了抗议及其追求的目标……"如果有一天，一个民族想要生存，他们的命运就会回应他们的召唤，黑夜就会消逝，锁链就会挣断、脱落。"一位资深的持不同政见者评论说："这位诗人正带领我们走出坟墓。"②

在上面引证的这些表述中，从个人的言词听来，就好像结局已定，民众一方注定会取得胜利。

压制性的反表演

不管叙事能力具有怎样的暗示性，构成现场场景的斗争未必一定都能以革命一方的胜利而告终。确实存在很多曲折，穆巴拉克政权即使无法彻底击败对手，似乎也经常在得分上领先。三十年来，从纯粹实用主义的角度来看，穆巴拉克的统治是成功的，而且其持久统治并不是单靠蛮力来实现的。穆巴拉克确实对一些最坚定的反对者进行折磨拷打，并致他们于死地。但是，大多数时候，他主要是利用贿赂、行政控制和警察权力等来拉拢政敌，阻止反对派进行公开表演。穆巴拉克总是小心翼翼地保持一个良好的

---

① Friedman, T. (2011) Speakers' Corner on the Nile.
② Shadid, A. (2011) Yearning for Respect, Arabs Find a Voice. *New York Times*, January 30, p. A10.

姿态。在子民(citizen-children)面前,他扮演的是爱民如子的角色,展示自己作为孔武有力的慈父的一面,严格恪守自己的叙述模式,即政府不仅在象征性上,而且在实际上都致力于把埃及从落后的黑夜带往现代的光明。正如马基雅维利所言:"有些人珍视看似真实的事物就像珍视真实的事物一样。"①

前面我们早已经看到,穆巴拉克非但没有把自己塑造成赤裸裸的权力刀锋,反而把自己的统治制度插入道德分类的核心。现在,他抨击叛乱分子,称其阻碍了他对国家进步和解放的叙述。在这十八天运动经历的各种波折中,这种对纯洁和危险的保守看法——对叙述利害关系形成的这种压抑感——充斥于该政权参与的每一场公开演讲和行动。在国家控制的报纸所印刷的"新闻"故事报道和国家电视台以及电台记者发布的"报道"中,在穆巴拉克行政人员的官方声明中,在1月20日和2月10日总统自己精心构思、策划并广而告之的讲话中……总之,在所有这一切宣传中,穆巴拉克竭尽全力使自己的压制性言论与实际发生的种种情况相匹配。据《纽约时报》报道:"政府的策略似乎是要在全国范围内改变公众对抗议者的看法。"②这位独裁者希望将新兴的社会事实与正确的能指符号类型联系起来,将它们转换成能以他所选择的方式进行言说的符号。但是,这位口技大师的魔术戏法正在失去魔力

---

① Machiavelli, N. (2007/1531) *The Discourses*, in *The Essential Writings of Niccolo Machiavelli*, 由 Peter Constantine 翻译并编辑,参见 Modern Library, New York. Bk I, p. 25。
② Shadid, A. (2011) Egypt Officials Widen Crackdown; US in Talks for Mubarak to Quit. *New York Times*, February 4, p. A1.

效果,埃及的分层次观众似乎离他的扩音器越来越远。另一位在全国有话语权、有影响力的发言人出现了,象征性作品的创作手段已经不再是穆巴拉克所能控制得了的了。正如记者们在示威活动的最初几天就惊讶地发现的那样:"在制定如何应对对其统治最严峻挑战的方案时,穆巴拉克及其官员们似乎遇到了麻烦。"①

当穆巴拉克发现自己的言辞与实际情况在口头上更加难以匹配时,他动用了权力杠杆来改变国内的实际局势。在双方发生对峙的第五天,埃及当局将警察从埃及主要城市的各大街道上撤离,把数千名顽固不化的惯犯从四所监狱中释放出来——这一举措带来的结果不难预见。

> 在当局失去权威、治安崩溃的情况下,警方于周六从各大主要城市撤出,放任犯罪团伙胡作非为:他们盗窃、焚烧汽车、抢劫船只,还洗劫了一家时尚购物中心。在这家购物中心,他们把身着保守伊斯兰服饰的展示模特肢解得个七零八落,横七竖八地抛掷在碎玻璃和水坑里。数千名囚犯从四所监狱中倾巢而出,其中包括该国最臭名昭著的阿布·扎巴尔(Abu Zaabal)监狱和瓦迪·纳特鲁恩(Wadi Natroun)监狱。②

鉴于这种情况——社区和街道上出现了真正的暴乱,呈现出混乱不堪的状态——穆巴拉克希望其政权的腐败的道德使命可以最终站得住脚。"埃及向无政府状态发出了挑战!"第二天,一家国有报纸满怀希望地喊话。全国观众中,有一些被说服了。一名叫

---

① Shadid & Kirkpatrick, in Egypt, Opposition Unifies Around Goverment Critic.
② Shadid & Kirkpatrick, in Egypt, Opposition Unifies Around Goverment Critic.

阿布·萨伊德·萨伊德的司机向记者私下透露。"一开始,这些话是对头的,"萨伊德指的是示威活动早期的一些承诺和表现。但是,面对新的社会形势——危险而又不稳定的社会现实,萨伊德解释说,现在,他改变想法了:"抗议活动是和平的,例如要求自由、就业等诸如此类的东西。但是,随之而来的却是抢劫,一抢劫,暴徒和小偷也紧跟着来了。在没人能插手之前,必须有人强行介入。"开罗的一名教师纳扎·艾哈迈德希望示威活动能尽快结束:"我想回去工作了……我的钱快花光了。"①二十岁的科普特基督教徒②、工程学学生施诺达·巴达维表达了自己的担忧:"我妈妈和妹妹都吓坏了。我们需要冷静下来。我们已经听到消息说,只要反对派需要形成一个新的结构,穆巴拉克就得继续掌权,否则就会出现混乱局面。"③1月31日,穆巴拉克在国家电视台露面。"在与军方首脑的会面中,一切都被描绘成与往日没有区别的正常会晤。"④整个周日,埃及国家电视台都在播放埃及人打来的电话,他们声称自己百分之百地忠于政府。"在你身后有八千万人赞同穆巴拉克!"其中一位喊道。⑤ 在金字塔边养骆驼兼开香水店的阿卜杜勒阿齐兹·易卜拉欣·法耶德说:"一百万人不需要穆巴拉

---

① Dorell,Protests Have Economic Ripple Effects.
② Coptic Christian,其传统源自罗马帝国时期的埃及基督教会,有近两千年的历史。在伊斯兰教兴起以后,他们一直作为一个宗教少数社群在埃及存在。——译者注
③ Barthe, B. (2011) A Zamalek, la Bourgeoisie du Caire Defend ses Biens et Prend ses Distance avec le Regime. *Le Monde*, February 1, p. 6.
④ Shadid & Kirkpatrick, in Egypt, Opposition Unifies Around Goverment Critic.
⑤ Shadid & Kirkpatrick, in Egypt, Opposition Unifies Around Goverment Critic.

克,八千四百万人却不希望他下台。"①然而,据《纽约时报》报道,对这种高声喧嚷的全力支持就是"拿到整个开罗也是最罕见的评论"之一。②

事实上,穆巴拉克政权试图通过将社区和街道置于危险境地,使压制性言论合法化,然而其为此所付出的努力却以失败告终。解放运动的话语被证明是富有弹性的,通过象征性演出这一替代性手段,其投射是有效而广泛的。一份独立报纸这样来描述现场出现的各种危险新状况:"支持混乱局面是安全部门策划的一个阴谋。"③事实上,开罗居民更有可能将矛头指向政府本身,而不是将反政府示威者与不断升级的骚乱联系起来。"那还用说,我们确实担心发生混乱,"电影导演塞尔玛·塔兹(Selma al-Tarzi)在解放广场与朋友们会合时这样表示,"但是,大家都明白,混乱是由政府造成的,革命并没有制造混乱。"④

托马斯·霍布斯(Thomas Hobbes)关于表述行为失败⑤的警告听起来仍然真实可靠:"夺走真诚之名声的,"这位著有《利维坦》⑥的

---

① Dorell,Protests Have Economic Ripple Effects.
② Shadid & Kirkpatrick,in Egypt,Opposition Unifies Around Goverment Critic.
③ Shadid & Kirkpatrick,in Egypt,Opposition Unifies Around Goverment Critic.
④ Shadid & Kirkpatrick,in Egypt,Opposition Unifies Around Goverment Critic. 在《纽约时报》的文章中,指挥者的名字拼写有误,应当是 Selma al-Tarzi,不是 Salma。
⑤ performative failure,"performative"用语言哲学家约翰·奥斯汀的术语来说是"表述行为",在此,作者意图表达的是因表述行为而导致的"表演失败"。——译者注
⑥ Leviathan,"Leviathan"的字意为裂缝,在《圣经》中是象征邪恶的一种海怪。霍布斯认为,国家就像一个伟大的巨人或怪物利维坦一般,它的身体由所有的人民所组成,它的生命则起源于人们对于一个公民政府的需求,否则社会便会陷入因人求生本能而不断动乱的原始状态。——译者注

理论家如是称,①"是貌似符号一样的做法或说法。不言而喻,他们要求别人相信的这套东西,自己却并不相信。"一旦穆巴拉克政权所做的象征性努力显示出它的极端虚伪性,它的最后一层合法外衣就会像炎炎夏日下老房子上的漆一样层层剥落掉,所剩下的就只有刀锋上的钢刃了。后来的事实已经证明,穆巴拉克无法充分利用这把利刃,因为它最终还是掌握在埃及军队的手中;但是他却耀武扬威地挥动着手里的刀片,以一种颇具威胁性的姿态来使用它。

从"一·二五"革命的第一天起,穆巴拉克就开始部署武力,试图阻止公众的各种激进行为。随着起义规模的扩大,他加大了人身镇压的力度。警方不断地使用高压水枪来驱散聚集起来的抗议者。当示威者继续向前猛冲时,穆巴拉克的军队就开始发射橡皮子弹。而当军方发现这一切都不奏效时,他们就荷枪实弹,用真子弹射杀示威者。一连数日甚至数周,抗议活动积极分子在街上会遭到绑架,被关禁闭,受尽折磨,有时还会被杀害。数百名抗议者在街上遭到枪击,其中有许多人因此丧命。1月28日,也就是抗议活动进行到第四天时,领导层计划在伊斯兰周的神圣日即星期五设立"愤怒日(Day of Rage)"。在神圣和世俗的交织中,成千上万的观众-参与者向解放广场进发。穆巴拉克的军队以十八天起义以来最为残酷野蛮的镇压作为回应。这一天开始时,通信几乎完

---

① Hobbes, T. (1996/1651) *Leviathan, or The Matter, Forme, & Power a Commonwealth Eccleasiastical and Civill*, 见 Richard Tuck (2nd ed.) 编, Cambridge University Press, Cambridge, UK, p. 84。

全中断。《共和报》报道称:"互联网突然失去生机,几小时后,甚至连移动电话、本地线路和国际线路也都全部瘫痪。"①不久之后,埃及部署了反恐部队。内政部警告说要采取"果断措施"②。当天,由防暴警察、身着黑衣的秘密警察和便衣警察等组成的队伍在各清真寺、桥梁和道路交汇处打击抗议者,这是为阻止抗议者进入解放广场而采取的大规模行动的一部分。③

在经过数英里的和平游行之后,示威者与一千名武装警察、还有五辆装甲车和两辆消防车对峙。接着,双方为争夺通向中心的桥梁发生了激烈交战。在"卡斯尔·尼尔大桥战役(Battle of Kasr el-Nil Bridge)"中,抗议者从街上扒掉砖块,投向警察,并用手工制作的盾牌奋起自卫;武装安全部队先是用高压水枪、催泪弹、橡皮子弹来对付他们,后来用真枪实弹袭击他们。激战中,总共有九百人受伤,四百人因重伤入院治疗。根据观察人士的描述,街道上"满是一滩一滩的鲜血"④。对阵战于第二天凌晨结束。穆巴拉克军队全面撤退,成千上万的抗议者留在广场。穆罕默德·巴拉迪称这是一场"人民对暴徒的战斗",并补充说,"这是一个注定要灭亡的野蛮政权的所作所为"。⑤ 结果证明巴拉迪的说法是正确的。

---

① *La Repubblica*, Scontri e Morti in Tutto l'Egitto.
② Al Jazeera (English), (2011)Timeline: Egypt's Revolution, February 14. Accessed June 12, 2011: http://english. aljazeere. net/news/middleeast/2011/01/201112515334871490. html.
③ Kirkpatrick, Mubarak Orders Crackdown.
④ Kirkpatrick, Egyptians Defiant as Military Does Little to Quash Protests.
⑤ Kirkpatrick, Mubarak Orders Crackdown.

时刻与地点

对于成千上万的示威者以及国内外关注他们的观众来说,这场从1月28日下午一直持续到第二天凌晨的暴力冲突是一场令人心有余悸的体验,这种体验既充满着恐惧,又让人感到义愤,而由于最终取得胜利,它还让人有一种畅快淋漓的宣泄感。在革命叙事中,这场战斗的结局标志着一个顿悟时刻(epiphanic moment)。顿悟是一种决裂(rupture),决裂让人产生一种阈限感(sense of liminality),阈限感是一种超越时间的时间感。① 日常事务的时序性被打破,未来被带至现在,时间为乌托邦式变革的可能性敞开了大门。穆罕默德·巴拉迪宣布埃及进入了一个"新时代"。他说:"今天,我们为埃及人感到自豪和骄傲。我们已经恢复了我们的权利,恢复了我们的自由,我们已经开始的一切是不可逆转的。"②苏伊士(Suez)的一位会计师博皮兴高采烈地说:"这是我们的'独立日',一个真正的独立日。"③在苏伊士的一家医学实验室里,老板艾哈迈德宣称:"令人恐惧的屏障已经倒塌了。"④历史时代被打穿了一个洞口,直到革命的帷幕落下,被打穿的洞口才会关上。从现在

---

① Turner, V. (1969) The Ritual Process. Aldine, Chicago. 吉尔·多兰(Jill Dolan)在其著作中将特纳(Turner)的思想与当代表演理论以及激进的政治想象联系在一起,参见 Dolan, J. (2005) *Utopian Performances: Finding Hope at the Theater* University of Michigan Press, Ann Arbor。
② ElBaradei, Monhamed (2011) Quotation of the Day. *New York Times*, January 31, p. A2.
③ Barthe, & Hennion, La Revolte Egyptienne.
④ Barthe, & Hennion, La Revolte Egyptienne.

开始到穆巴拉克 2 月 11 日投降为止,参与者和观察家们都会谈论到自己处在一个"时刻"之内。

1 月 28 日:这确实是一个历史性的时刻。事后回想起来,这无疑将被视为一个开端,一个埃及人民从腐败的、脱离实际的领导人手中夺回自己国家的开端。这些领导人并不了解他们声称要统治的人民。①

1 月 29 日:"愤怒与自由"的一天——对于见证了足够多愤怒的埃及来说,这是一个具有历史意义的时刻。②

1 月 30 日:这场起义改变了中东历史。③

那些年轻人汗流浃背,在所说的"革命时刻"的激励下,他们欢欣鼓舞,情绪高涨。④

似乎没有人能确定这一时刻会引领人们走向何方。但每个人都明白,其实这只是一个瞬间。⑤

最热烈的这一刻叫作革命时刻。⑥

1 月 31 日:反对穆巴拉克的抗议给美国带来了真理时刻。⑦

2 月 2 日:此时此刻,欢欣沉醉。⑧

---

① Mohamed, The Word on the Street.
② Beaumont & Shenker, Front:Egypt:A Day of Fury.
③ Rampoldi, La Rivolta che Cambia la Storia Araba.
④ Shadid, Seizing Control of Their Lives and Wondering What's Next.
⑤ Shadid, Seizing Control of Their Lives and Wondering What's Next.
⑥ Shadid, Yearning for Respect, Arabs Find a Voice.
⑦ *USA Today*, Anti-Mubarak Protest.
⑧ *Guardian* (2011) Egypt:Beyond Mubarak. February 2, p. 32.

> 这是一个历史性的时刻,这一刻使阿拉伯世界明白了一切。①

> 2月3日:此时此刻,中东正屏息凝神,驻足注视;这是阿拉伯世界有史以来最引人注目的时刻。②

> 许多人……称,他们把这一天看作一个充满恩典的时刻。③

> 2月4日:"当前我们的革命时刻。"④

> 2月5日:这是我们的时刻,我们的时代。穆巴拉克必须下台。他永远不会知道我们的感受。我们想要生活,不想要斗争。⑤

> 2月7日:"似乎没有人愿意放弃一个充满着反抗理想主义的时刻。"⑥

> 2月8日:"这个时刻虽然短暂,但是光彩熠熠。"⑦

---

① Shadid, In the Euphoria of the Crowd.
② *New York Times*（2011）From Sadat to Mubarak: A Reminiscence, and Prayer. February 3. Accessed June 12, 2011: http://www.nytimes.com/2011/02/03/opinion/lweb03cairo.html.
③ Hennion, C. (2011) La Revolte Egyptienne: Venus en famille, les manifestants ont donne a la place Tahrir un air de Kermesse. *Le Monde*, February 3, p. 5.
④ Feith, D. (2011) Democracy's Tribune on the Arab Awakening. *Wall Street Journal*. February 4. Accessed June 20, 2011: http://online.wsj.com/article/SB10001323052748704150104576122882240386172.html.
⑤ Shenker, J. & Khalili, M. (2011) Day of No Departure: Cario's Biggest Turnout Yet, but Mubarak Clings On. *Guardian*, February 5, p. 1.
⑥ Shadid, A. (2011) At Night in Tahrir Square, Cairo Protest Gives Way to Poetry and Performances. *New York Times*, February 7, p. A9.
⑦ Friedman, Speakers' Corner on the Nile.

2月11日:"一个转变的时刻。"①

2月12日:埃及的时刻。②

这是阿拉伯世界所见证的令人震惊的时刻。③

此时,解放广场成为一个顿悟的地方,这个不合时宜的顿悟时刻在此地成为焦点,并被神圣化了。在平时,解放广场上"人声鼎沸,肮脏不堪,开着破旧汽车的疯狂司机随处可见,横冲直撞";而建筑物由于年久失修,甚至连这个地方都"带着那么一点威胁"的意味。④ 解放广场在被神圣化之后,成为"陪都(parallel capital)",它"既是一个地方,更是一种理念",⑤它成为"开罗市中心的中心"⑥。广场上,一个埃及人特别提到:"现在,我的视野比我目力所及之处更为开阔。"⑦一位名叫穆罕默德·萨利赫的示威者在第一天就已经表示:"这是埃及历史上具有历史意义的一天,因为我们已经开始说'不'。将来有一天,我会告诉我的孩子们,我曾经站在

---

① Hall, M. & Johnson, K. (2011) White House Pushes for 'Genuine Transition'; 'Fast-Changing Situation' in Egypt Difficult to Track. *USA Today*, February 22, p. A1.
② *New York Times* (2011), Egypt's Moment. *New York Times*, February 12, p. A20.
③ Shadid, A. (2011) After Tahrir, Uncharted Ground. *New York Times*, February 12, p. A1.
④ Kristoff, N. D. (2011) Exhilarated by the Hope in Cario. *New York Times*, February 1, p. A27.
⑤ Shadid, At Night in Tahrir Square.
⑥ Barthe, & Hennion, La Revolte Egyptienne.
⑦ Shadid, At Night in Tahrir Square.

这个地方,站在解放广场上。"①《卫报》写道:"1月25日星期二晚上,在开罗市中心的解放广场,埃及重新发现了自己的多样性,并庆祝这种多样性。积极分子构成了集会的一小部分,在那里进行集会的就是人民(The People)。"②参加卡斯尔·尼尔大桥战斗后幸存下来的抗议者,对这些具有重大历史意义的情感体悟得尤为深刻:

> 艺术家们住在帐篷里,其中有个人宣称发生在解放广场上的运动是光的革命(Revolution of Light)。这种描述中,有一种恰如其分的东西,一种转瞬即逝的想法。"在这里,上帝治愈了我的病痛,"五十二岁的摄影师阿里·塞夫说。塞夫自起义开始以来一直在这里。他说自己患有糖尿病和心脏病。"这就是自由的感觉,"站在他旁边的伊布拉黑姆·哈米德说……。穆罕默德·法鲁克站在卡斯尔·尼尔大桥的入口处,也就是通往解放广场的必经通道,他说,"你会觉得这就是你想要生活于其中的社会。"③
>
> "这就像一个大型的聚会,聚会中让人有一种强烈的幸福感。一个星期以来,我几乎没合过眼,因为我要在夜间巡逻,以确保这个地区的安全。何况,我也没觉得累,因为我可以自由自在地呼吸,因为不再担惊受怕。"三十八岁的阿扎称。阿

---

① Bradley, M. (2011) Rioters Jolt Egyptian Regime. *Wall Street Journal*. January 25. Accessed June 20, 2011: http://online.wsj.com/article/SB10001323052748704.html.6980045761041123204654l4.html.
② Soueif, Fittingly, It's the Young of the Country Who Are Leading Us.
③ Shadid, At Night in Tahrir Square.

> 扎是苏伊士居民,一家海上航运公司的经理。①

解放广场已经成为一个活生生的公民世界的缩影,一个充满着尊严、平等和广泛团结的理想化了的世界,这就是民主积极分子为此而努力奋斗的结果。以下是来自WAAKS(英文版)的一个帖子:

> 欢迎来到开罗解放广场共和国:除了人人享有言谈[speach,原文如此]自由和全民民主之外,我们还提供以下免费服务:医院、日报、热餐厨房、安全、艺术家之角、歌唱和口号俱乐部、诗歌比赛、边境管制、标牌展览和政治头脑风暴。(2011年2月9日)

半岛电视台的一位播音员评论说:"解放广场已经成为开罗市中心的一个迷你乌托邦。各种政治观点公开,性别和宗派分歧无处可寻。这里的人有福同享,有难同当。"②另一则关于半岛电视台(英语版)的报道称,尽管"很难说在解放广场以外人们如何看待抗议者的公民参与问题,"但是,"上周在几个居民区的"谈话赞扬了广场上的"公共氛围"。"'广场上,基督徒和穆斯林之间没有发生冲突,'坐在首都阿各欧扎(Agouza)社区一家咖啡店里的一位年长者说,他叫奥马尔,'整个埃及过去就是这个样子的。'"③《世界报》也以一种乌托邦式的方式描述解放广场:

---

① Barthe, & Hennion, La Revolte Egyptienne.
② Al Jazeera (English)(2011) Tahrir: The Epicenter of the Revolution. February 7. Accessed March 7, 2011: http://www.Youtube.com/watch? v=SeTzu9aK3xs.
③ Carlstrom, G. (2011) Community Amid Egypt's Chaos. Al Jazeera (English) February 7. Accessed March 7, 2011: http://english.aljazeera.net/news/middleeast/2011/02/201127162644461244.html.

尽管也有担忧、坏兆头和死亡,但解放广场已尽全力营造出一种友好的气氛。在这里,人们暂时搁置政治分歧,凝心聚力,专注于共同的目标:让领导人物下台。志愿者捡拾垃圾,清扫街道,分发饮用水和毯子。为保暖,晚上还会举行临时足球比赛。另外,还临时组建了两个球队:"面包"队和"自由"队。在星期天的比赛中,"面包"队获胜。①

《纽约时报》认为,解放广场已经成为"起义的中心,成为一个缩微的平台,它代表了这一代人遭遇的挫折、雄心壮志和重新崛起的自豪感,他们声称自己肩负着国家的重任"②。

广场上,阳光普照,当家做主的感觉传遍了市中心。志愿者们在市区分发免费薄饼、茶水和蛋糕。年轻人清扫街道,组织安检,在检查站检查身份证件,以显示民众动员的力量……三十三岁的电影导演塞尔玛·奥乐-塔尔兹说:"人们第一次对这个地方产生了归属感。"③

开罗的街道是出了名的脏乱差,那是因为人们在大街上乱丢乱放垃圾。但在广场上,人们设定了最低预期,也达到了最低预期……阿布德尔·瑞黑穆……手提一个垃圾袋四处走动,不时弯下腰去——捡起那些每天一波又一波前来抗议的人们留下的空塑料杯、烟头和脏纸巾,做得有条不紊。"我在

---

① Hennion, C. (2011) Sur la place Tahrir, epicentre de la revolte Egyptienne. Le Monde, February 1, p. 6.
② Shadid & Kirkpatrick, in Egypt, Opposition Unifies Around Goverment Critic.
③ Shadid, In the Euphoria of the Crowd.

这里打扫卫生,因为这是我的家,"他说,同时又补充道,直到来到了解放广场,他才开始意识到自己是一个公民。"我又成了埃及人,不是被边缘化了的埃及人,不是没有价值、没有尊严的埃及人,"他还说,"我觉得自己好像栽了一棵树。现在我需要好好照顾她茁壮成长。"①

"看看周围这些人吧,他们没偷没抢,没有女孩受到骚扰,也没有任何暴力,"欧玛尔·塞勒说,"他本来是想告诉我们,离开我,离开当局,你们会陷入无政府状态,但我们都用实际行动回答了他,'绝对不会'。"②

权威因蒙受微小的羞辱致使国家痛苦不堪,在这样的国家中,埃及人在广场上受到热烈欢迎。"感谢上帝保佑你们的安全,"组织安保的人宣称:"欢迎你们,英雄们③!"其他人也高声呼喊着:"来吧,来广场加入我们。"最让人心酸的是,他们只是不断重复着:"这些都是埃及人。"④

社会各届人士都在这里。⑤

WAAKS(英文版)网页上的一个平面设计将西方的超人形象与挤满在解放广场上的埃及民主抗议者光辉灿烂的崭新形象混搭(mix)在了一起。扯开白色牛津衬衫,解下棱纹条纹领带,超人展

---

① El-Naggar, M. (2011) The Legacy of 18 Days in Tahrir Square. 此处 El-Naggar 指的是两周前的一次会面。
② Shadid, A. (2011) Mubarak Won't Run Again, But Stays; Obama urges a Faster Shift of Power. *New York Times*, February 2, p. A1.
③ heroes,在此为一词多义,也有主人翁的意思。——译者注
④ Shadid, Discontended Within Egypt Face Power of Old Elites.
⑤ Friedman, Speakers' Corner on the Nile.

示的不是大大的红色"S"、传统的蓝色紧身衣,而是一个"解放"了的解放广场。

"我们都是哈立德·萨义德"

在第一轮镇压遭到打击撤退四天之后,2月2日和3日,穆巴拉克政权最后一次间歇性地进行了暴力镇压,他们把聚集的示威者围堵起来,重新占领了广场:又有 1500 人受伤,报告称又有新的死亡。① 当局的侵袭再次被击退。然而,这一次没有宣泄情绪。顿悟的时刻已经到来,它已经占据一席之地。

"这是在我们国家发生的革命,在我们的思想深处发生的革命。穆巴拉克可能还会在位子上待上几天甚至几周,但他

---

① 暴力事件主要发生在 2 月 2 日,但一直持续到第二天,参见 Shadid, A. (2011) Street Battle Over the Arab Future。

无法改变已发生的革命。我们不能回到过去。"①

"我们毫不畏惧,"三十七岁的阿什拉夫·阿卜杜勒·拉扎克说。他是一个木匠,夜晚负责坦克警戒,"我们想要净化我们的社会,我们是不会让坦克阻止我们的。"②

"现在,大家都在这里保护解放广场,"资深活动家兼出版人萨迪·希沙姆·卡西姆一边说,一边警惕地盯着那些用瓦楞铁皮、被撞坏的轿车和卡车、酒桶、装满沙子的桶和从路边拽下来的金属栏杆等等搭建的路障,"今晚我们守护广场,明天整个国家会见分晓。"③

为了解释最后爆发的这场暴力冲突,半岛电视台使用了民主抗议运动的标志性语言。阿拉伯电视台将这一事件描述为又一场残酷的国家镇压,同时充满激情地播放了一个纯洁与邪恶对抗的故事,并承诺,大揭秘的时刻——主角和对手的真实身份——即将来临:

حقيقة البلطجية المتصدون للتظاهرات المصرية
على ظهور خيول و جمال جاؤوا دخلوا ميدان التحرير شاهرين الصياط و العصي و القضبان و ترشح التقديرات أن عددهم يفوت 3000. فمن يكون هؤلاء الذين فاجؤوا الجميع بهجومهم... و الذين قالوا إنهم إعتقلوا بعض المهاجمين و عثروا معهم على بطاقات تثبت أنهم من رجال الشرطة. فقد ذكرت حركة السادس من أبريل أن المهاجمين هم رجال لشرطة بلباس مدني و بلطجية مأجورون من رجال أعمال. و قال محمد البردعي إن لديه أدلة على أن المهاجمين من الشرطة أما مصطفا الفقي من الحزب الحاكم فقال أنه من مأجوري بعض رجال الأعمال من الحزب الحاكم... مطالبات سلمية للشباب تقمع بالحديد و النار و الأسلحة الميلة للدموع و حصيلة القتلى و سنات من الجرحى. والداخلية تنفي – و الجيش على الحياد و يبقى الجواب عن هوية القامعين أو المجرمين حسب المنظمات الحقوقية في طي الأيام المقبلة و في أحكام القضاء.

---

① McGreal,C. (2011) Front: Egypt in Crisis: "Mubarak is Still Here, But There's Been a Revolution in our Minds." *Guardian*, February 6, p. 4.
② May,T. (2011) Protesters Stand Fast in Cairo's Tahrir Square. *USA Today*, February 8, p. 4A.
③ Shadid,Egypt Officials Widen Crackdown.

暴徒与埃及抗议者对峙：

> 他们骑着马和骆驼来到解放广场，手里挥舞着鞭子、铁撬棍和其他武器，估计人数足有三千。那么，发起攻击的到底是何许人也？……抗议者说，他们抓获了一些袭击者，还在他们身上发现了证件，证明他们的身份是警察。"四月六日青年运动"组织声称，袭击者是便衣警察和商人雇佣的暴徒。巴拉迪称，有证据证明袭击者来自警方。来自执政党的穆斯塔法·阿发齐（Mustafa AlFaqi）则称，其中有一部分人是执政党派别的商人所雇佣的……而那些爱好和平的年轻人，他们的要求被铁与火以及催泪瓦斯压制住了，导致许多人死亡，数百人受伤。内政部否认了这一切——军队保持中立，答案是……至于罪犯和压迫者的身份……那就留待接下来的几天去判断吧。①

终局感

随着解放广场这个象征中心的稳固，革命最终取得胜利只是个时间问题。穆巴拉克再一次作出努力去改变现实，再次尝试着将当局的话语与实际情况匹配起来。在第三周刚开始，也就是革命进行

---

① Assaf, R. (2011) Thugs Confront Egyptian Protesters. Al Jazeera (Arabic) 由哈特姆·甘地（Hatem Ghandir）朗读。参见 February 4, 2011, Accessed June 10, 2011: http://www.youtube.com/watch? v=5zX8IlGBDZ4&feature=relmfu。

到第十八天时,政府又进行了另一场"常态化(normalization)"的表演。既然革命者占领解放广场现在已被视为既定事实(*fait accompli*),政府就没有徒劳地费力去搞破坏,只是试图让它变得平淡下来。在1月25日之前,开罗街头人满为患,车辆在交通拥堵不堪的广场上艰难地一步步挪动。1月25日之后,革命人士、带刺的铁丝网、自制路障、军用卡车和坦克等汇合在一起,阻塞了通道。当时,当局提议通过在广场周围规定通行路线来恢复交通,不从广场穿行。银行制定了重新开放的时间表;报纸从商店橱窗里撤下;埃及股票市场将在休市多天后首次开始交易。① 随着这些实际变化的进行,当局曾经试图再次将它的社会能指与社会事实重新关联起来。官员们宣布,起义已成为过去的事情。两天之后,穆巴拉克发表了一场漫无边际的家长式讲话。当局搬出那些老掉牙的陈词滥调,最后一次使用二元论,抹黑革命人士。新任命的副总统奥马尔·苏莱曼(Omar Suleiman)称,大规模的非暴力反抗运动(civil disobedience)是"极度危险的"。他还声称,持续的反抗将会导致"一时冲动的草率行为和仓促的行动,从而会导致更多的非理性"。为了防止这种堕落,必须叫停起义,必须允许政权蓬勃发展。苏莱曼宣称:"本政权不会终结,因为政权终结意味着混乱","对此我们绝对不能容忍。"②

不过,独裁政权的声音和行动已丧失了昔日的表演牵引作用。当初,穆巴拉克就曾试图为改变事实而付出了种种努力,但均以失

---

① Shadid,Egypt's Leaders Seek to Project Air of Normalcy.
② Kirkpatrick,As Egypt Protest Swells,US Sends Specifics Demands.

败告终。这迫使他屠刀出鞘,挥动起冷酷的利刃。如果事实证明他的那种暴力行为无法阻止革命表演,那么该政权现在又如何能宣布一切正常,然后继续前进呢?

但是,2月7日确实还有一场表演成功地赢得了公众的赞同,获得了关注。该表演是关于瓦伊尔·高尼姆获释的童话故事。十二天前,这位脸书的组织者遭到绑架,并被秘密关押在一处政府所在地,蒙上双眼,隔离起来。高尼姆失踪前的最后一条推文让人产生了不祥的殉难之感:"为♯埃及祈祷。心忧如焚。因为政府似乎在策划发动针对人民的战争罪行。我们都做好了♯1月25日赴死的准备。"①获释后,高尼姆发布的第一条推文就唤起了公民参加斗争的神圣感:"自由是一种值得为之奋斗的祝福[原文如此]。"在获释当晚,高尼姆亮相于埃及最受欢迎的访谈节目《晚间10点钟》,该节目由卫星电视转播。他承认自己是"我们都是哈立德·萨义德"的脸书创建者,这终于破解了一个长期存在的谜团。现在,这个曾经帮助建立并指导革命参与者-观众的脸书页面,已经拥有48.6万名注册粉丝。② 当这位英俊的年轻人含泪讲述起自己经历磨难、奋起复苏的经历时,他致意了那些革命叙事和为之牺牲的运动拥护者们。

"请不要把我当作英雄,"高尼姆先生饱含着深情,用激动

---

① WAAKS, (2011) February 8, 2011. Kirkpatrick, D. D. (2011) Google Executive Who Was Jailed Said He Was He Was Part of Online Campaign in Egypt. *New York Times*, February 8 p. A10.《纽约时报》译自阿拉伯文。
② Fahim, & El-Naggar, Emotions of a Reluctant Hero Inject New Life into the Protest Movement.

得发抖的声音说。后来,当得知自1月25日抗议活动开始以来,已经有数百人在冲突中丧生时,他已经完全不能自已。"我想向所有死去的埃及人表达我的哀悼之情。我们到那里是为了和平示威,"他补充道,"街上的那些人才是我们的英雄。"①

这次采访帮助高尼姆转变成一位观察家所说的"运动中产生的不愿成为偶像的偶像"。第二天,他和脱口秀主持人莫娜·莎兹利(Mona el-Shazly)朝圣般地奔赴解放广场。莎兹利本身就是一位明星。当示威者比以往任何时候都更多地汇集而来时,高尼姆和莎兹利就成为"许多人涌向前欢呼的对象"。②

两天之后,即2月10日,开罗城外,工人罢工声势大增。广场上,大规模示威活动继续举行。穆巴拉克计划在全国范围内发表电视讲话。从埃及国内外透露出来的消息让人们对穆巴拉克辞职抱有极高的期望。但是,事与愿违,穆巴拉克总统试图再次将他的进步叙事的独裁主义做法与埃及实际发生的新情况相匹配。他向示威者保证:"你们的要求是……合法的、公正的",并称赞示威者是"具有象征意义的一代,这一代人在呼吁更美好的变革,这一代人在梦想着更美好的未来,这一代人也在创造着未来",但是他拒绝作出让步。穆巴拉克将自己的历史形象角色放在了未来一边:"我决心执行并履行我的承诺,不再回到过去的老

---

① Kirkpatrick, Google Executive Who Was Jailed.
② Fahim, & El-Naggar, Emotions of a Reluctant Hero Inject New Life into the Protest Movement.

路上去。"①

解放广场上,成千上万的人们因挫败而愤怒地咆哮,许多人对着电视里的穆巴拉克摇晃他们的鞋子。当天早些时候,武装部队最高委员会发布了一份名为"一号公报"的文件。一名军方发言人在国家电视台上代表该委员会申明"支持人民的合法诉求",并承诺"继续召开会议,考虑采取何种程序和措施……可以来保护国家,保护伟大的埃及人民已取得的伟大成就和良好愿望"。② 之后,陆军参谋长来到解放广场,作出了类似的保证,人群一下子欢呼雀跃起来,以示庆祝。钢刀利刃被收回刀鞘。公民权力不具有强制性,但它将决定这场具有历史意义的对抗的结果。

第二天晚上早些时候,胡斯尼·穆巴拉克辞职。《纽约时报》以"集体欢腾"③为标题写道:"成千上万正为晚祷而鞠躬行礼的人兴高采烈地蹦跳起来,一片欢腾,不知不觉中手之舞之足之蹈之","他们修正了革命的战斗口号,高呼'人民,终于推翻了政权的人民'。"④勇敢的主人公取得了胜利,民族历史的倒弧(inverted arc)将再次上升。一位埃及人告诉《华尔街日报》:

迦玛尔·阿卜杜尔·纳赛尔(Gamal Abdul Nasser)、安瓦

---

① Mubarak, H. (2011) I Will Not... Accept to Hear Foreign Dictations. *Washington Post*, January 10. Accessed June 10, 2011: http://www.washingtonpost.com/wp-dyn/content/article/2011/02/10/AR2011021005290.html.
② Shadid & Kirkpatrick, Mubarak Won't Quit.
③ collective effervescence,亦即集体兴奋,涂尔干表示,集体欢腾所必须的情感纽带取决于三件事:共同焦点、定期集会,以及集体仪式。——译者注
④ Kirkpatrick, D. D. (2011)Egypt Erupts in Jubilation as Mubarak Steps Down. *New York Times*, February 11, p.1.

尔·萨达特和胡斯尼·穆巴拉克,他们夺走了我对国家的热爱之情……我对我们的人民曾经绝望过,认为他们为庸政放弃了自由。后来,1月28日,星期五,在祷告结束之后,我看到人们像潮水般浩浩荡荡地涌向解放广场。我从没想到能在有生之年看到这一刻,茫茫人海中的这些人,是他们把我对祖国的爱完璧归赵。①

这场革命的顿悟性得到庆祝,它的神圣性得到了肯定。小说家艾赫达芙·苏维夫(Ahdaf Soueif)在为《卫报》撰稿时评论道:"欢呼声响彻云霄——连整个埃及的空气中都充满着欢歌笑语……看看埃及的大街小巷吧,让我们一睹希望的风采。"②一名抗议者掩饰不住兴奋之情,他兴高采烈地说:"太阳将在更美丽的埃及上空升起。"③一个年轻人对着自己的手机情不自禁地高声呼喊:"我—就—在—解—放—广—场!"他把这一消息传遍四面八方,"我在自由中,在自由中,在自由中!"④《华尔街日报》描述了穆巴拉克政权的终结,并在刊登的照片下面配发了如下文字标题加以说明:⑤

> 在亚历山大港庆祝的人们挥动着标语口号,摇上车窗,在

---

① Ajami, Egypt's "Heroes with no Names".
② Soueif, A. (2011) Fall of Mubarak: "Look at the streets of Egypt... this is what hope looks like." *Guardian*, February 12, p. 2.
③ Shadid, After Tahrir, Uncharted Ground.
④ Fahim, op. Cit., n. 105.
⑤ *Wall Street Journal* (2011) Celebrations Follow Resignation in Egypt. *Wall Street Journal*, 12 February. Accessed June 20, 2011: http://blogs.wsj.com/photojournal/2011/02/11/celebrations-follow-resignation-in-egypt.

海堤上尽情舞蹈。

一个男人跪在路上,在亚历山大港祈祷。

许多家庭参加了在亚历山大港举行的庆祝活动。

在开罗的解放广场上,人们用喷雾罐来制造火光带。

一名男子聚精会神地凝视着解放广场上的一块屏幕。

在开罗,听到穆巴拉克辞职的消息后,一名男子高举笔记本电脑,展示埃及举行庆祝活动的画面。

听到穆巴拉克辞职,两名男子在解放广场紧紧拥抱。

人们在解放广场点燃了照明弹。

照明弹照亮了解放广场上的人群。

这一刻,这种超越时间的感觉是无法抑制的。在马纳尔(Al-Manar),真主党电视台(Hezbollah-run television)的一名埃及播音员在播音时激动得哭了起来。"真主伟大(Allahu Akbar),法老已经死了,"他宣布,同时又问自己:"我是在做梦吗?我害怕是在做梦。"①瓦埃尔·高尼姆在革命的第一天,向他的 WAAKS 追随者们发出了"感到自己是在梦境中"的慨叹。当革命表演取得成功时,高尼姆又向他的埃及同胞们强调,梦想是公民的一种义务:"它显示了埃及人民是多么的文明。现在,我们的噩梦已经结束。到了美梦成真的时候了。"②

---

① Fahim,K.(2011)Birthplace of Uprising Welcomes Its Success.
② Kirkpatrick & Sanger, A Tunisian-Egyptian Link That Shook Arab History.

权力：物质的、诠释的、全球的

意义造就了革命。但是，将革命意义具体化并实现革命意义的行动者，无论是集体行动者还是个体行动者，他们这么做并非是出于自己的选择。他们很少拥有有效表达自己观点的交际手段，更不用说用身体的手段来保护自己的表演免受强权的暴力侵害了。

象征性表演的手段

有效的社会表演依靠背景表征、导演、演员和舞台场景。其中，背景表征需要强大有力；导演需要技巧娴熟，能编写剧本、指导表演；演员需要目的明确，能激发积极性，表演效果令人信服；舞台场景则需要跌宕起伏，营造让观众着迷的悬念。但是，如果不能采取手段来发挥作品的象征性功能，那列举上述表演诸要素都将无济于事。首先，演员必须要有一个可供表演的舞台。不过，即使有了舞台，比如开罗的街道和广场，社会表演也还需要大众传播媒介的参与。如果没有分配能力，这场革命就不可能获得解释力：因为除了直接的、面对面的观众以外，它无法向其他观众传达些什么。

1月28日晚上，示威者与武装平民及警察之间展开了激烈争斗。在此过程中，国家电视台播放了"开罗市中心的宁静夜空，并将宵禁这一信息硬生生地塞进这一戏剧性画面"[①]。那天早上，埃

---

① Worth, On Al Jazeera, a Revolution Televised Despite Hurdles.

及政府试图切断埃及的互联网连接,目的是从全球网络中将埃及移除。尽管如此,半岛电视台(阿拉伯语版)还是成功地将这场激烈战斗实况转播至1月29日清晨,直到示威者取得胜利。

在战斗进行过程中,半岛电视台记者法瓦兹·布什拉(Fawzi Al-Bushra)在阿拉伯语频道的节目《埃及革命》(*Egyptian's Revolution*)中作了报道,同时还播放了戏剧性的电视画面:催泪瓦斯正在被发射;便衣警察正在殴打一个年轻人;聚集在一起的示威者与一辆向他们发射催泪弹的装甲车搏斗,后者随后从他们身上碾过;个人抗议者遭到枪击;老人们悲痛欲绝的表情,凄惨颤抖的声音,他们强烈要求把穆巴拉克赶下台去。布什拉从丑恶的对抗中带出来的这些珍贵报道,给公民社会点燃了一盏明灯。"在成千上万的人死亡、受伤、被捕之后,"他评论道,"人们发现……警察并不总是为人民服务的。当人民不服从统治者的意志时,他们有时会采取压迫手段。"因为"政府与人民渐行渐远,与人民隔绝,无所作为,"并且还"对发生的这些事件三缄其口",但是,现在这些事件却"正在全世界的电视屏幕上播放"。①

半岛电视台的阿拉伯语频道和英语频道都曾经播放过一个分画面镜头。屏幕上,国家电视台播放的和平场景与抗议者无视宵禁点燃警车的画面并置,同时还伴随着一阵阵的枪声和爆炸声。②国家镇压和示威者英勇抵抗的这些声音和图像从解放广场发射到环绕地球的卫星,发送至远在开罗之外同情阿拉伯的广大观众,传

---

① Al-Bushra, Eyptian Revolution.
② Worth, On Al Jazeera, a Revolution Televised Despite Hurdles.

遍全球，在全球范围内播放，同时也回放给开罗城内的一些抗议者。

如果是二十年前，这种另类图像和文本被传播得无处不在是不可想象的。那时，独裁政权对广播进行审查的功能强大，几乎是密不透风。① 当代的数字技术摧毁了政府垄断广播通信手段的能力。② 数字技术促进了非主流媒体③的兴起。非主流媒体包括商业娱乐电视、私人新闻媒体或独立新闻媒体、网络媒体如博客和社交媒体等。在1月25日的革命中，每一种以数字为基础（digital-based）的技术，都在不同时间、不同程度上发挥了关键作用，从而使

---

① Worth, On Al Jazeera, a Revolution Televised Despite Hurdles. Lynch, M. (2003) Beyond the Arab Street: Iraq and the Arab Public Sphere. *Politics and Society* 31 (1), pp. 55 – 91. 当然，大众传播媒介并不是持异议的话语和戏剧得以展示和传播的唯一手段。在纳粹极权主义统治下，地下（"*samizdat*"）油印材料和印刷材料曾经秘密流传，与口口相传的政治诽谤运动（whispering campaigns，指有组织地散布流言蜚语，以达到中伤某个政治候选人或集团的目的。——译者注）一起秘密传播过。阿提夫称，革命后期他在开罗逗留的那些日子里，民族志实地记录显示，口头传播是对政府阻止数字通信进行回应的重要手段："那些回到家中的活动积极分子们与邻居交谈。此外，在这段时间，他们晚上用座机打电话给朋友，确认一切正常，或者发送信息告诉他们第二天的计划。"萨义德的笔记还提到，虽然与出租车司机交谈"是一种古老的方法"，但他们"知道原委，也会给别人讲述原委"。参见 Said, On the Communication During the Internet Blackout in Egypt.
② 萨义德的田野记录明确清楚地显示，当权者进行数字通信管制，即使在形势最紧张的时日（为期两天，1月28—29日），这种尝试也仅取得了部分成功："这些天，在这段时间里，脸书和推特都不能正常工作，但是推特上的博主和活动积极分子发布了关于通过代理人或推特打开脸书的信息……[1月]29日，手机又能通话了……1月30日，谷歌为埃及提供了语音服务……2月2日，互联网又回来了。在这段时间里，半岛电视台（阿拉伯语）经常给弄混乱[disarraying，原文如此]。拥有特定卫星的埃及人可以通过互联网观察或跟踪它。"参见 Said, On the Communication During the Internet Blackout in Egypt.
③ alternative media，亦即另类媒体。——译者注

激进的政治表演得以越过直接的舞台表演，展现在观众面前，以获得外部潜在观众的同情。这些非主流媒体的运作能力超越了埃及领土。由于这些媒体都使用卫星，所以其分配机制的一个来源在全球范围内不受国家的控制。然而，这些媒体，无论是手机还是电脑，也都还要依赖地面接收器，依赖可下载和可上传的能力。为打击这些数字技术的基础要素，埃及政府以其眼前的直接经济利益为代价，换取摧毁对手发动有效的象征性战斗的能力。其实，直接的经济利益也大都依赖数字通信。

控制象征性表演，需要采取必要的手段。为对此作出回应而付出的种种努力表明，数字媒体反独裁主义的能力不仅取决于技术创新，而且还取决于民主承诺。因为技术人员、管理人员和所有者的道德义愤，以及他们的技术能力，是对抗政府强权的镇压作用所必需的。

> 国家公共广播电台的一位高级策略师，其日常工作就是与数字媒体打交道。他把个人推特账户变成了一条新闻专线。为了搜寻埃及国内的声音和视频，这位策略师每天大约要给2.8万名粉丝发四百条推文。在这些粉丝中，很多是专业记者，他们能接触到来自世界各地的新媒体。①
>
> 在埃及政府关闭了对推特的上传资料功能之后，推特和谷歌内部的激进主义分子开发了一个名为"Speak2tweet"的新闻服务项目，这项服务使无法使用数字媒体的埃及人可以在

---

① Stelter, B. (2011)From Afar, News about Egypt. *New York Times*, February 14, p. B4.

上面留手机语音信息,这些语音信息可以在推特上更新、存档。①

互联网恢复正常后,YouTube 视频网站的管理人员与 Storyful——一种社交媒体策展服务——合作找到了一种方法,可以检索并存储从解放广场流出的数千段视频,并使人们能够在其新闻和政治频道 Citizen Tube 快速找到并观看这些视频。②

以上提到的每一个项目都代表着一个有独创性的技术成就,但每一项都依赖于它的促成者有此意愿,而不仅仅是有此技术方法。数字媒体的所有者本可以与埃及政府合作,不费吹灰之力关闭其媒体系统,无需斗争。但是,埃及的民主表演影响了他们,使他们反其道而行之。

"和许多人一样,我们一直密切关注埃及正在发生的新闻,思考着我们能做些什么来帮助现场中的人们。"乌杰瓦尔·辛格(Ujjwal Singh)和阿卜杜勒·卡里姆·马蒂尼(Abdel Karim Mardini)在周一发布的一份联合声明中如是说。辛格是"现在开讲"(SayNow)的合伙创始人。马蒂尼是谷歌在中东和北非的产品经理。他们在声明中称:"上周末,我们想到了一个点子,构思了一个语音聊天设备,有了这个设

---

① Preston, J. (2011) While Facebook Plays a Star Role in the Revolts, Its Executives Stay Offstage. *New York Times*, February 15, p. 10. Preston, While Facebook Plays a Star Role in the Revolts.
② Preston, While Facebook Plays a Star Role in the Revolts. Hauser, C. (2011) New Service Lets Voices from Egypt Be Heard. *New York Times*, February 2, p. A14.

备,任何人都能通过语音连接来发送推特。"声明还称,"我们希望,在这个特别困难的关键时刻,这个设备能在某种程度上帮助埃及人与外界保持联络。我们的思想和埃及在场的每个人连在一起。"①

全球公民领域

值得注意的是,这些支持性评论来自位于埃及境外的媒体技术管理员。埃及的国内革命运动最终取得成功,不仅是因为运动展现在当地观众面前,其关键原因是它也展现在国际观众面前;另外,埃及革命运动的意义不仅在于它最后取得了成功,而且还在于革命持续向前推进的能力。在政府施行镇压的那段最糟糕的日子里,一位埃及小说家向一位西方记者这样吐露心声:"尽管当局继续用子弹和催泪瓦斯轰炸我们,继续封锁网络,切断我们的手机信号,但我们还是会想方设法让我们的声音传遍世界各地,强烈要求获得自由,获得正义。"②他相信,如果抗议者与外部公民领域取得更广泛的联系,那么,埃及政权动用的残暴物质权力就会受到限制。这种想法一点不错。因为在数字媒体时代,小说家及其同事可以找到各种各样的门路,继续他们的公民表演,并将之投射到本国领土之外。还有一点正确的是,这样一来,就会有大量的世界观

---

① Hauser, C. (2011) New Service Lets Voices from Egypt Be Heard. *New York Times*, February 2, p. A14.
② Ez-Eldin, M. (2011) Date with a Revolution. *New York Times*, January 31, p. A19.

众对他们要求的自由和公正作出回应。① 不过，全球观众是分散的，对地缘政治利益的感知和公民理想一样重要，不可等闲视之。对全球公众舆论和制裁的援引，在霸权主义、南北对立、东西对立等各个方面，都存在着偏差。②

为了保护他们所认为的地缘政治利益，资本主义民主国家对公民社会的内部承诺作出妥协。上面提到的埃及的例子中，从支

---

① 2011年2月7日至2月14日，斯坦福大学计算机研究生里奥·赤坂通过键入"穆巴拉克"一词，创建了一个实时"vimeo"（共享视频）全球社交网络活动。他把455840条推特活动绘成地图。到目前为止，活动最主要集中在北美和欧洲，在中东也有大量活动（参见 http://vimeo.com/20233225）。在穆巴拉克2月10日发表讲话的最后几分钟，赤坂收集了12.3万条推文，并在其中揭示了类似的全球社交网络活动模式，穆巴拉克在演讲中宣布不会辞职（参见 http://vimeo.com/19824159）。正如这张推特网络地图所显示的那样，埃及革命的跨国范围很大程度上包括了一种区域性的力量，这个区域力量就是那些紧密接邻的国家，通常这些国家被称为阿拉伯公共领域（参见 Lynch, Beyond the Arab Street）。在文化和政治上，几个世纪以来，埃及的事件就一直如此广泛地与阿拉伯世界联系、交织在一起，而且在当今数字化的社交媒体世界中，这些联系甚至更加紧密。例如，关于国家衰落和复兴的叙述，既指向了埃及在"文明"本身中的地位，也指向了恢复埃及在阿拉伯世界曾经的领导地位。反之亦然：埃及的文化体制和政治体制对阿拉伯公共领域来说也至关重要。半岛电视台对埃及革命的密集而热情的报道就是为这些密切的区域联系所激励，即使它遵守的是独立新闻和全球公民社会的规范。

② 全球公民领域的设想抓住了当代社会现实中一些极为重要的东西，但也以一种实现愿望的方式从根本上扭曲了这一理想。参见 Alexander, J. C. (2007) Globalization as Collective Representation: The New Dream of a Cosmopolitan Civil Sphere. In I. Rossi(ed.), *Frontiers of Globalization Research: Theoretical and Methodological Approaches*. Springer, New York, pp. 371-382. 确实有些公众舆论在全球范围内传播，从流行文化和高雅文化到对时事的道德评价，但是这种集体意志的形成很难在民主民族国家的公民领域内部获得广泛的公众意见。即使政治力量必定是支离破碎的，全球公众舆论也不能打着政治力量的名义来实施。全球社区就是没有国家，没有选举程序，没有政党竞争，也没有对暴力的垄断——而所有这些都是代表公民权力来规范社会进程的基本制度的先决条件。

持以色列到打击伊斯兰激进主义,再到维持石油生产和石油价格的稳定,似乎确实存在着许多这样的利益。在这些国家利益中,有一些属于物质利益,这些利益与性命及经济等最严重的一类问题有关;另一些则是道德利益,这与在大屠杀后的世界(post-Holocaust world)里对一个犹太国家的保护有关。在"一·二五"革命期间,无论是在物质上还是理想上,这些利益都形成了一种外部环境。考虑到这种外部环境,美国民族—国家感到有必要以一种工具理性的方式行事。原则上,无论对公民社会的承诺如何,国家领导人都会认为发生一场革命剧变将会损害美国的利益。起初,他们反对民主运动,支持穆巴拉克继续执政。在埃及示威活动第一天过后,美国国务卿希拉里·克林顿尽管声称"我们支持所有人的言论自由和集会自由这一基本权利",但同时又敦促"各方"都要"采取克制的态度,避免暴力"。她提供了一种非同寻常的方法来"评估"现实政治(realpolitik)形势:"埃及政府局面稳定,眼下正在寻找出路来应对埃及人民的各种合法需求和利益。"①其他民主国家也没有立即向埃及起义者提供支持。

在全球层面上,尽管有日本的民主资本主义和中国的崛起,但在很大程度上,全球经济和军事力量的应用仍局限于少数几个西方国家,这些国家选择以民主的方式约束其内部的政治权

---

① Clinton, H. R. (2011) Remarks with Spanish Foreign Minister Trinidad Jimenez After Their Meeting. Washington, DC. January 25. Accessed June 10, 2011: http://www.state.gov/secretary rm/2011/01/155280.html.

力行使。① 在英国、法国和美国，民事领域对国家行使最终控制权。公民权力体现在公众舆论中，而公众舆论又极大地受独立新闻报道的影响。在埃及"一·二五"革命初期，西方媒体的报道在两个隐喻之间摇摆不定。在试图理解这场激烈斗争时，人们发现，在诗学隐喻意义上，1979年和1989年之间存在着鲜明的对比。②"如果埃及抗议者打败了政府，"《纽约时报》如此发问，"那将会是

---

① 如果中国的经济崛起最终伴随着与之等量齐观的军事力量——现代日本和战后德国的经济复苏并非如此——那它可能会向西方公民对"全球"的定义提出激烈的挑战。如果中国自身经历了民主转型，将国家与国内民事权力捆绑在一起，那可能就会产生完全相反的效果，在实质意义上使公民对"全球"的定义变得更加全球化。如果一个新的中国与日本和韩国这样的民主国家结盟，那这一点就会尤为明显。诸如保罗·肯尼迪(Paul Kennedy)的《大国的兴衰》(*The Rise and Fall of the Great Powers*)或塞缪尔·亨廷顿(Samuel Huntington)的《文明的冲突》(*The Clash of Civilizations*)等现实主义地缘政治论著，均存在着明显缺陷，那就是，它们没有考虑到公民领域的这种约束或缺乏约束对国家利益和军事力量造成的潜在影响。《世界报》(Le Monde)发表的一篇评论文章清晰有力地阐述了这一问题："埃及和突尼斯发生的事件向西方民主国家提出了一个重要问题：他们应该致力于普世价值，实践公共外交吗？"一言以蔽之，他们是应该把公民自由和人权的旗帜揣在兜里，扭扭捏捏地拉出来一半，还是把它全部拉出来，天长日久地张扬出来呢？开罗和突尼斯的示威者向现实主义的外交学派发出了一个信息：他们必须称独裁者为独裁者，必须大声地喊出来(参见 *Le Monde*. 2011. Editorial: Il faut appeler un dictateur un dictateur. February 2, p.1)。然而，尽管这是一种强有力的规范声明，但全球公民领域的理想并没有得到普遍应用，所谓的现实主义考虑往往会推翻这一声明。并不是每个独裁者都被称为独裁者。公民社会的内部建设也不会以和平的方式对外表现出来。公民社会的话语是二元对立的、分裂的，它甚至经常在国外维护侵略，在国内促进和平民主。例如，后独裁时代的埃及就有可能采取暴力手段，成为反犹太复国主义者(anti-Zionist)。
② 就隐喻在政治中的作用，参见 Ringmar, E. (2007) The Power fo Metaphor: Consent, Dissent & Revolution. In R. Mole (ed.), *Discursive Constructions of Identity in European Politics*. Palgrave Macmillan, London；关于表演在国与国之间的关系中的作用，参见 Ringmar, E. (2012) Performing International Relations: Two East Asian Alternatives to the Westphalian Order. *International Organization* 66(2)。

1979年的意义呢,还是1989年?"①到底应该用哪个历史记忆来进行类比呢?2011年的埃及事件是否与1989年欧洲的反共产主义革命类似?要么是与1979年伊朗的情况类似?当时,伊朗的情况是,先是推翻了伊朗国王②,这貌似是一场民主运动。可是很快,运动就让位于暴力镇压的神权独裁统治。2011年,《纽约时报》的一篇社论警告称:"伊朗革命深刻地烙在我们的记忆中。"③一位专栏作家回忆起1979年的伊朗草根起义如何"导致政权不民主,压迫妇女和少数民族,破坏了该地区的稳定"④。然而,埃及人也许正在经历一场类似于1989年的革命运动。正如《纽约时报》提醒读者的那样:"1989年东欧剧变⑤导致稳定的民主政体的崛起。"⑥如果使用1979年的隐喻,那么埃及这起颇具争议的事件将被标记为疯狂的、失控的、阴险的。可是,如果埃及人真的处于"1989年"革命中,那么,2011年的事件尽管仍有争议,且又常常混乱无序,却还是可以被解读为文明的,并且非常值得认同和尊重。

随着埃及的革命表演影响力更加深远,更加令人难忘,其隐喻困惑逐渐消失。判断埃及革命表演是否是叛乱,其边界不再那么模糊了,逐渐明朗化了。它变成了"阿拉伯之春",1989年的隐喻也

---

① Kristoff, N. D. (2011) Militants, Women and Tahrir Square. *New York Times*, February 6, Week in Review, p. 8.
② Shah,沙、沙阿,旧时伊朗国王的称号。伊朗革命经过了一年的抗议示威,在1979年迫使伊朗国王下台。——译者注
③ *New York Times*, Beyond Mubarak.
④ Kristoff, Militants, Women and Tahrir Square.
⑤ uprisings,西方社会称之为东欧1989年系列革命。——译者注
⑥ Kristoff, Militants, Women and Tahrir Square.

适用了。《世界报》的一篇报道曾如此评论道：

> 我们不是在1979年。伊斯兰革命（Islamic revolution）令人大失所望。年轻的阿拉伯人在互联网上看到了那些被艾哈迈迪·内贾德的党羽杀害的伊朗年轻人的视频。他们更认同伊朗年轻人，或者年轻的突尼斯人，而不是"大胡子"。在街上，稀稀拉拉的"真主至大（Allah Akbar）"的声音被"自由"的呐喊声所淹没。①

另一篇《世界报》的报道则豪气更足，将埃及发生的事件与1789年法国大革命时期的神圣日期联系在一起。②《共和报》的态度也不再暧昧，不再那么模棱两可：

> 埃及公民社会一直处于发展壮大、重组建设之中。当然，还有穆斯林兄弟会，一个由上千个暧昧不明的组织组成的集合体——穆巴拉克已经成功撇清，将其定性为一帮恐怖分子。但其中也有非基督徒、民族主义者、社会主义者。兄弟会不能再简单地容忍"世袭共和国（hereditary republic）"。我们对他们的要求倾听得越少，对他们的要求支持得越少，他们倾向于伊斯兰主义的风险就越具体。③

这一隐喻性转变并不局限于左派。保守派媒体也开始表现出

---

① Fourest, C. (2011) Sans detour: Le Mur du Caire doit tomber. *Le Monde*, February 5, p. 20.
② Kaplan, S. L. (2011) De 1789 a L'Iintifada Egyptienne, le Pain. *Le Monde*, February 8, p. 19.
③ Caracciolo, L. (2011) L'Occasione che Perderemo. *La Repubblica*, January 31. Accessed April 22, 2011: http://www.repubblica.it/esteri/2011/01/31/news/occasione_egitto-11862386.

第二章 埃及革命表演:2011年起义

对公民、革命一方的热情。①《今日美国》的一篇社论宣称:"埃及不是后伊朗沙阿时代的伊朗(post-Shah Iran)了。"②另一篇社论则总结道:"在埃及和在其他地方一样,采取与美国理想背道而驰的外交政策,那是注定要失败的。"③

事实上,西方媒体对埃及革命的热情一直体现在本章的每一页文字里,并有法国、意大利、英国和美国等国媒体数百条有影响力的援引为证,另外在半岛电视台(英文版)向这些国内公民领域播送的广播中也都有体现。虽然这些专业记者的报道表现出一种超然物外的姿态,但与其说这些报道是"客观的",还不如说是作出了解释性判断。记者们根据公民社会的总体话语来评价这场革命的进展,这一标准不仅反映了新闻工作者的职业道德,也反映了国内民主选民的承诺。反过来,这种报道也影响了西方国家公民领域的舆论。④ 半岛电视台的阿拉伯语报道以同样的方式有力地影响了埃及正在崛起的公民领域。半岛电视台的记者们自我标榜专业独立,同时又高度民主,他们利用公民话语的道德双重性,对革

---

① 媒体对"1979"和"1989"之间的歧义的反应速度存在差异。在美国,《纽约时报》比《华尔街日报》和《今日美国》等较为保守的报纸反应更快。在欧洲,尽管《卫报》的行动比《世界报》或《共和报》要快得多,但这并不是因为意识形态上存在着差异,而是因为欧洲大陆对北非不稳定局势的担忧加剧了移民数量的增加。至于半岛电视台,新闻机构一开始并没有表现出矛盾心理。

② Beehner, L. (2011) In Egypt, 'Islmaist' Fears Overblown. *USA Today*, February 1, p. 7A.

③ *USA Today* (2011) Rumblings abroad test American Ideals. *USA Today*, January 27, p. 8A.

④ 这些媒体迥然不同,但在报道埃及革命时却达成了非同寻常的共识——它们与埃及革命主角的民主愿望一致——提供了"全球公民领域"的操作性定义。"全球性"的定义既是真实的,也是规范性的。

命主角的描述大煽其情,同时又对其敌手极尽指责污蔑之能事。①事实上,在阿拉伯新闻和西方新闻之间存在着明显的互文性,双方都频繁地提及对方的报道,以表明自己的观点。例如,早在1月25日的广播中,半岛电视台(阿拉伯语版)就报道称:"在开罗,美国《时代》杂志的一位记者描述称:预计今天将发生的抗议活动,民众表现出来的情绪与突尼斯的宰因·阿比丁·本·阿里(Zine El Abidine Ben Ali)下台时民众普遍流露出来的情绪相类似",而且,"在胡斯尼·穆巴拉克时代,这是大众政治活动的重大历史事件"。广播是以如下消息来结束的:

وقد حثت منظمة العفو الدولية السلطات المصرية على ''السماح بالاحتجاجات السلمية''، وقال متعاطفون من مختلف أنحاء العالم إنهم يعتزمون تنظيم احتجاجات للتضامن مع الاحتجاجات في مصر.

国际特赦组织②敦促埃及当局"允许和平抗议";来自世界各地的同情者也纷纷表示,他们打算组织抗议活动,以声援埃及抗议。③

对西方记者而言,他们经常提到半岛电视台的阿拉伯语报道,

---

① 虽然半岛电视台(阿拉伯语频道)的语气通常比《纽约时报》的语气更为尖锐,而且往往更加充满激情和包含着情感,但与美国和欧洲电视报道的基调相比,却没有那么明显。在阿拉伯语广播中,半岛电视台也经常将报道与公开的"社论"意见掺杂在一起,在欧洲,这种做法比美国报纸更具有代表性。
② Amnesty International,简称 AI,是一个人权监察的国际性非政府组织,主要由全世界的社会学教授组成,监察国际上违反人权的事件。——译者注
③ Al Jazeera (Arabic), January 25, 2011. 11:59 a.m. Accessed 12 June, 2011: http://www.aljazeere.net/NR/exeres/35AFA009-4090-41FD-9C73-9A703FB54E12.htm.

目的是为埃及人民民主起义的深度和广度提供证据。

无怪乎在革命斗争过程中,埃及国家政权不时地对记者进行威胁、恐吓,甚至还动辄进行人身攻击。不过,这种行为往往会产生反向效应,结果适得其反。在争取自由与镇压自由之间展开的戏剧性斗争中,记者将会从内隐的主角转变为外显的主角;在对埃及政府作出批评性反应的过程中,这一转变为"全球公民社会"提供了新的英雄人物。在英国,《卫报》提供了记者杰克·申克(Jack Shenker)与埃及抗议者一起遭到安全部队的袭击并被逮捕的第一手详细资料。[①] 半岛电视台和美国有线电视新闻网(CNN)也播放了关于著名记者遭到攻击的类似报道。[②]

军　队

社会表演往往是由权力来调节的,故而表演不仅仅是解释性的。埃及军队没有动用武力,这才使政府和抗议者的竞争性表演得以顺利进行,因为革命对抗在很大程度上具有象征性;还有就是激进分子搞出如此引人注目的事件,目的是利用公民力量迫使穆巴拉克下台。

在民主政体中,公民领域对单一民族国家领土之内的大规模

[①] Shenker, J. (2011) Egypt: Journalist's Detention: Bloody and Bruised in the Back of a Truck, Destination Unknown. *Guardian*, January 27, p. 18.
[②] 有关埃及政府在 1 月 25 日革命期间压制新闻业的当代报道,参见 Khalil, A., February 3: Sword vs. Pen, in *Lynch, Glasser, & Hounshell, Revolution in the Arab World*, 以及 Miles, H. (2011) The Al Jazeera Effect, in *Lynch, Glasser, & Hounshell, Revolution in the Arab World*。

骚乱施加的约束非同一般,这些约束主要包括物质手段、行政管理、法律和文化等几个方面。一个国家的武装部队拥有控制国内争端所需实力的数倍力量,但即使国内出现紧急情况,当授权内部启动军事力量时,民事领域的官员也会签署命令,极大地抑制实际火力。由于专制社会不具备这种公民约束,所以军队会经常在国内行使,并且更经常威胁说要行使更大规模的军事力量。当然,后殖民时代的埃及情况就是如此,因为纳赛尔、萨达特和穆巴拉克总统都是行伍出身,是从军队中提拔起来的。所以,在埃及,他们是靠武力来解决国内各种事务的。

至于在"一·二五"革命中,军队缘何没有采取措施进行干预,这一点常常用物质利益予以解释。军队希望保持其财富和地位,这一点毋庸置疑。不过,如果上述考虑是其主要动机,那么军方领导人就会站在独裁统治一边,因为毕竟是穆巴拉克给他们提供身上衣与口中食,对他们恩宠有加,希望他们永远支持自己。但是,军方有关人士采取克制态度,没有打压抗议者,或许是因为他们害怕公众民主舆论反弹,导致自己受损害。这种情况可能确实发生过,但是,如果军队享有特权,可以置身事外,拥有自保的实力,而且只有物质利益受到威胁,那军方为什么还有所顾忌呢?

事实上,有证据表明,大批军官以及应召入伍的广大士兵,都被革命表演所投射出来的情感和思想所吸引了。这些人员接受过西方民主国家的培训,在西方国家尤其是美国待过很长一段时间。而在美国,充满争议的民主冲突普遍存在,公民禁令(civil inhibitions)仍然占据主导地位。几十年来,穆巴拉克第一次下令军队主动干预埃及的政治生活,然而,军队在同意出动的同时,却选择了袖手旁观。进行暴力干预的力量不是军队,而是穆巴拉克的秘密警察和特别招募的平民。在 1 月 28 日,试图进入解放广场的革命者与封锁该广场的警察发生冲突后的顿悟时刻,军方宣布尊重抗议者的公民权益,拒绝进行实际干预:

> 当地时间晚上 9 点左右,为期六天的起义进入了一个新阶段。一名身穿制服的发言人在国家电视台宣布:"军队不会对我们伟大的人民动用武力。"……军方理解"你们要求的合法性",并"申明要保障每个人都享有通过和平手段去表达言论的自由"。①

到 1 月 29 日晚上,军队支持哪一方已经一目了然。

> 在 10 月 6 日的大桥上,随着夜幕降临,面对数千名群众,数十名警察试图坚守阵地。正是在这座桥下,《卫报》看到了第一批军车、两辆装甲运兵车沿着尼罗河海岸的滨海路缓缓行驶。他们到达的消息传来,立即受到了示威者的热烈欢呼。到晚上 7 点 45 分,一列军用坦克纵队出现在抗议者的视野中。坦克上,埃及旗帜迎风飘扬,伴随着隆隆声,驶过阿卜杜·莫尼姆·里亚德(Abd El Moniem Riyad)立交桥。在行动的过程中,一些坦克上有抗议者在上面尽情起舞。②

抗议者表示在整个游行过程中坚决与军方团结一致:

> 开罗的埃及抗议者纷纷高呼口号,呼吁军方支持他们,愤

---

① Kirkpatrick, Mubarak's Grip Is Shaken as Millions Are Called to Protest.
② Beaumont & Shenker, Front: Egypt: A Day of Fury.

怒声讨警方的暴行,因为在周五的冲突中,安全部队使用了催泪瓦斯和橡皮子弹。"军队在哪里呢?来看看警察都对我们干了些什么吧。我们想要的是军队。"①

阿德尔是应召入伍的工程师。他脱下军装,毅然决然地加入了抗议者的行列。现在,他注视着一辆辆坦克驶过街道。他警告说,死亡是不可避免的。"有些士兵不会向埃及人民开火,但有些士兵胆小怕事,不敢违抗命令。你不知道在军队里违抗命令意味着什么。"他接着说:"本来我应该坐在晚上7点开往我军营的火车上的,但现在,我们要见证穆巴拉克及其政权的最后时刻。"②

巴拉迪现在得到了强大的穆斯林兄弟会和其他反对派团体的支持。他说,他希望与军方就组建新政府进行谈判。巴拉迪认为,军队是"埃及人民的一部分"③。

解放广场被坦克包围了,但是军方已经宣布永远不会袭击人民。年轻的埃及人围着坦克,和士兵们聊闲天。昨晚举行了一场足球比赛——"人民队对军方队",比赛的奖品是一辆坦克。人民队获胜。但是,他们没有接受坦克。不过,如今解放广场上最受欢迎的口号之一是:"人民和军队,鱼水情谊深,相亲相爱一家人。"④

---

① *Guardian*, Front:Egypt:How the Events Unfolded.
② Beaumont & Shenker, Front:Egypt:A Day of Fury.
③ Shenker, J. & Black, I. (2011) Egypt:Change is Coming, Says ElBaradei as US Calls for 'orderly transition'. *Guardian*, January 31, p. 1.
④ Soueif, Egypt:"For Everyone Here, There's No Turning Back."

> 右翼活动分子穆斯塔法·侯赛因（Mostafa Hussein）表示："我必须承认，我对未来感到焦虑。我担心军方会试图以铁的手腕来控制这个国家。但唯一可以肯定的是，他们不会开火，也不会试图把我们全部杀死。"①
>
> 六十二岁的陶菲克·马丹利（Tawfik El-Mardenly）……是一家电信公司的常务董事，在1973年对以色列反击战之前曾是一名二等兵。"我们从来没有说过军队的坏话，"他说，"在我们的生活中，军队给我们带来了唯一的胜利。"他指的是1973年的战争。那场战争为埃及带来战略收益。"人们认为军队并不腐败，与警察不同，"他还说，"我们尊重军队，我们希望尽可能长久地保持这种尊重。这不是军队的职责所在。"②

在对峙的倒数第二天，军方公开重申其对公民事业的承诺。当时，这位埃及独裁者别无选择，只能辞职。

也可以从外部找到物质利益的证据。军队实行自我约束，究其原因，如果不是来自全球公民社会的话，也可以视为对霸权国家采取威胁态度而作出的回应。民族国家及其军队在全球舞台上采取暴力垄断手段，这也是一个事实。在一个更多地奉行霍布斯主义而非洛克主义的全球秩序中，霸权控制无论在区域范围还是国际层面都是起作用的。美国政府拥有数倍于其他国家的军事预算、显著的技术优势、庞大的军事联盟网络，还拥有虽然不太稳定

---

① Borger, J. & Shenker, J. (2011) Egypt: Day of Rumour and Sky-high Expectations Ends in Anger and Confusion. *Guardian*, February 11, p. 4.
② Dorell & Fordham, Fury Grows in Egypt.

但影响强大深远的国际声望,所以美国政府经常利用军事干预的威胁——有时是真正的威胁——来赢得国际控制权。尽管美国没有直接威胁要干预埃及,但美国军方仍然发挥了重要作用。早些时候,副总统乔·拜登(Joe Biden)就曾公开警告过埃及军方,他声称,如果埃及政府确实对抗议者进行干预,那么美国将"重新考虑"每年为埃及提供十三亿美元军事援助的承诺。从那一刻起,美国各级军官就开始与埃及的各级官员进行频繁的非正式接触,警告他们不得干预抗议活动。①

美国对埃及军方施行控制权意义重大。然而,这也就回避了一个问题:为什么美国首先希望阻止军方进行武力干预呢?回答这个问题,要从具体存在的一面到理想的一面来寻找解释。新闻记者们具有民主精神的报道影响了国内公众舆论,而公众舆论又利用公民权力反对政府对穆巴拉克的支持;记者们充满同情的解读、义愤填膺的致编辑信函②、颇有影响力的专栏作家的观点,以及

---

① Sanger, D. E. (2011) When Armies Decide. *New York Times*, February 20, Week in Review, p. 1.
② 例如:"致编辑:尽管半岛电视台可能对长期遭受压迫的阿拉伯世界持有偏见,但其高度职业化的报道犹如一股清新的空气,代表着新闻的最高境界。它给这个世界的一部分人带来了透明度。这部分人一直承受着远远超出他们所能承担的重负,加载这个重负的就是依靠穷人生活的独裁政权。"(参见 Miller, T. 2011. In the Mideast, Days of Tumult. *New York Times*, January 29, p. A22。)"致编辑:为什么要等到埃及人民把自己置于被防暴警察开枪射击和使用催泪瓦斯的危险之中时,美国才意识到自己有'道义和责任与那些有勇气反对独裁统治者的人站在一起'? 数十年来,美国政府一直都意识到胡斯尼·穆巴拉克总统政权的本质,并通过慷慨的对外援助来维护,但是,它维护与关注的又是谁的'国家安全问题'呢? 美国的还是以色列的? 该从篱笆上爬下来,站起来伸张正义了。这就是美国人口口声声宣扬的他们擅长的东西。美国,现在到了在整个中东地区证明你自己的时候了。"(参见 Hewitt, I. 2011. Sorting Out the Uprising in Egypt. *New York Times*, February 1, p. A26。)

民众对反民主压迫的深恶痛绝,等等,这一切因素综合在一起,形成一股强劲的合力,产生了累积效应。据《纽约时报》报道:"面对防暴警察使用催泪瓦斯和高压水炮的画面,奥巴马总统对埃及政府从支持转向冷淡疏远。"①不久,世界上最强大的民主国家就开始发表言论,坚决制裁穆巴拉克,支持革命运动。奥巴马总统和国务卿希拉里·克林顿不断警告埃及各级官员,要"允许公众举行和平示威",并提醒他们,人民需要"一定的合理机制来表达不满"。当互联网被切断时,美国官员立即发表了直言不讳的批评。随着革命进程继续向前推进,克林顿国务卿开始重复说:"我们始终非常清楚,我们希望看到向民主的有序过渡。"②同时,欧洲各国主要领导人也开始公开呼吁,要求采取"克制"的姿态。③ 在起义的第二个星期,随着抗议活动对穆巴拉克的不利影响越来越大,《纽约时报》报道说,"奥巴马似乎已经下定决心让自己和埃及总统之间尽可能地保持距离"④。从政府那里泄露的消息是,在一月危机爆发前数月,美国总统下令对埃及政策集中加强秘密审查,结果就是出台了十八页的"总统研究指令(Presidential Study Directive)"。危机发生期间,奥巴马就此议题举行了三十八次会议。⑤ 在穆巴拉克辞职

---

① Landler, Obama Cautions Embattled Egyptian Ally Against Violent Repression.
② Landler, M. (2011) Clinton Calls for "Orderly Transition" to Greater Freedom in Egypt. *New York Times*, . January 31, p. A6.
③ Dempsey, J. (2011) Key European Leaders Urge Restraint in Cairo. *New York Times*, January 30. Accessed June 12, 2011: http:www.nytimes.com/2011/01/31/world/europe/31europe.html.
④ Landler, , . & Lehren, A. (2011) State's Secrets: Cables Show US Tack on Egypt: Public Support, Private Pressure. *New York Times*, January 28, p. A1.
⑤ Kirkpatrick & Sanger, A Tunisian-Egyptian Link That Shook Arab History.

数小时后，奥巴马在电视上向美国人民发表讲话，表达了对埃及革命内战的深切同情。他宣布："埃及人民已经明确表示，只有真正地追求民主才会取得胜利。"奥巴马的话让人们想起了小马丁·路德·金的标志性语言，他是将埃及的斗争与美国近代史上最受尊敬的公民修复运动联系起来了。奥巴马宣称，在埃及，"是非暴力的道德力量——而不是恐怖主义和盲目的杀戮——再次将历史的弧线拉向了正义"①。

在西方民主社会中，由于公众舆论起着至关重要的作用，所以埃及抗议者才能将运动的相关信息传递给全球公民领域的交流机构。在解释为什么英语是除了阿拉伯语以外题写解放广场上各种标语的主要语言时，一位学者表示，那是因为用英语"能权威性地显示这个国家是现代性的，它的公民了解全球语言"，他极力反对"西方对埃及的刻板印象，即落后的、传统的"。② 这一方面是因为美国霸权在起作用，另一方面也是因为奥巴马的种族、家庭背景以及他早期在"开罗演说"中与伊斯兰文明接触的方式使然。这位美国总统经常受到埃及抗议者不成比例的关注：

> 许多抗议者批评美国，对美国政府支持穆巴拉克颇有微词，但仍有不少抗议者向美国记者表示，他们有话要告诉美国总统，想直接对他说。"我想给奥巴马总统发个信息，"一位中年专业人士默罕默德·梅斯里（Mohamed el-Mesry）说，"我呼

---

① Kirkpatrick, Egypt Erupts in Jubilation as Mubarak Steps Down.
② Zimmer, B. (2011) How the War of Words Was Won. *New York Times*, February 13, Week in Review, p. 4.

吁奥巴马总统,至少在他的声明中,真正如他所言,要与埃及人民团结一致,与自由团结一致。"①

从革命中心到更广大的世界各地,WAAKS(英文版)向英语阅读者和听众源源不断地展示了一系列的文本、图像和声音。在对峙的第一天过后,于1月25日,脸书页面发出了如下信息:

> 大家晚上好!现在特向我们的国际支持者提出一个善意请求:让世界听到你们的声音,请告诉你们的代表和国会议员,告诉他们你们不希望政府支持穆巴拉克那样的独裁统治。(2011年1月26日,凌晨1点56分)

1月28日凌晨开始大规模对峙,WAAKS(英文版)发帖称:

> 确实感觉到全世界人民正在变成一个国家。我们从勇敢的国际上的个人和团体那里获得了巨大的支持。维基解密刚刚公布了关于埃及警察暴行的最新电报。对我们来说,虽然没有什么新鲜事,但还是要让世界人民看看。不久我会发布更多新闻。做好准备。(2011年1月28日,下午12点49分)

几个小时后,贴出了如下内容:

> 非常非常感谢国际社会的团结。来自世界各地的人们已经向他们自己和我们所有人证明,不论存在着何种差异,我们只属于同一个(ONE)人类。请观看我们的支持者制作的这段精彩视频:在纽约联合国大楼上放映的游击队投影(A

---

① Kirkpatrick,Egyptians Defiant as Military Does Little to Quash Protests.

Guerilla Projection)和"推翻穆巴拉克"。(2011年1月28日,晚上7点43分)

最后,在1月28日的战斗即将结束之际:

> 请求每一个人:不要让埃及人独自承受苦难。你给予的支持和施加的压力确实会让事情大不一样。在你的国家举行和平抗议,游说你的领导人,游说你的政府。如果全世界都反对穆巴拉克,那他就会迫于压力下台。(2011年1月29日,凌晨1点53分)

在2月11日,WAAKS(英文版)发布了这一革命性结局:

> 感谢上帝,感谢所有为我们争取自由生活而牺牲的人们;感谢所有在解放广场、亚历山大和其他地方曾露宿街头的埃及人;感谢该页面上的所有人。感谢你们的支持,感谢你们的出色表现,感谢你们的巨大帮助;感谢所有向领导和代表进行呼吁的人;感谢突尼斯。(2011年2月11日,清晨6点54分。原文为大写字母)

第三章　美国的政治表演:2012年奥巴马的总统连任

从古希腊人、美国的建国先父们到现代政治学家,民主就一直被误解为是在践行一种理性。选民们被描绘成无拘无束的知识分子,他们关注重大争端,权衡自己的利益,有能力理解真相,参透对方对事实的曲解。但究其实,这根本不是政治社会的运作方式。

在刚刚过去的一个世纪里,无论是代表国家还是反对国家,在追求政治权力的过程中,都表现出越来越戏剧化的自我意识。在我自己的著作中(Alexander 2010, 2011; Alexander and Jaworsky, 2014),[①]我已经采用了"公民-观众"这一概念,在文化上以一种实用的方式改变了审议民主理论,考察了诸如演讲稿撰

[①] Alexander, J. C. (2010) *The Performance of Politics: Obama's Victory and the Democratic Struggle for Power*. Oxford University Press, New York; Alexander, J. C. (2011) *The Performance and Power*. Polity, Cambridge, UK; Alexander, J. C. & Jawworsky (2014) *Obama Power*. Polity, Cambridge, UK.

写人、表演的指导教师、先遣人员①、焦点小组②、民意调查和摄像团队等独特表演要素的出现。诸如此类的要素不仅体现在权力斗争中,而且体现在制度化权力的行使中。上述每一个新元素都已成为政治专业化的焦点,以应对越来越困难的政治表演。因为政治表演需要看起来真实,产生令人信服的效果;另外,由于社交媒体促进了观众的能动性,所以即使观众能即时反馈批评,表演的难度依然会加剧。

选民不会通过权衡他们的客观成本和收益来决定把票投给谁。他们不是有一是一的计算器,而是有血有肉的人类,充满情感和道德意识。为了探索事物的意义,他们就想要搞清楚政治生活的意义,想对我们过去何所来、现在何所在、未来何所往进行一番宏大叙事。

形形色色的政治候选人把自己塑造成与社会戏剧中角色相应的各类"人物形象",塑造成英雄的主角,把对手塑造成戴着黑帽子的人③。公民-观众对这些可变形的表演进行评价,他们只是进行识别辨认,而非精准计算。他们支持的是那些似乎对生活给予肯定态度和给人以希望的角色,反对那些看起来邪恶和危险的角色。

---

① advance men,美式英语,指政界候选人或其他公众人物的代理人,通常先于其雇主去各地组织宣传工作、安排会见及核查安全事宜,如影视剧在某地上演前先行抵达的广告宣传员,或外出竞选的先遣助选人员。——译者注
② focus group,即小组座谈,是一种调研方法。由一个经过训练的主持人以一种无结构的小组座谈形式,引导一组参与者针对某一主题展开自由讨论,以获得对有关问题的深入了解。——译者注
③ wearing black hats,"黑帽子"指恶棍或坏蛋,尤指美国西部片里的反派角色,他们一般都戴着一顶黑帽子,正面角色多戴白帽子。——译者注

对于那些参加总统选拔大赛的人来说,其目标是成为集体代表。集体代表是一种象征,它体现了公民和国家的最佳品质。如果一位候选人成功地象征了美国、韩国、墨西哥、乌克兰等国家的共同意愿,赢得了足够多的选民,那他或她将会获准执掌国家最高领导权。

奥巴马的人格力量:在诗歌与散文中

2008年,巴拉克·奥巴马在第一次总统竞选中就塑造了一个真正鼓舞人心的形象,这一形象促进了大众对他的认同。然而,在他总统任期的头两年里,将这一角色与美国左翼和中间派联系在一起的情感融合却逐渐减弱。在某种程度上,这种减弱是不可避免的。当奥巴马-总统(Obama-president)开始操控政府机器时,他在竞选过程中所表现出来的奥巴马-角色形象(Obama-character)的象征强度不可能持续下去。

这其中也有他自己造成的创伤。奥巴马的政治自传都和治愈20世纪60年代两极分化造成的创伤有关,但他严重低估了在国会内部建立如此重要的中心的难度。在2009年长达一年的医疗保健服务辩论中,后党派妥协(post-partisan compromise)不过是总统想象出来的假象而已。他空手而归,没有得到共和党一丝一毫的支持。

当奥巴马高奏和解之音时,激进的右翼茶党①却让整个美国轰

---

① Tea Party,亦译茶叶党,美国民主党右翼发起的国内政治运动,主张减税、削减政府支出。茶党发端于1773年美国东北部的波士顿,是革命的代名词。2009年4月15日是美国纳税日,新生的茶叶党发动了全国性的游行示威活动。2010年1月底,全美茶叶党分支有1134个,茶叶党兴起显示了反奥巴马情绪。——译者注

轰烈烈地火了一把。奥巴马-角色形象似乎孤傲冷漠,且不谙时势,与现实脱节。正如后来他自己承认的那样,他忽视了对公共卫生规划和经济政策中细节的叙述。这次表演失败的政治后果如何？在2010年国会中期选举中,共和党一举击败了民主党。

在共和党取得宣泄般的胜利之后,数百万美国人对民主党满腔怒火、大失所望,而共和党领导人手中牢牢攥住的恰恰就是这份情感能量。接下来共和党人只需要找到一个能容纳激愤的群情的容器,找到一位候选人,他将成为令人信服的集体代表,可以在2012年的选举中夺回权力。

但是,共和党人却未能恰当应对这一创造性挑战。在2012年初选中,共和党人表现出来的是一种密码的形象,而非一种符号的形象。诚然,米特·罗姆尼(Mitt Romney)拥有一份足有一英里长的丰富履历,但他恰似一架运行良好、操作顺畅平稳的政治机器,与什么个人魅力啦、领袖气质啦等根本不沾边儿。事实上,罗姆尼也把自己看成是一种工具(tool),而不是一种容器(vessel);一种经济管理的工具(instrument),而不是一种情感和道德表征的活动载体(vehicle)。

罗姆尼无法成为一个象征,而是消失在解决问题的商人的角色中,提供实用主义作为选举他当总统的充分理由。只是,选民们把实际的承诺裹在模糊的象征性毯子里,而真正起重要作用的是公民的感受如何,是候选人的人格魅力和他背后的故事模式。因为对于种种承诺的有效性如何,选民们是无法作出理性评价的。候选人罗姆尼是我们中的一员吗？他会像白手起家的美国英雄林登·约翰逊、理查德·尼克松,还是会像自力更生的比尔·克林顿？他会是艾森豪威尔或老布什那样的战斗英雄吗？抑或他会像泰迪•罗斯福①、富兰克林•罗斯福、约翰•肯尼迪那样，是一位肯牺牲个人的安逸舒适来为美国人民谋福利的贵族英雄吗？

事实上，米特•罗姆尼到底是谁并不重要，重要的是这一角色形象看起来如何。经过奥巴马和民主党表演团队精明有加的形象重塑，罗姆尼-形象（Romney-character）摇身一变，竟成了"贝恩资本家②"：这位身家2500万美元的富翁不愿坦白自己的纳税情况，将隐藏的资金存放于海外，小汽车顶上还载着一只狗③。或许罗姆尼脑瓜还是蛮不错的，但他看起来像是没有灵魂。罗姆尼的这种形象标志着他将自我置于团体之上。他是这样一个人：作为一个快乐的商人，他很乐意告诉美国人民他想让他们听到的，而不是他自己所深信的。

这与奥巴马-形象形成了鲜明的对比。2008年的竞选活动充满着诗情画意，主角应该是一个充满救赎希望的英雄形象。但是，奥巴马总统却以散文的方式执政，眼下看不到一丝缓解的迹象。不过，不管作为总统的奥巴马其实际缺点是什么，作为竞选者的奥巴马仍然被当作是一个理想主义者和诚实的人，他致力于帮助别人而不是只顾营造自己的小安乐窝，关起门来朝天过。

美国人最终会把奥巴马这个候选人看作仁慈善良的失败者

---

① Teddy Roosevelt，美国第二十六任总统，泰迪为其昵称。——译者注
② Bain Capitalist，由 Bain Capital 而来。贝恩资本是美国一家私人股权投资公司，于1984年由母公司贝恩策略顾问公司的合伙人米特•罗姆尼等三人成立，总部设于马萨诸塞州波士顿。——译者注
③ 罗姆尼1983年驾车长途旅行时，把宠物狗放入笼内，和行李一起绑在车顶。民主党抓住此事大做文章，攻击罗姆尼粗野对待宠物。——译者注

吗？共和党的表演团队可能会接受这个观点。民主党反对派面临的戏剧性挑战是，他们需要一改 2008 年的叙事方式，使奥巴马能够再次成为变革型英雄。这一切的关键因素在于发挥经济学的象征意义。2008 年，奥巴马曾承诺要解决大衰退（Great Recession）问题，重振美国的经济实力。可四年后，这一切仍然没有实现。共和党人把奥巴马描绘成一个失败的英雄，一个过气的好心人。民主党人重新为奥巴马定位，宣称奥巴马是继承而不是一手制造了当前的经济混乱局面。2012 年 8 月，当美国前总统比尔·克林顿在针对民主党的提名大会上发表讲话时，他特别声明，经济危机早在奥巴马就任总统之前就已经开始了，并大声呼吁："仅在 2008 年 1 月，就失去了 75 万个工作岗位！"克林顿向作为观众的美国公民保证，在未来四年，没有人能比奥巴马做得更好。第二天，美国总统奥巴马正式接受民主党的总统连任提名。他宣布，美国实际上已经处在经济复苏期中，这表明，未来数年内会执行一个新的时间表；而根据这个时间表，只有他再次当选，才能完全实现经济复苏。

在民主党提名大会之后，民意测验反弹表明，奥巴马这一形象已经重新获得了某些中间派的支持，这同时也暗示着与激进分子左派的融合。即使奥巴马不再是一个狂热的浪漫主义英雄，至少他也可以被描绘成一个为人民而英勇奋斗的英雄。总统竞选的形式终于明朗化了。民意调查显示，虽然在全国范围内奥巴马只是以微弱优势领先于挑战者罗姆尼，但在关键的几个摇摆州他却取得了决定性的领先地位。

说到底，竞选都是些撩起希望和虚张声势的事情。虽然没有人能从罗姆尼的竞选活动中听到令人沮丧的只言片语,但其结果确实已经呈现出不祥之兆。

然而,从提名大会到2012年11月初的选举日,在长达两个月的戏剧性场面中,表演失败和表演成功的机会依然明显存在。其中最引人注目的是总统和副总统辩论。辩论是现场直播,临时发挥,没有剧本。在美国的政治日历上,没有任何其他事件能如此鲜明地体现出仪式化和戏剧化对理性辩论的胜利。

《赫芬顿邮报》(*Huffington Post*)邀请我就这些关键的表演性交锋发表评论。[①] 2012年10月3日凌晨,我发表了《奥巴马低垂的眉眼》一文,[②]将最初的总统辩论描述为一次戏剧性的逆转:

> 法国诗人波德莱尔(Baudelaire)曾经说过:"在生活的重大场合中,手势包含着夸张的真实性。"昨晚的辩论标志着美国政治生活中一个公式化的重大事件。但是,奥巴马总统的演讲并非是雄辩的,而且从这次失败的表演来看,他连政治真相都驾驭不了。
>
> 总统辩论是一出戏中戏。竞选活动是戏剧,而不是真相调查团;辩论是一个个戏剧化的片段,而不是一场场的学术测验。大家都心知肚明,电视上的辩论是人为的、照本宣科的,是经过了排练和精心编排的;它讲究华丽的措辞而非审慎的表达。与其说总统辩论是政治上的争论,还不如说是职业上

[①] 本部分内容获得《赫芬顿邮报》允许转载,虽不是全文但大部分在此。
[②] Alexander, J. C. (2012) Obama's Downcast Eyes. *The Huffington Post*, October 4. Accessed October 2, 2016: http://www.huffingtonpost.com/jeffrey-c-alexander/obama-debate-performance_b_1938755.html.

的角逐。

不过,五千万美国人对这些假惺惺的辩论交锋习以为常,他们会心甘情愿地把自己的怀疑暂且搁置,一股脑儿地抛到九霄云外。他们正在寻找一种异乎寻常的、并非那么理性的真理。到戏剧结束之时,他们会发现这一真理——一种感觉上的真理,一种取决于认同、角色、戏剧和情感宣泄的真理,即从审美意义上讲,一种关于戏剧表演的真理,而不是关于谁是谁非的真理。

在昨晚的戏中,总统再次扮演了一个两年前差一点毁了他的总统职位的角色。他扮演了最后的理性人(The Last Rational Man),扮演了政策专家,扮演了离群索居的教授。他担心找不到恰如其分的解释。他谈到了不合理的数字,谈到了数学和算术。

罗姆尼的数字不合理。这位重获新生的保守党人无忧无虑,他漫不经心地耸着肩膀,表示着对共和党税收政策的不屑一顾——该政策会使赤字大幅增加,福利被削减。这项政策对他来说就像一套变得太紧的旧西装:这不是我的计划。我不会增加五万亿美元的赤字,不会为富人减税,不会降低医疗保险,不会阻止二十六岁的年轻人得到保障,也不会中断他们已有的福利状况。

好一番厚颜无耻的谎言!最后的理性人似乎吃了一惊。他试着作出解释,进行推理,这样美国人就能看到共和党人的数字并不合理。"十八个月来,他一直在谈论他的减税计划,现在,距离大选还有五周,他却说不必介意。"很快,一切又都

第三章　美国的政治表演：2012年奥巴马的总统连任

回到了数字问题上。这是一个算术问题。奥巴马一直要求美国人算算账。

总统本应该是讲故事，用叙述来加以说明，而不是用事实来解释。罗姆尼恰恰就是这样做的。当怒气冲冲的总统坚持询问共和党减税和赤字的规模大小时，这位州长大人的回答是："我有五个儿子，我已经习惯了人们说点假话啦！"形象地说，就是罗姆尼当了爹，而奥巴马倒成了那个一厢情愿、刚愎自用却又痴心妄想的败家子了。

除了糟糕的台词和不合时宜的剧本之外，奥巴马表演的失败之处还有很多。政治表演还与眼神有关，与精力有关，与观察和被观察有关，与看起来是否热心肠、是否感兴趣和能否充满爱心有关。

罗姆尼表现得兴致勃勃，显然很享受这场战斗。他面色红润，轻松愉快，几乎是兴高采烈。他满怀信心，几乎不能克制自己。他的眼睛明亮有神，精力充沛，犹如一匹鬃毛飘扬、烈烈生风的骏马。

可奥巴马呢，形象就不一样了。他眉眼低垂着，看上去悲伤又消极，面带苦笑，仿佛承认自己在忍受着痛苦的打击。他抬头说话时，回答又往往慢吞吞的，让人感到简直就是活受罪。他搜肠刮肚费尽周折好不容易鼓捣出几个字来，可又往往词不达意。

等到奥巴马总统确实能开口说话时，他平静地提到了"平衡"和"责任"等几个词；罗姆尼州长则不然，他的眼睛炯炯有神，能量满满，让人感到他的内心燃烧着一股火热的激情。他热情洋溢地谈论着启示,谈论着救赎。他意气风发,满口的华词丽句,豪言壮语。他高谈阔论,在做总结时,称"未来摆在我们国家面前的是两条不同的道路";而奥巴马在结束时则打着手势暗示着同样古老、同样久远而又同样沉闷的过去,而不是期许一个璀璨明丽的未来。

奥巴马是以私人信息来开启这场公共辩论的序幕的。那天晚上是他与夫人结婚20周年纪念日,他给他的"甜心"发了一条私人信息:"今晚我有许多重要的话想说,但千言万语凝成一句话,最重要的就是,二十年前,我成了这个世界上最幸运的人。"一个半小时之后,巴拉克·奥巴马似乎更愿意出去约会,这一点任何明眼人都能看得出来。米特·罗姆尼则成为昨晚辩论的快乐斗士。

针对上述截然不同的政治表演,民意调查显示,奥巴马的人气大跌,罗姆尼的支持率则开始上升。奥巴马的支持者们震惊不已,纷纷指责民主党的表演团队渎职。一直以来,他们都是信心十足,现在却仿佛被当头一棒。

仅仅过了一周,两党的副总统候选人就展开了各自的辩论。共和党人保罗·瑞安(Paul Ryan)坐在一个角落里。瑞安是一位年轻有活力却又极端保守的国会议员,来自威斯康星州。坐在另一个角落的是备受尊敬的现任副总统乔·拜登(Joe Biden)。拜登曾是特拉华州的前民主党参议员。因为奥巴马总统的第一场辩论表现不佳,在磕磕绊绊地结束了辩论表演之后,一场事关重大的戏剧表演正处于紧要关头。10月11日凌晨,我在《赫芬顿邮报》上发布

了一篇题为《欢笑的男人与唱诗班男孩》的文章:①

　　昨晚,保罗·瑞安扮演一个唱诗班男孩。他眨动着一双湛蓝的眼睛,看起来无辜而诚实,假装出一副同情同胞痛苦的表情,似乎他一心想做的就是帮助美国人找到一份工作,说出上帝的真理。

　　乔·拜登笑得前仰后合。

　　保罗试图讲述自己关于真诚与关爱的故事。乔坐在教室的后排,咧着嘴笑着,饶有趣味地逗着乐子,还不时地弄出点动静来表示自己的怀疑:你在骗我们吧? 可不?! 嘿,我们正玩得开心着呢。我们知道这是逗着玩儿呢。不就是找个乐子嘛,对吧,保罗? 你不认为我们会认真对待这些劳什子的,是不是? 这全都是一派胡言!

　　在美国连小学生都知道玩这个把戏的套路。坐在前排的一个假学生举起手,站了起来,再三地叨叨个不停,试图给老师帮个腔,力挺老师。你和你的朋友会心地对视了一眼,然后在后面开始窃笑起来。你不必开口说什么,但你抢了风头。全班的注意力都转移了,转向了你。

　　拜登扮演了那个逗趣的角色,但他并不是在逗笑。就像莎士比亚笔下的傻瓜,他们那些显而易见的愚蠢行为都是有章法可循的。正当瑞安在念自己的台词时,我们的注意力一

---

① Alexander, J. C. (2012) Laughing Man and Choir Boy. *The Huffington Post*, October 11. Accessed October 2, 2016: http: www. huffingtonpost. com/jeffrey-c-alexander/biden-laughing-debate-ryan_b_1960862. html.

下子被拜登这位美国副总统在公众面前表现出的大胆行径和纯粹的冒险精神吸引了过去。拜登的插科打诨、滑稽举止让他走出了文本,却并没有离开舞台。最终,他站在了前沿,站在了中心。他颠覆性的策略也使我们对瑞安的表演嗤之以鼻。

当然,戏剧性情节中只能有一个主角。在美国的政治表演中,这个主角就是总统。但是每一个主角都需要一个副手①。一个搬运矛枪的人,他负责传送弹药,扮演团队中摔得四脚朝天、出乖露丑的角色②,最后总是充当心慈面善的老好人,带着善意的微笑(但落后一步)出现。要描述其工作,那就是让主角看起来更加出类拔萃。例如,独行侠(Lone Ranger)和托通③,约翰尼·卡森(Johnny Carson)和艾德·麦克马洪(Ed Mcmahon)④,超人和吉米·奥尔森⑤,堂·吉诃德和桑丘·潘沙,皆如是。

昨晚,拜登和瑞安都为这个次要角色参加了试演。

对瑞安来说,这意味着要让最近被编剧篡改的共和党故

---

① side kick,侧踢;密友,伙伴。美国英语中有助手[非正式]的意思。——译者注
② pratfall,尤指在滑稽戏中为求喜剧效果而摔个屁股蹲儿,出洋相。——译者注
③ Tonto,印第安战士托通是电影《独行侠》中的人物,陪独行侠在西部旷野惩恶扬善。——译者注
④ 两人均为著名脱口秀主持人,搭档主持美国国家广播公司的王牌夜间谈话节目《今夜秀》达三十年之久。——译者注
⑤ Jimmy Olsen,在20世纪50年代的经典美剧《超人冒险》中,杰克·拉尔森扮演年轻的、毫无经验的报纸记者吉米·奥尔森,作为超人盟友的他生活在超人的阴影之下,带着一股天真和傻劲,经常需要超人出手相救,这个角色几乎就是为了衬托超人而生。——译者注

第三章 美国的政治表演:2012年奥巴马的总统连任

事继续下去。民主党的旗手不是英雄,而是微不足道的胆小鬼,是失败者。他们无精打采,关心不了美国,已经失去了目标,丧失了斗志。我们共和党人已经做好了战斗的准备。民主党人把我们描绘成狼,但实际上我们是乔装打扮的温和派的民主党人。我们才是站在人民一边的,民主党人是站在国家一边的。

拜登的任务是使出一套阻击花招,进行一场封锁大演习。共和党表现出来的能力和关怀正一个劲儿地飙升,拜登的目标就是证明这不过都是些表演而已,他以拦截来阻止这股力量的发展壮大。他的拦截手段不是通过推理,而是通过姿态,通过一种比演讲更有力的戏剧性的语言暗示共和党人只是在讲一个不过如此的故事,这个故事太可笑了,可笑到无法用语言来描述的程度,所以但笑无妨!

拜登通过阻止瑞安讲故事,给奥巴马提供了一个前事重提的机会。因为在上周的辩论中扮演了一个循规蹈矩的首席解释官(Explainer-in-Chief)的角色,所以奥巴马总统败下阵来。这位首席解释官宁愿讲道理也不愿战斗。他总是彬彬有礼地倾听着他人的谈话,让罗姆尼把话题转向共和党的新故事。

昨晚,奥巴马的这位副手对着这位未来主角的背后飞起一脚(swift kick)。随后,乔把巴拉克从地上一把提溜了起来,告诉他不要充当"门垫"①了,脱掉上衣,放松肌肉,甩开膀子,加油干,去重新扮演一个挥拳出击的党派斗士角色吧。

---

① doormat,一词多义,意为擦鞋垫,意为受气包。——译者注

拜登是通过唱诗班男孩的脸来做到这一点的。保罗·瑞安扮演了一个勤奋好学的书呆子,蓝色眼睛,真诚热切,单纯无辜,试图以谙熟全部事实来取悦老师。可是,大老乔(Big Old Joe)却把他给叫出来,还不停地打岔,不给他留任何喘息的机会,终于控制了辩论。

乔坐在房间的后面,哈哈大笑。他是个十足的傻瓜,也是个聪明的恶霸。如果击不倒对手,那他肯定会阻碍朝圣者前进的步伐。下周英雄就要回归,为此他做好准备了吗?

现在,这成了旷日持久的总统竞选的焦点。英雄会回归吗?巴拉克·奥巴马在政治表演方面拥有非凡的天赋,但他也一次又一次地展示出了一种能力,这种能力就是他可以搬起石头砸自己的脚,然后又爬回到最后的理性人的硬壳里,把政治表演抛在脑后。这种去戏剧化的强烈心愿在情感上是可以理解的,但在政治上却具有自毁性。就是这种愿望破坏了奥巴马-罗姆尼在首场辩论中的表演。如果奥巴马在第二轮选举中无法恢复常态,那么各党派领袖和权威人士意见一致,总统竞选可能会不可逆转地偏向保守派一方。

不过,这种情况没有发生。奥巴马找回了自己的舞鞋。在七千万观众面前,他浑身洋溢着自信和沉着。2017年10月17日凌晨,我在《赫芬顿邮报》网站上发表了一篇题为《真相与谎言的法庭戏剧》的文章[①]:

[①] Alexander, J. C. (2012) Courtroom Drama of Truth and Lies. *The Huffington Post*, October 17. Accessed October 2, 2016: http://www.huffingtonpost.com/jeffrey-c-alexander/obama-benghazi-act-of-terror_b_1972616.html.

第三章 美国的政治表演:2012年奥巴马的总统连任

在民主社会中,争取权力的斗争无关武力,而与理想和愿望有关,与正义的梦想有关,与有勇气讲真话的人有关。

共和党自由市场政策的右翼个人主义削弱了该党在讲真话时谈论正义的能力。在劳动节(Labor Day)之前,米特·罗姆尼还一直在抨击再分配,为富人辩护,并描述称社会上有一半人都生活在最底层,且怨声载道。劳动节过后,罗姆尼从他的神奇画板(Etch-A-Sketch)上撕掉一页,另起炉灶,重新开始。新的罗姆尼是正义的化身。人人都有好工作。对富人、对中产阶级的税收减免优惠,以及奥巴马医改中受欢迎的部分都维持不变。新的罗姆尼甚至还支持堕胎,这一点恐怕你还不知道吧?

上周,好人大老乔称这种新的共和主义就是一派胡言。他说得没错。但问题是如何让中间那部分选民同意这个说法呢?经验主义的论点很复杂,让人摸不着头脑,数字让人很麻木,不知所以。而大声喊叫"一切都是谎言"也并不能使那些还没有撒谎的人心服口服。

民主党面临的挑战是把共和党的那些骗人把戏戏剧化,而不是一五一十、实事求是地进行陈述。"他说、她说"之类并不是一个取胜策略。总之,戏剧是用来表演的,不是用来讲述的。

上周,拜登用各种嬉笑方式来显示共和党的欺骗手段:龇牙咧嘴嘻嘻而笑、鼻翼扇动哼哼而笑,嘻嘻哈哈满脸堆笑。

昨晚,在前三分之二的辩论中,奥巴马总统在四个不同的场合中都使用了数字来说话,他试图简单地把罗姆尼的谎言告诉他的听众:"罗姆尼州长讲的根本不是真的","不是真的,罗姆尼州长","不是真实的","这不是真的"。

接下来,奥巴马就得到了一个表演的机会,而非一个讲述的机会。

罗姆尼扇了总统一巴掌,这一次他完全打错了如意算盘:"当时,[在利比亚班加西市的美国大使馆,]我们有四名美国人遇害……事发后的第二天,总统飞往拉斯维加斯参加一场政治募捐,第二天又飞往科罗拉多,参加另一场……政治事件。"

奥巴马是个厚脸皮的政客,绝非什么爱国者。

这可真是一件棘手的事情。奥巴马总统没有道歉,甚至连解释都没有,而是机智地指出了说谎的共和党人虚张声势,假话连篇。

奥巴马:"州长大人,袭击发生的第二天,我站在玫瑰园(Rose Garden),我告诉美国人民,告诉全世界,这是一起恐怖行为。"总统非但没有软弱下跪,反而生气了,说出了不加粉饰的真相。他当时说的是真话,现在说的也还是真话。奥巴马扮演的是一个强硬的角色,对罗姆尼的暗讽,他根本不屑一顾。

奥巴马:"说我们失去了四位团队成员,说我们团队里的任何人……都会玩弄权术,或者误导人,州长大人,这个说法唐突无礼,很具有攻击性。这不是我们的行事方式。我们不会这么做。作为总统,我不会这么做,作为一个总指挥,我也不会这么做。"

第三章 美国的政治表演:2012年奥巴马的总统连任

罗姆尼一口咬定奥巴马总统就是这么干的。奥巴马在玫瑰园已经让步了,昨晚不得不作出退让。总统在撒谎,而不是新的共和党一方。

罗姆尼:"总统只是说……袭击发生后的第二天,他走进玫瑰园,说这是一起恐怖行为。我认为这种说法挺有趣的。"

总统的回答像冰一样纯净,也像冰一样寒冷。

奥巴马:"我就是这么说的。"

这次交锋变成了一场对峙,赌注明显增加了。现在的问题不再是谁陈述的事实是正确的,而是谁撒了谎。有人对美国总统提出了直接指控,总统随后将指控者叫了出来。善与恶之间的叙事斗争越来越激烈,双方剑拔弩张,剧情逐渐升级。

现在,这已经不是一场辩论,而是一场法庭戏剧了。该剧每晚都在电视上播放,讲述的是犯罪与正义之间的紧张斗争。检察官和辩护律师为找出谁是黑脸说谎者、谁是穿白衣服的诚实人而斗争。

"检察官"罗姆尼抓住案件不放:"你在玫瑰园说那不是一场自发的示威活动,你是这么说的吧?"

奥巴马似乎是按照一场法庭大战的脚本在回答上述问题:"请继续,州长大人。"

落入圈套后,罗姆尼诉诸戏剧式的法律术语:"我想确保我们能把这件事情记录在案,因为他花了十四天时间才将对班加西的袭击称为一起恐怖行为。"

辩护律师现在拉紧了绳套。

195

奥巴马:"拿讲话的文字记录来"。

法官来了。美国有线电视新闻网(CNN)[辩论]仲裁人坎迪·克劳利(Candy Crowley)为被告方辩护。她不需要到玫瑰园去拿文字记录来证实被告一方的真实性。

不过,起初,克劳利"法官"还是犹豫了一下。模棱两可的东西太多了。

克劳利:"它——它——它——他确实……那什么,先生,所以让我——让我称它为恐怖行为吧。"

奥巴马抓住了罗姆尼不守信用的第三方证据,但他希望把这事搞得更富有戏剧性一些。

奥巴马:"你能说得声音再响亮一点吗,坎迪?"

她抬高了声音:"他的确称这是一起恐怖行为。"

反对持续。

戏剧性的情节取决于顿悟时刻。共和党人知道如何利用统计数据来撒谎,但是,他们可能会发现很难抗拒昨晚道德真理的戏剧性时刻。他们的领袖把总统请了出来,却在一个赤裸裸的无耻谎言中被法官抓了个正着。罗姆尼把他的正直诚心的赌注押在羞辱奥巴马身上,但最后,自取其辱的却是他自己。

昨晚,这位共和党的领军人物并不仅仅是栽了个跟头。七千万美国人都看到了这一幕,他在众目睽睽之下,颜面扫地,威风尽失,跌下了神坛。

两周后,奥巴马总统压倒性地赢得了连任。和 2008 年一样,

第三章 美国的政治表演：2012年奥巴马的总统连任

他获得了超过半数的民众选票,这是近七十年来民主党第一个获得超过50%选票的候选人。一时之间,不仅仅是媒体评论员,就连社会科学家们也因美国选民人口结构的变化而产生了巨大的骚动,弄得沸沸扬扬。他们声称,越来越多的非白人、非盎格鲁人组成的群体,已经保证了奥巴马的竞选连任赢得胜利。然而,尽管这些因素之间可能存在着因果关系,但只有这些因素并不能保证一场有效的政治演出。人口结构的变化不能保证一场有效的政治演出,就像有了金钱做后盾并不能保证百老汇舞台剧在首演之夜取得成功一样。无论是在政治上还是在戏剧上,一切都是开放的,不存在打包票这一说。戏剧就是这个样子的。

在青春期和刚成年时,为了确立一种独特的身份,巴拉克·奥巴马就剥去了社会习俗的层层外衣。他做自己,有自己的主见,开始了不落俗套的政治生涯。而当他达到政治顶峰的时候,却发现自己成了某个不想演的情景剧中的角色,这是多么令人沮丧的事情啊。

尽管巴拉克·奥巴马对自己的角色感到疏远(role-distancing),也心怀恐惧(existential dread),但他知道,政治上的成功与否取决于他能否成为这部国民戏剧中的核心人物。所谓民主,它并不是让民众参与社会辩论,而只是提供一个舞台。政治运动是全景画面中特别引人注目的新闻,是史诗,它在一个神话时间而非历史时间中完成演出。与公民-观众接触的不是真正的候选人,而是他们的象征性代表。这些相似的东西是通过媒体广播等途径投射出来的,由政治活动提供相应的内容。竞选活动的目标就是控制形象。政治表演的挑战在于成为你自己剧中的主角。政客们编写出的剧本会激起人们的期待,引发人们的焦虑,唤起人们的希望。随着这些社会文本一页页展开,政客们纷纷将自己作为剧中主角的候选人。

虽然创造一个有影响力的强大叙事需要高度发达的时代感,但是对候选人的角色进行面试却是相当标准化的。要想当选总统,你就必须是一个英雄,或者至少被人民视为英雄。英雄都是非凡的个体,散发着不朽的魅力;英雄能冒巨大的风险,拯救人们于黑暗时代;英雄能改变并拯救世界,引导人们从黑暗走向光明。

2008年,民主党表演团队撰写了一个大胆新颖的剧本,该剧本似乎完美地契合了时代精神。其中,奥巴马这个角色以充满激情和救赎的真实性将这一英雄形象演绎得光芒四射,熠熠生辉。在邪恶的布什二世(Bush II)统治时期,美国经历了一个黑暗时代:表里不一,战争不断,腐败堕落,并且傲慢地拒绝满足国内的民主诉求。奥巴马进入舞台左侧,以小马丁·路德·金为楷模来塑造自己的形象。这位年轻气盛的英雄主角,也宣扬"我有一个梦想",因为他承诺要施行根本性变革。他将创造正义,扭转日趋严重的不平等局面;他要阻止海平面上升,还城市一片葱茏浓郁的绿色。

奥巴马的"2008年政治表演"取得了辉煌的成功,但无论是其叙事还是主人公都无法幸免于作为总统的奥巴马的"权力表演",这种表演具有散文式的单调和无聊。在艺术作品中,充满挑战性的曲折情节经过了校准般的精心调整,目的是以此来揭示主人公的品质特征。而在实际生活中,英雄可以扮演傻瓜。事件一旦失去控制,就会面临着难以克服甚至克服不了的巨大挑战。

面对一个被宠坏的身份,奥巴马2012年总统竞选连任的唯一选择就是改写剧本。奥巴马没有扮演举世无双的盖世英雄,而是扮演了一个手指插在堤坝上的荷兰小男孩①。2012 年,奥巴马扮演的形象承诺的是,如果他当选,不会让美国的情况变得更糟,而不是承诺要改变美国。奥巴马二人组打响了一场战斗,旨在摧毁背信弃义、无所作为的共和党领导人,而不是承诺与冥顽不化的共和党人展开理性辩论。2012 年的剧情与其说是给主人公打气鼓劲,还不如说是贬低反派人物,用一把脏刷子将其抹黑。在整个夏季和提名大会期间,这种不对称的战争颇为奏效。罗姆尼被描绘成寡廉鲜耻的精英主义者、极端主义者。他不仅歧视妇女,仇视少数民族,反对 47% 的人,而且还反对民主本身。

但是,夏去秋来,辩论取代了大会。与剧院表演相比,残酷而又迫切的社会表演又故态复萌。在社会表演中,你可以为你的对手编写剧本,但你无法强迫他表演;你的团队可以为主角设计一个获胜的角色,但却无法保证他能出色地扮演。

几个月来,罗姆尼扮演的角色一直在给奥巴马的表演制作团队送礼,完全落入了他们设的种种圈套。与此同时,奥巴马饰演的这个角色却是争强好胜,咄咄逼人。他频繁地与观众互动,看上去非常靠谱,虽然不是一个英雄,却是一个立场坚定的奋斗者形象。然而,随着第一场辩论开始,所有这一切都发生了改变。民主派的剧情彻底反转,主角和反派角色似乎互换阵营,调了个个儿。奥巴

---

① the little Dutch boy,历史上的荷兰小男孩传说是:从前有个荷兰小男孩,路过一座堤坝,看到堤坝上有个小孔。他知道,万一溃坝,海水就会涌进来,造成大灾难。于是小男孩用手指塞入小孔,一动不动,坚守了整整一夜,直到大人发现。这个勇敢而有毅力的荷兰小英雄的故事流传甚广。——译者注

马这个角色突然低垂着眉眼,灰心丧气,而罗姆尼这个角色则因力量膨胀而趾高气扬,神气活现。在七千万美国人面前,米特·罗姆尼似乎是在没有剧本的情况下,演绎了自己的人生。这位共和党人试演总统一职大获全胜。

在接下来的几周里,2012年的政治表演变成了一场势均力敌、你死我活的政治斗争。在民主党人对谎言和"罗姆尼失忆症①"的抱怨中,这位共和党人的主角依然身体健硕,稳重自信;牙齿洁白,闪闪发光;头发亮泽,纹丝不乱;语调铿锵,充满激情;姿态安详,步履矫健。

古希腊人区分了凯罗斯(Kairos)和柯罗诺斯(Chronos)②。柯罗诺斯是日历时间,是有序的、线性的;凯罗斯是合适的时机、适当的时刻,是为某个场合而临时准备的时间。10月初,罗姆尼把握住了这一天。在控制了凯罗斯之后,他把奥巴马推到了纯粹的日历时间上。奥巴马扮演的角色挣扎着跟跟跄跄地回到神话主题中,虽然受伤,但并不致命。在接下来的第二场辩论中,这位英雄又回到了舞台上。像亚瑟王(King Arthur)一样,奥巴马不仅成为曾经的国王,而且还成了未来的国王。

---

① Romnesia,由罗姆尼的姓氏(Romney)和失忆症(Amnesia)两词组合而成,奥巴马用这个新发明的词汇来讽刺罗姆尼立场多变,前后不一,包括在同工同酬、妇女避孕等问题上的反复无常。这一新词在2012年10月19日发明当天即迅速成为社交网络热词,并占领各大媒体的标题。——译者注

② *Kairos*,是时间的人格化,上帝时间、时机,是指启示的时刻,是时间的质,是定性的。*Chronos*,在古希腊神话中是时间的神格化,象征着永远存在、无始无终、自有永有的时间,是时间的量,是定量的。——译者注

意识本身的戏剧化

四十多年前,马克思主义理论家雷蒙·威廉姆斯(Raymond Williams)在一份声明中指出,当代社会仍然有必要坚持把社会意识戏剧化。这似乎与常理相悖。威廉姆斯承认,从仪式到戏剧的转变——我称之为表演消融——是一个孕育批判性干预的过程:"戏剧从各种固定的符号中挣脱出来,确立了与神话、仪式之间的永久距离,也确立了与等级人物、国家队伍之间的永久距离。"①然而,威廉姆斯同时又指出,即使戏剧"被分开了",它"也并没有完全分开",因为"除了许多人都能看到的、我们注重形象的公共世界的戏剧性之外,还有一场更严肃、更有效、更根深蒂固的戏剧,那就是意识本身的戏剧化。"

在后仪式世界中,戏剧是探索意义和寻求团结的基础。倘若宇宙论宗教中的形而上学已经坍塌,社会仪式分崩离析,残缺不全,那么品格、美德和道德又何以为继?戏剧取代了前现代宗教秩序的碎片,同时亦是前现代宗教秩序的缩影。在剧院产生之前,社会表演的语用学相对简单。而随着剧院的出现,在复杂和消融的后宇宙世界中,社会表演变得异常困难。社会理论必须弄清这些难点,形成概念,这不仅要考察戏剧技巧如何使表演诸要素分离,塑造诸要素,而且要着力探索如何才能将表演之诸要素再度融合起来。

---

① Williams, R. (1983)Drama in a Dramatized Society. In R. Williams (ed.), *Writing in Society*, Verso, London, pp. 13-18ff.

第四章　戏剧与知识分子

本章要讨论的重点不是把知识分子作为重要思想的创造者，而是重要思想的创造者在社会舞台上成为引人注目的演员。无论是生龙活虎地活跃（他们确实活得虎虎有生气）在舞台上，还是在肉体离开社会舞台之后，他们所创造的思想都能引发各种各样的社会大事件。这里要讨论的不是知识分子的思想史，而是对某些知识分子取得的历史成就进行社会学研究。

反映思想：文化社会学

对此类知识分子作出解释确实意味着去解释他们的思想的形式和形成过程。但是，除此之外，还有更多，例如，缘何他们的思想产生了巨大影响。大多数解决这类问题的社会科学家和理论家都提供了简化论模型，这些模型可以确定社会结构的位置。从马克思到布尔迪厄，人们关注的焦点一直是思想创造者发现他们处于一个非概念的环境(non-ideational circumstances)中：如资本主义取代封建主义；工业主义造就了工人阶级；大众化使社会扁平化；新的统治阶级、中产阶级以及权力精英的出现；国家战败、遭受经济萧条或因通货膨胀而失控。诸如此类的紧急情况被描绘成隐形状况(stealth conditions)。也就是说，这些状况实际上——潜伏在那里，直到被人们彻底发现。最终，一位聪明睿智、才华横溢、雄心勃勃的知识分子出现了——是终于出现了！——这位知识分子能够正确解读这类社会场景。果不其然(Et voila)！至于原因嘛，那是由于知识分子的思想理论反映了社会本质。① 结构主义者的那一套说辞就是这样解释的，所以理论才能够对社会产生如此之大的影响。

这种反映论在《共产党宣言》(The Communist Manifesto)中有明确表述。"共产党人的理论原理，绝不是以这个或那个世界改革家所发明②或发现的思想、原则为根据的。"马克思和恩格斯断言，③这些原理"不过是现在的阶级斗争、我们眼前的历史运动的真实关系的一般表述"。《共产党宣言》不仅为知识分子的思想提供了一种结构性方法，也为他们的动机提供了一种结构性方法。激进的知识分子被描述为代表"统治阶级的一小部分"，他们曾经是"资产阶级思想家"。但是，现在，他们的阶级地位已经被削弱，所有这些阶级都降落到无产阶级的队伍里来了。④ 马克思和恩格斯

---

① Rorty, R. (1979) *Philosophy and the Mirror of Nature*. Princeton University Press, Princeton.
② invited，原文如此，此处有误，应是"invented"。——译者注
③ Marx, K. & Engels, F. (1962/1848) *The Manifesto of the Communist Party in Marx and Engels: Selected Works*. International Publishers, Moscow, p. 46.
④ Marx & Engels, *The Manifesto of the Communist Party*, p. 44.

认为,"统治阶级内部正在解体的过程"具有如此"暴力和刺眼"的性质,以至于资产阶级生活的经济基础已经消失。正如外部现实解释了知识分子思想的内容一样,外部环境也同样解释了为什么知识分子会产生这样的思想。

根据这种"失去社会地位者(déclasse)"的模式,产生思想是知识分子因失去社会地位而获得补偿的途径。他们利用自己在曾经享有的特权生活中获得的技能,使一个社会地位较低的群体得以崛起,自己也随之而崛起。这样,社会决定论的模型就转变为代理理论的相似物。在诸如皮埃尔·布尔迪厄和米歇尔·拉蒙特(Michele Lamont)等思想家那里,知识分子就变成了无意识的战略制定者。① 然而,如果以这种方式来进行构想,那代理就是虚幻的。思想仅仅成为利润最大化的一种非物质手段。他们既没有提到思想本身的影响,也没有提到思想创造的偶然性,更没有提到思想产生影响的象征性力量。② 反映论阻碍了对知识分子的戏剧化研究,也阻碍了对思想创造的唯意志论③理解。

结构模式有两种变体。这两种变体都力图修改其确定性模式和简化论模式。其中一种就是把知识分子按照新的中产阶级来对

---

① Bourdieu, P. (1988) *Homo Academicus*. Stanford University Press, Stanford; Bourdieu, P. (1991) *The Political Ontology of Martin Heidegger*. Stanford University Press, Stanford; Lamont, M. (1987) How to Become a Dominant French Philosopher: The Case of Jacques Derrida. *The American Journal of Sociology* 93 (3), pp. 584–622.
② 比较阅读 Bartmanski, D. (2012) How to Become an Iconic Intellectual: The Intellectual Pursuits of Mlinnowski and Foucault. *European Journal of Social Theory* 15(4), pp. 426–452。
③ Parsons, T. (1937)*The Structure of Social Action*. Free Press, New York.

待。知识分子曾经是阶级(*Bildungsburgertum*)当中受人尊敬的成员,现在却成了信息处理阶层中受教育程度最高的成员。阿尔文·古尔德纳(Alvin Gouldner)称,与信息打交道创造了"批评话语文化"①。但是,如果一套话语是一个劳动过程的反映,那它真的也能对劳动过程进行批判性的反映吗?在《通往阶级权力的道路》(*Intellectuals on the Road to Class Power*)中,乔治·康拉德(George Konrad)和伊万·斯泽伦伊(Ivan Szelenyi)表达得更为直截了当。② 他们所谓的被取代的中产阶级思想家并不是理想主义者,而是自我激励式的:他们的思想与知识分子的政治利益和经济利益不存在独立的因果关系。

然而,另一种结构模式变体认为,知识分子在精神上被异化了,在社会上嫉妒他人。人们期望他们在文化上绽放光彩,但不希望他们拥有政治权力和经济权力。爱德华·希尔斯推断说,这种错位在知识分子中激起了一种诺斯替教派式③的渴望:他们需要一种乌托邦式的、但又完全不切实际的超越。知识分子脱离了以世俗而实际的方式改变社会现实的可能性。④

对知识分子采取结构性的研究方法能确定任何社会学解释的

---

① Gouldner, A. W. (1970) *The Future of the Intellectuals and the Rise of the New Class*. Macmillan, New York.
② Konrad, G. & Szelenyi, I. (1979) *The Intellectuals on the Road to Class Power: A Sociology of the Inteligentsia in Socialism*. Harcourt, Brace, Jovanovich, New York
③ gnostic,诺斯替教徒、诺斯替教派的、诺斯替教徒的。诺斯替主义是西方学界的一个研究焦点。学者们不仅把诺斯替主义看作历史上的一场精神运动,而且还把它视为对人类处境的一种独特回应。——译者注
④ Shils, E. A. (1972) *Intellectuals and the Powers and Other Essays*. University of Chicago Press, Chicago,

核心要素。受过高等教育的人深受不断变化的社会环境的影响。但是,在这些人当中,只有很少一部分人会通过创造令人信服的新思想体系来作出回应,而有能力、有运气来确保自己的思想产生戏剧性效果的就更是少之又少了。采用结构性的方法无法解释思想如何成为奋斗目标。结构性方法证实了我所说的关于文化的社会学以及与之形成对比的文化社会学。[①] 非文化的、社会性的因素是有效智力行动的先决条件,但是,它们既不能预测知识分子思想的内容,也不能预测知识分子的行动过程,更不能预测它们所产生的社会效应。结构模式不能帮助我们理解知识分子生活的戏剧性,也不能帮助我们理解进步思想和反动思想得以表演的可能性。

表演思想:文化社会学

为了能达成这样的理解,我们必须从关于文化的社会学转向文化社会学,从有关外部环境的理论转向以意义为中心的理论。

[①] Alexander, J. C. &Smith, P. (2004) The Strong Program in Cultural Sociology: Elements of a Structural Hermeneutics. In J. C. Alexander, *The Meanings of Social Life: A Cultural Sociology*. Oxford University Press, New York, pp. 11 – 26;比较阅读:Alexander, J. C., Jacobs, R. N. &Smith, P. (eds.)(2012) *The Oxford Handbook of Cultural Sociology*. Oxford University Press, NewYork。(作者区分了这一组概念:文化的社会学[Sociology of culture]和文化社会学[Cultural sociology]。他认为,文化的社会学往往采用弱文化范式解读,将文化意义看作非独立的,由一些客观、真实、物质性的社会结构原因主导;视文化为一个依赖性变体,为诸如经济、利益政治等外部因素的产物。而文化社会学强调文化具有社会结构之外相对独立的"强文化范式",处于社会生活中心的是对意义的重建;注重文化的自足和内在意义,认为观念及其表征过程可独立施加影响于政治、社会制度以及文化本身。——译者注)

以意义为中心的理论即模拟如何通过社会表演来实现社会意义。①知识分子表演者以意义为导向,他们想要扮演神话,并参与象征性的行动,但他们也必须对语用学和策略极其敏感。社会表演理论把这种文化语用学概念化了,它发展了一种宏观社会学,探讨在偶然的、复杂的社会生活背景下,社会意义如何变得富有戏剧性。

只要存在着下列条件,知识分子就会扮演有影响力的社会角色,这包括:(1) 他们的思想提供了极其富有诗意的剧本;(2) 他们的剧本不仅读起来很好,而且具有"边走边说(walk and talk)"的言出而行、行而有果的潜力,有助于社会戏剧的上演;(3) 这些为表演而撰写的剧本影响了观众对意义的理解,激发了他们的积极性,促使社会行动者积极参与社会运动,建立新的制度。一旦满足了这些条件,在其思想所创造的影响深远的表演中,知识分子就会粉墨登场,成为引人注目的戏剧性人物(dramatic personae)。那么,这样一来,他们所塑造的角色就会成为他们自己提出的转型模式的标志性的、浓缩的、简化的、有超凡魅力的集体代表——在真实时间里,代表着当下;在记忆中,代表着对过去的回顾。

当人类社会规模较小、相对统一时,他们不需要知识分子;构成社会的这些形而上的、社会的和自然的世界似乎是以一种内在的方式联系在一起的。为有机社会世界提供机体(body)和方向的社会表演不需要反思,不需要创新。社会表演就是一些仪式而已,是事先计划好的,是习惯性的、交感式的,这种表演能唤起固定不

---

① Alexander, J. C. (2011) Market as Narrative and Character: For a Cultural Sociology of Economic Life. *Journal of Cultural Economy*, 4(4), pp. 477-488.

变的刻板情感和意义,目的是产生可以预见的社会效果。一旦有机社会分解,在社会理性化、机构分化和文化碎片化的压力下,在仪式化表演中本来融合在一起的各种不同元素开始放松。随着各种表演元素的消融,神话与世俗社会渐行渐远,观众与演员也日渐分离。为更广泛地达成社会共识,现在就必须对它们进行规划,并精心地进行舞台筹划。在表演诸元素消融的情况下,要想展现真实和有说服力的表演,要想将表演诸元素重新组合在一起,要想使象征性行为牢牢地固守在一起,就变得更加困难。萨满巫师让位给牧师和神学家,最终让位给知识分子。而知识分子才是历史上最早创造思想的人,他们肩负着规划历史事件的重任。[1]

影响力巨大的知识分子创造了重新融合支离破碎的意义、行动和制度的符号结构。知识分子为那些失去了对社会和文化环境"感觉"、经历情感焦虑和产生生存压力的社会行动者提供了一个簇新的意义视野。知识分子要想掌握戏剧性的意识力量,就必须以一种能够提供救赎的方式来编码和叙述新出现的社会现实。[2]

为获得共时意义,知识分子定义了善与恶的二元对立。他们把当代社会的安排视为危险的、污染性的,并构想出乌托邦式的替代方案。他们认为这种替代方案是用来净化社会污染和拯救社会

---

[1] Eisenstadt, S. N. (1982) The Axial Age: The Emergence of Transcendental Visions and the Rise of the Clerics. *European Journal of Sociology* 23(2), pp. 294 – 314.

[2] Bartmanski, How to Become an Iconic Intellectual; 比较 Alexander, J. C. (2011) Marxism and the Spirit of Socialism: Cultural Origins of Anti-Capitalism. *Thesis Eleven* 100, pp. 84 – 105。

第四章 戏剧与知识分子

于危险中的一剂良药。然而,要想表现出强势的一面,知识分子的思想还必须具有历时性。他们必须把神圣社会力量和世俗社会力量均纳入历史时代中,并把它们作为主角和反派人物来叙述。过去成为黄金时代;当下则落入宿命的窠臼,堕落至压迫、虚无或失范状态中。那些产生社会影响的知识分子苦口婆心地劝导我们,称我们极有可能建设一个完全不同的未来。当下不是终点,而是一个历史枢纽。虽然当下社会必然与过去存在着千丝万缕的联系,并且当下是由过去蜕变而来的,但当下的社会发展可能会朝着过去、现在两个方向摇摆,并非是确定的。当代既可能向前发展,推动对未来的救赎,也可能会停留在当下,并很快变成一个堕落了的过去。

当知识分子将英雄的主人公与危险的反派人物并置在一起,创造不同的叙事时,这二者之间的紧张对立不仅被描绘成社会斗争,而且还被描绘成传奇的故事情节。神圣和世俗这一二元对立因此变得富有戏剧性,因充满着孤注一掷的斗争而生机勃勃,让人振奋;这种斗争也同时决定了我们的共同命运。而命运的跌宕起伏,既能鼓舞人心,又会让人痛心疾首。在地位争夺之战中,历史可能会朝着任一方向发展。① 一旦善行美德获胜,圣者就会受到保护,邪恶便会被消灭。当社会危机导致集体情感宣泄时,那些阻碍性

---

① 以文化为导向的马克思主义理论家安东尼奥·葛兰西曾强调,在发达的资本主义社会,共产主义者通过控制国家经济来争取物质力量的斗争,只有在文化霸权斗争的补充下才能取得成功,对此,他称之为地位斗争。参见 Gramsci(1971) *Selections from the Prison Notebooks* (1929 – 1937), ed. Q. Hoare & G. N. Smith. International Publishers, New York, pp. 206 – 276。

因素便会被推到一边,平凡的时间就成为世界历史(Weltgeschichte),社会主角成为英雄,为这场斗争及其变革性结局创作剧本并创造理论的知识分子也就自然而然地成了英雄。

美国左翼知识分子英雄

罗恩·艾尔曼(Ron Eyerman)和安德鲁·詹姆森(Andrew Jameson)在《60年代的种子》(Seeds of the Sixties)一书中,对20世纪50年代美国的社会批评家作了独特的描述,书中正是用描述英雄的豪言壮语来描述知识分子的。① "这本书的内容涉及持不同政见的知识分子,还有他们从战后格局中开辟出来的可供自由呼吸的空间。"20世纪50年代的这些知识分子因创造了引人注目的二元对立而被誉为英雄,因为他们有勇气在人性的神圣与非人性的亵渎之间划出一条清晰的界线。例如,在书中,对赖特·米尔斯(Wright Mills)和汉娜·阿伦特(Hannah Arendt)的描述是,他们谴责了"从众时代②""捍卫持异议的权利"和"重塑党派之争(reinventing partisanship)";刘易斯·芒福德(Lewis Mumford)和雷切尔·卡森(Rachel Carson)则在"大多数知识分子都随波逐流的时候","替那些离经叛道的人和被踩躏的人发声";至于赫伯

---

① 随后的引文出自 Eyerman, R. & Jameson, A. (1995) Seeds of the Sixties. University of California Press, Berkeley, pp. 1-7。
② age of conformity,指个体由于真实或臆想的群体舆论的压力,在认知或行为上不由自主地趋向于跟大多数人相一致的现象。——译者注

特·马尔库塞(Herbert Marcuse)和玛格丽特·米德(Margaret Mead),他们在一个充斥着"工业化科学和官僚主义……知识"的世界里,"使辩论的关键过程保持开放状态"。这些思想家富有冒险精神,其勇气可嘉。因为他们在"波澜不兴的20世纪50年代","为争取自治和个人主义而激烈斗争",他们能够让"启蒙的光芒"照射进"黑暗时代"。这些进步知识分子能够将黑暗和光明的二元对立性编织成"之前和以后"的故事,讲述暂时性的社会行动如何改变了制度性的空间。这些知识分子为激进变革播撒下思想的种子,他们"为激励新出现的政治能量提供了帮助","为60年代新激进主义思潮的兴起铺平了道路"。

艾尔曼和詹姆森在解释他们的经验材料时,利用意义创造模式,发展了一种文化结构,使智力表演充满活力。所谓意义创造模式(model of meaning-making)就是允许创作智力戏剧。在此我想说的是,这些文化结构远远超越了这个具体的美国案例。文化结构具有普遍性。要想富有戏剧性,每一位有影响力的知识分子都必须以类似的方式来表演。

欧洲左翼知识分子英雄(一):现场表演

知识分子通过制造紧张的道德二元对立来阐明自己所处时代的状况,并将二元对立的特质描述为神圣的英雄和邪恶的敌人之间的社会斗争。即使他们把对黑暗的恐惧具体化了,他们的理论却创造了超越恐惧的炼金术。

※ 在工业社会初期,在一片混乱和痛苦的纠合中,卡尔·马克思创

造了一个关于善与恶、苦难和救赎的启示录式的故事。① 在马克思的叙述中,只有两种进行激烈竞争的社会力量:无产阶级和资产阶级。竞争的罪魁祸首是资本主义,竞争的结果是阶级斗争,解决竞争的最终之道是实现共产主义。②

※ 在世纪末的维也纳和两次世界大战之间的欧洲世界中,存在着自杀式的焦虑。③ 西格蒙德·弗洛伊德(Sigmund Freud)描绘了本我(Id)与超我(superego)之间的斗争。他认为,前者极其原始,后者极其文明。本我和超我不仅在个体的生命过程中,而且在整个社会的演进进程中,都始终处于激烈的斗争之中。现代性建立在大规模镇压的基础之上,由此而产生的罪恶感因致命侵略的爆发而暂时得以缓解。④ 精神分析只有勇于干预,才能拯救这一局面。本我之所在,自我(ego)之所往。⑤

※ 自被委婉地称为"大战"⑥的事件之后,约翰·梅纳德·凯恩斯(John Maynard Keynes)就以一个末日预言家的身份出现在公众

---

① De Man, H. (1984) *The Psychology of Marxian Socialism*. Transaction Books, New York.
② Marx, & Engels, *Manifesto of the Communist Party*. Marx, K. (1962/1867) *Capital*, vol. 1. International Publishers, Moscow.
③ Schorske, C. E. (1980) *Fin-de-siecle Vienna: Politics and Culture*. Knopf, New York.
④ Freud, S. (1962/1930) *Civilization and Its Discontents*. trans. James Strachey. W. W. Norton, New York.
⑤ Freud, S. (1962/1923) *The Ego and the Id*, trans. James Strachey. W. W. Norton, New York. 另外参见 Rieff, P. (1959) *Freud: The Mind of the Moralist*. Viking, New York。
⑥ The Great War,第一次世界大战。——译者注

面前,并广受赞扬。他在一篇言辞犀利的论文《和平的经济后果》①中曾一针见血地指出,剑桥的有识之士和布鲁姆斯伯里②有教养的卡桑德拉③曾谴责过战争的赢家都是些恶棍,而把战争中的侵略者描绘成受害者。

《和平的经济后果》……不仅仅是一篇专业论文。它生动地再现了巴黎热火朝天的斗争气氛,毫不留情地精确刻画出了克莱蒙梭(Clemenceau)、威尔逊(Wilson)和劳埃德·乔治(Lloyd George)等人的失败。文中字里行间都充满着愤怒、轻蔑和……激情。[凯恩斯]对粗制滥造和谎言的谴责以及他的道德义愤……振聋发聩。论述在整体上给人一种凝重沉郁的胁迫感,一种文明处在濒死之际的阵痛感,一种无脑的乌合之众伺机篡夺即将崩溃的继承权的盲目感,一种空有治国才能却无报国之望的徒劳无益感和轻浮无聊感。其结果是 20 世纪文学中独一无二的个人陈述。著作中,凯恩斯明确提出要求封经济学家为王子,因为所有其他形式的统治都已经破产。这位经济学家对福利的愿景,加上卓越技术的新标准,成为阻

---

① Keynes,J. M.(1920)The Economic Consequences of the Peace. Harcourt,Brace and Howe,New York.
② Bloomsbury,布鲁姆斯伯里是从 1904 年至第二次世界大战期间,以英国伦敦布鲁姆斯伯里地区为活动中心的文人团体,由一群作家、艺术家和知识分子组成。——译者注
③ Cassandra,希腊神话中特洛伊国王的女儿,因美貌聪慧,得到阿波罗的宠爱,并被赋予了预知未来的能力,但又被诅咒无人相信她的预言。这一名称指一个人的预言虽然准确,但并不为人所相信。原文中用的是 Clytemnestra,因解读不通,译者向本书作者求教,得知是误写。——译者注

止混乱、疯狂和倒退的最后一道屏障。①

在接下来的二十年里,天空一如凯恩斯曾经预言的那样阴暗了下来。这位越来越被视为政治英雄的经济学家创作了一部知识分子的杰作,那就是《通论》(General Theory)。该作品承诺要扭转局面,拯救世界。② 资本主义并不是一个有机体,它无法进行自我调节,因为它在机体上具有张力障碍,是失衡的、混乱的。或许,这是资本主义本身的宿命。企业主的动物精神(animal spirits)使他们不可能对风险作出理性评估。因此,经济的大起大落、繁荣与萧条成为不可避免的结果。凯恩斯的通论不仅解释了这一黑暗的现实,而且提供了拯救现实于黑暗中的策略。③ 凯恩斯主义的经济学家可以提供一种新的社会自我。在贪婪的冲动和破坏性的紧缩政策曾经存在的地方,国家计划和反周期性支出可能会出现。

※ 让-保罗·萨特在第二次世界大战尘埃落定后成长起来,正如凯恩斯早就曾预言过的,当时萨特成长于斯的这个国家在军事上和道义上都一败涂地。萨特在1944年和1945年一跃而成为精神领袖,这不仅是因为他的现象学新著《存在与虚无》(Being and

---

① Skidelsky, R. (1983) *John Maynard Keynes: Hopes Betrayed 1883 - 1920*. Macmillan, London, p. 384.
② Keynes, J. M. (1936) *The General Theory of Employment, Interest, and Money*. Macmillan, London.
③ 请注意斯基德尔斯基(Skidelsky)的凯恩斯传记第二卷的副标题:*John Maynard Keynes: The Economist as Savior 1920 - 1937*。比较阅读 Alexander, Market as Narrative and Character。

Nothingness)存在着精妙独到之处,①确切地说,更主要的是因为这部作品含蓄地承诺要提供存在主义救赎和民族救赎的希望。②形形色色的社会行动者生活在自由自在的环境中,一旦他们受到束缚,那也是由他们自己的行为所导致的,是咎由自取。我们每时每刻都可以作出自己的选择。如果对自己的思想负责,对自己的行为负责,我们就会诚心诚意地付出行动,获得社会自由是我们行为的结果。③ 如果我们拒绝承担责任,不承认自己具有选择能力,行为不端,存心不良,心有所欺,就会背信弃义,如此一来,民事修复的可能性就会荡然无存。④ 虽然这些想法都是粗线条的勾勒,大笔一挥翩然而至,但在道德上,它为法国的衰落提供了一种令人信服的解释;同时,它还承诺,如果担负起责任,仍然可以实现国家救赎。

我们可以把知识分子的思想理解为以表演为导向的剧本。不过,尽管这种剧本代表了非凡的创意,但它们既非新生事物(*de novo*),也非绝世无双(*sui generis*)。从背景表征来说,它们已经构成了新的言语(*paroles*),即在语言(*langues*)内部已经存在的新的言语行为(speech acts)。只有通过这种方式,才有可能使人们从根

---

① Sartre, J. P. (1956/1943) *Being and Nothingness*. Philosophical Library, New York.
② Baert, P. (2015) *The Existentialist Moment: Sartre's Rise as Public Intellectual*. Polity, Cambridge, UK.
③ Sartre, J. P. (2007/1945) *Existentialism as a Humanism*, trans. George J. Becker. Yale University Press, New Haven.
④ Sartre, J. P. (1995[1948]) *Anti-Semite and Jew: An Exploration of the Etiology of Hate*, tran. George J. Becker. Schocken, New York.

本上理解知识分子的创新思想。只要这些新思想能成功地发展壮大,它们本身就会成为一种新的元语言。马克思在成为资本主义的共产主义理论家"马克思"之前,是德国的一位黑格尔主义者(Hegelian)、法国社会主义者、英国政治经济学家;弗洛伊德在成为精神分析学家的"弗洛伊德"之前,是一名心理-生理学家兼催眠治疗师;凯恩斯在成为20世纪的经济学大师"凯恩斯"之前,是一位概率论理论家、新马歇尔主义者(neoMarshallian);萨特在成为存在主义的创始人"萨特"之前,是胡塞尔和海德格尔的忠实信徒。

欧洲左翼知识分子英雄(二):后生活表演

创造意义虽然处于知识分子戏剧活动的中心地位,但它并非全部。物质性至关重要,权力也同样不可小觑。表演需要调度演员,以便他们能够戏剧性地言说,表演具有思想性的剧本,演员们需要获得进行象征性表演的手段、舞台、道具、传播媒介以及其他能够进行大众投射的技术技巧;而且,即使这些元素近在咫尺,表演也还需要制片人和导演,因为只有制片人和导演才能把这些元素整合进整个场景中。救赎可以通过知识理性作出承诺,但唯有通过戏剧才能付诸实施,以便让人有所感受,当然,落实至让人看见尤好。另外,融合表演还有一个必要条件:广大观众必须全神贯注,全心投入。要想使表演引人注目,知识分子必须将他们的思想投射到更广阔的世界,远远超越他们的直接人际关系网络和专业环境,跨越学科界限,而非把目光仅仅局限在大学范围之内。那么,努力与更广范围的观众进行融合就会取得成功吗?无人能下此定论。对于任何一场精彩演出而言,出其不意是必不可少的组成部分,这才是使戏剧具有戏剧性的原因。正是因为个中充满了风险,表演才令人振奋。

※ 为使"马克思主义"在智力上具有戏剧性,马克思需要成立第一国际组织,然后是第二国际组织。马克思主义不仅需要大众政党来担任其社会表演的出品人,① 还需要技巧娴熟的导演如罗莎·卢森堡(Rosa Luxemburg)、弗拉基米尔·列宁(Vladimir Lenin)等,促进技术发展,以便与工人、农民观众深入广泛地融合,从而开展革命活动。②

※ 除了雄辩有力的书面文本,弗洛伊德还在治疗实践技术上大做文章,将精神分析思想与承受苦痛的病人-观众(patient-audiences)融合在一起。他组建了一个牧师式核心小组③,其成员成为全球精神分析方法的核心人物。④ 他们为重塑现代精神而进行的戏剧性斗争,得到了各种组织和期刊的支持,得到了世界代表大会

---

① Michels, R. (1962/1911) *Political Parties*, trans Eden Paul and Cedar Paul. Free Press, New York.
② McLellan, D. (1979) *Marxism after Marx*. Macmillan, London; Apter, D. E. & Saich, T. (1994) *Revolutionary Discourse in Mao's Republic*. Harvard University Press, Cambridge, MA; Sun, F. (2013) *Social Suffering and Political Confession: Suku in Modern China*, Peking University Series on Sociology and Anthropology, vol. 1. World Scientific Publishing, Singapore; Alexander, J. C. (2017) Seizing the Stage: Social Performance from Mao Zedong to Marting Luther King, and Black Lives Matter Today. *TDR: The Drama Review*, 61(1).
③ priestly core group,此处作者是半开玩笑地暗示,核心小组扮演着准宗教的角色,像"牧师"对会众那样来对待这群人。核心小组负责"管理"其他的精神分析学家,可能的病人,知识分子等。——译者注
④ Roazen, P. (1971) *Freud and his Followers*. Knopf, New York.

的推动,也不时地被因融合而取得的胜利和分裂造成的绝望所打断。

※ 如果凯恩斯不是战后凡尔赛(Versailles)和谈的圈内人士,那么他既不能写出《和平的经济后果》,也不能将之发表出来;如果他没有在国王学院(King's College)接受过教育,受到剑桥使徒①和布鲁姆斯伯里波希米亚人的熏陶,并在第一次世界大战期间受到财政部最高级别的庇护,那他就不可能成为参加和谈的英国代表团中颇具影响力的一员。凯恩斯能够接触到这些并成为中心,虽然不足以解释他的论文产生的戏剧性力量,却为戏剧性力量的产生作好了必要的准备。事实上,他的观众也同样作好了准备。《和平的经济后果》在出版后一年时间里,已经售出超过十万册,并被翻译成十二种语言。该"剧本"在世界范围内迅速窜红。这更主要的是取决于凯恩斯启示录式的写作风格和技术论据:"它捕捉到一种情绪。它以了不起的权威力量、光芒四射的思想主张和道德义愤,表达了'受过教育'的人想要表达的观点。"②

※ 萨特之所以能够使用象征性表演手段,只是因为在法国遭受屈辱和失败之后,更有声望、更有才能的知识分子表演者受到通敌指控,被赶下了舞台;③他关于战争责任和存在主义的文章之所以产生巨大影响,是因为它们出现在法国民族解放的顿悟时刻。当

---

① Cambridge Apostles,是剑桥大学的一个秘密社团。该社团由剑桥大学学生乔治·汤姆林森于1820年建立,他后来成为第一位直布罗陀主教。——译者注
② Skidelsky, *John Maynard Keynes*: *Hopes Betrayed* 1883 - 1920, p. 399.
③ Baert, *The Existentialist Moment*.

时,法国正试图挽回自尊,在国内、国际舞台上开辟一条进路。萨特在大规模的群众集会上以英雄的身份出现,为报纸写专栏,在电台发表雄辩的演讲。在《现代》①中,他组织了一个存在主义的核心演员团体,并与当地和国际舞台上的其他知识分子以及活动人士取得了联系。②

迄今为止,我对知识分子表演的分析相对比较简单,都是概要式的。假设我对世界上这些历史思想家的思想和影响力谙熟于心,那我的目标就是在理论上对这一常识进行重新建构,并提出如何将他们的思想理解为意义建构,以及如何将他们的影响视为表演效应。在本章的第二部分,我将更详细地考察两个案例。虽然安・兰德(Ayn Rand)和弗朗茨・法农(Frantz Fanon)的学术生涯和身后状况并不像权威思想家那样广为人知,他们的思想也没有发挥出多大的表演力量,但是,这两位知识分子都取得了显著的戏剧表演效果。探究上述力量的来源、其发展全盛期以及对社会学原因进行界定,可以进一步揭示社会表演如何解释知识分子取得的实际成功。

美国右翼女英雄

在政治理论家和文化历史学家中,安・兰德及其观点很少受

---

① *Les Temps moderns*,是一本法国期刊,第一期出版于 1945 年 10 月。它被称为萨特杂志,是以查理・卓别林的一部电影命名的。——译者注
② Davies,H. (1987) *Sartre and "Les Temps Modernes."* Cambridge University Press, Cambridge.

到应有的重视。她不囿于某一种意识形态,是一个意识形态上的局外人;她激进而又保守,颂扬资本主义,尤其是她认为的资本主义最富有的精英们拥有的那些不为人知的美德。更具有理论启发意义的是,兰德本人并不是一个和蔼可亲的思想家。她把自由市场理论与尼采、理性主义和自然权利理论结合在一起,无疑是在人们熟悉的资产阶级陈辞滥调中搅进了如醋般犀利刻薄的真知灼见。兰德的例子还违反了衡量知识分子权力的首要标准:她并没有创造重要的新思想。不过,兰德确实满足了第二个条件:她的思想使社会发生了变化。这凸显了一个悖论,即表演上的成功相对独立于内在的学术价值。

与社会民主、共产主义和福利国家的政权形成鲜明对比的是,几乎没有什么重要的知识分子拥护20世纪的资本主义。像迈克尔·奥克肖特(Michael Oakeshott)这样的哲学家,他强调的是保守主义经济以外的维度;诸如弗里德里希·哈耶克(Friedrich Hayek)和路德维希·冯·米塞斯(Ludwig von Mises)这样的思想家,他们反社会主义的论战虽然影响很大,可目标却是狭隘的经济利益。自20世纪中叶以来,没有任何保守的、亲资本主义的知识分子表现出接近于兰德的表演能力。一位自由主义学者把兰德的表演能力描述为:"过去三十五年来美国最重要的意识形态发展。"①尽管兰德的思想几乎未触及学术领域,但企业领袖和爱冒险的大胆企业家们却将其思想奉为世俗神学。"我

---

① http://www.rawstory.com/2015/04/ayn-rands-philosophy-of-selfishness-has-a-deep-influence-on-the-mindset-of-the-right/. Accessed October 2, 2016.

真的觉得自己像个安·兰德式英雄,"一位硅谷企业家回忆道,同时,他又补充说:"我不只是感到自己像个安·兰德式英雄,我就是啊。你看,我在做产品吧,我要独立思考,我得理性行事,我为我的所作所为感到骄傲。这一切可不都是安·兰德式英雄所具有的特征嘛。"①然而,兰德并没有迎合资本主义的阶级意识。她不仅向商界人士表达了自己的世界观(Weltanschauung),也向中产阶级和工人,以及叛逆的年轻人和流行歌星表达了自己的世界观。

兰德是在俄国革命发生之初长大成人的。新生的苏维埃国家不止一次而是好几次没收了她父亲的小本生意,这使得这个曾经富裕的家庭不仅遭受过被剥夺身份的巨大痛苦,还遭受过真正的贫困的困扰。这场由社会主义革命引发的家庭创伤,后来被证明为在兰德的生活中起着决定性的情感因素,而这些因素又推动了她对意义进行理性探索。②

兰德把社会世界组织成对立的二元代码,并将二元对立代码改编成引人入胜的故事,以阐明她的生活和所生活的时代遭遇到的各种混乱以及面临的焦虑。私有财产是神圣的,而公共财产是亵渎的;个人不容亵渎,而国家则是腐败堕落的;金钱和商业合同是纯洁的,官僚主义和组织是邪恶的;积累财富是令人钦佩的,重新分配财富则是魔鬼的邪恶之举。兰德把此类二分法转变成一种

---

① Adams, C. (2011) *Love and Power. All Watched Over By Machines of Loving Grace*. BBC Production, United Kingdom.
② Burns, J. (2009) *Goddess of the Market: Ayn Rand and the American Right*. Oxford University Press, New York, pp. 1–19.

叙事形式,把资本主义主人公描绘成落入腐败政府之掌的堕落英雄,他们深受压迫,却又遭遇到虽在公共食槽中取食然而忘恩负义的民众。在回应"金钱是万恶之源"的评论时,《阿特拉斯耸耸肩》中的一位主人公宣称:"除非你发现金钱是万善之源,且也只有你发现金钱是万善之源,否则你会要求自我毁灭。当金钱不再是人和人相互交往的工具时,人就必须成为人的工具。这些工具就是血、鞭子和枪——或者美元。"① 兰德预言,救赎将会从资本主义社会运动中产生。要想恢复自由和繁荣,不仅需要保守派举行大规模的抗议活动,而且必须要有组织地撤出资本主义劳动力——举行一场"财产大罢工(property strike)"。

兰德认为自己是一个知识分子,并坚称思想才是唯一真正重要的东西。但是,在编码和叙事方面,她最具影响力的工作既不是建立抽象的理论,也不是进行实证分析。为她的知识分子思想提供最具说服力的表达方式的,是其浪漫主义小说而非社会科学或哲学。也就是说,使兰德的思想变得出色的是传递信息的媒介形式,而非传递的信息内容本身。② 兰德是俄罗斯电影和摄影专业的学生。1921年,她从彼得格勒逃到好莱坞,成为一名收入颇丰的电

---

① http://capitalismmagazine.com/2002/08/francisos-money-speech/. 2016年10月2日。
② 继其文学作品造成的非凡影响之后,兰德努力将她的思想提升为一种抽象哲学,她把这种抽象哲学称之为客观主义(Objectivsm)。此举极大地促进了兰德的表演能力,使她得以成为伟大思想家殿堂的领袖人物。(参见 https://www.youtube.com/watch?=U6gV1MUSXMg. 2016年11月14日。)这也为她的追随者们提供了一种光彩熠熠的形象。然而,只有一小部分当代哲学家认为这种提升获得了智力上的成功。在我看来,推动兰德产生戏剧性影响的是她的思想的虚构版本,而非哲学版本。

影编剧兼宣传员，后来她转而利用这些审美技巧从事小说写作。七百多页的《源泉》(*The Fountainhead*, 1943年)和一千多页的《阿特拉斯耸耸肩》(*Atlas Shrugged*, 1957年)均是她取得的划时代成果。

兰德具有策划对抗性情节的天赋，加上她入木三分的刻画，还有不同凡响的人物形象，她能够让资本主义意识形态的剧本行动起来，发出声音。在金钱、市场和自身利益等各种平凡的现实中，她创造了神话，创造了偷偷接近地球并最终将人类命运玩弄于股掌之上的男神、女神。例如，那位神秘的英雄约翰·高尔特(John Galt)在真正进入剧情之前，就曾在《阿特拉斯耸耸肩》的头七百页中徘徊良久。高尔特强健而富有个人魅力，是坚定的个人主义者的缩影。他意外地发现了一种创新性的电动机，但由于受到背信弃义的官僚和无知群众的纠缠，他拒绝将发电机推向市场。相反，他从世人的视野之中消失，秘密地组织了一个乌托邦式的市场社会——高尔特的峡谷(Galt's Gulch)。该社会由自我放逐的资本家组成，位于科罗拉多州落基山脉的裂缝深处。高尔特长达六十页的演讲成为电影和都市传奇的素材：

> 所有已经消失的人，你憎恨却又害怕失去的人，是我把他们从你身边带走了……不要哭着喊着说为你们服务是我们的责任。我们不承认自己背负着这个责任。不要哭着喊着说你们需要我们。我们认为不该提出索取……我们正在罢工，抗议自我牺牲；我们正在罢工，抗议那种不劳而获却获得报酬、没有报酬却需担负职责的信条；我们正在罢工，抗议那种认为

追求幸福就是罪恶的教条……我——以我的生命和我对生命之爱发誓,我永远不会为另一个人而活,也不会要求另一个人为我而活。①

"约翰·高尔特身在何方?"一时之间这成了意识形态内部人士的口号。当 CNN 创始人泰德·特纳(Ted Turner)还是一位籍籍无名的媒体主管时,他动用个人资金,支付了美国南部的 248 块广告牌的费用,广告牌上只是简单地写着"约翰·高尔特身在何方?"②

在 20 世纪三四十年代,对那些在意识形态上反对偶像崇拜的人士来说,兰德的小说被看作猫薄荷③,但是,只有在冷战初期生死攸关的危险氛围中,这些作品才开始传播流行,并且更广泛地与热情日渐高涨的观众热烈融合。兰德的传记作家詹妮弗·伯恩斯(Jennifer Burns)如是写道:"对于许多人来说,《源泉》具有启示性力量,一位读者告诉兰德……'这种感觉就像第一次清醒着一样。'运用觉醒的隐喻是读者描述阅读兰德作品冲击之巨大的一个最常见手段。"④"兰德"一词成为激励全国读者思想的网络节点,成为有机知识分子⑤组成的小团体,这些小团体创建各种组织,传播她话语中广受欢迎的精华部分。这些圈子的通用语(lingua franca)是

---

① https://docs. google. com/docuent/d/1x08QhNX _ a1iB5DtuEC21q _ GMvrM0sbd6zba2UOb 6c0/edit. 2016 年 10 月 2 日。
② Burns, *Goddess of the Market*, p. 214.
③ catnip,即猫草,其香气吸引猫,可引申为诱惑的意思。——译者注
④ Burns, *Goddess of the Market*, p. 91.
⑤ organic intellectuals,指从属于某个社会阶层,并与阶层之间的知识斗争相连的知识分子。——译者注

给兰德的知识分子二元论披上文学隐喻的外衣,例如,一方面是"抢劫者""揩油者"和"二手货",另一方面则是"生产者""交易商"和"创造者"。《源泉》的主要主人公之一霍华德·罗克(Howard Roark)抨击利他主义是"一种要求人要为他人而活,并将他人置于自我之上的假道学",声称"二手货使用利他主义,将之作为一种剥削武器,颠倒了人类的道德原则"。罗克宣布:"人类被灌输了所有能摧毁造物主的戒律,被教导依靠别人是一种美德。"①

兰德坚称:"每个人都必须以自己为目标,追求自己的合理利益。"不过,兰德的传记体现出一种表演的矛盾性,她爆炸般的象征性力量推翻了理论信条。一群狂热而忠实的追随者围绕在兰德身边,这个小派别自我命名为"集体(The Collectives)",其中包括创始会员艾伦·格林斯潘(Alan Greenspan)。格林斯潘是兰德的终身信徒,效力时间最长。格林斯潘后来成为美国历史上最有影响力的联邦储备委员会(Federal Reserve Board)主席。② 兰德思想力量的影响日渐扩大,她亲自导演了这场表演,把自己塑造成一个主角,在熙来攘往的现场活动以及广泛传播的网络电视节目中频频露面。她常常是身披一件飘逸的黑色斗篷,斗篷上装饰着美元标

---

① http://www.workthesystem.com/getting-it/howard-roarks-courtroom-speech/. 2016年10月2日。
② "格林斯潘着迷于兰德对于那些被兰德吸引的人来说是相当普遍的……在见到兰德之前,格林斯潘'智力有限……我是个有才华的技术专家,但仅此而已'。在兰德的指导下,他开始从严格的经验主义、从以数据为依据的经济学角度出发,思考'人类及其价值观、他们如何工作、干什么、为什么干,他们如何思考以及为什么思考'……兰德推动着他……把他的经济思想和生活中的重大问题联系起来。"(Burns, *Goddess of the Market*, p. 150.) 此处引文出自2007年格林斯潘的回忆录:*The Age of Turbulence*: *Adventures in a New World*. Penguin, New York。

志的金色徽章,且招摇地挂着一个细长的烟斗。

20世纪60年代,兰德被共和党右翼总统候选人巴里·戈德华特(Barry Goldwater)誉为知识分子的灯塔,成为"美国青年争取自由组织"(Young Americans for Freedom,YAF)的信仰图腾。美国青年争取自由组织是一个激进的新型"自由意志主义者"组织,该组织是新左派的真实写照,它为20世纪晚期新保守主义的发展壮大播下了种子。

> 对持自由论的美国青年争取自由组织成员(YAFers)来说,安·兰德最为重要。许多自由论者说兰德教会了他们如何形成思想观念,如何将想法置放进一个更大的框架中。莎伦·普雷斯利说,在十九岁以前,她"完全不关心政治",直到她的一个朋友建议她读一读兰德的《阿特拉斯耸耸肩》。"那就像是,'哦,天哪,我受的启发太大啦!'我读了这本书;读得正是时候……她对我的影响就是让我思考……思考那些我从未去想过的哲学术语。这对我的生活产生了重大的影响,影响太大了。"①

后来,政治人物把这种新的保守思想带进了白宫。1987年,在兰德离世五年后,《纽约时报》驻华盛顿记者莫林·多德(Maureen Dowd)称兰德是里根政府的"桂冠小说家":"许多里根班子成员

---

① Klatch, R. E. (1999) *A Generation Divided: The New Left, the New Right, and the 1960s*. University of California Press, Berkeley.

(Reaganites)喜欢兰德小姐的小说。兰德小姐是掌管开明的自利①和腾飞的自由企业的女神。"②二十五年后,美国众议院议长保罗·瑞安(Paul Ryan),参议员马尔科·卢比奥(Marco Rubio)、泰德·克鲁兹(Ted Cruz)和兰德·保罗(Rand Paul)等总统候选人纷纷自豪地宣称,自己已经从兰德作品中获得了政治上的突破。在加利福尼亚州奥兰治县,美国战后极右翼政治的起点兰德研究所(the Ryn Rand Institute)得到一千万美元的年度预算资助,支持一个三十五人的研究和推广人员团队,向高中和大学每年免费分发几十万本兰德小说;此外,还提供每年十万美元的论文竞赛奖金,该活动涉及数十万名学生。③ 20世纪90年代末,对《每月俱乐部》(*Book of the Month Club*)订户进行的一项调查发现,在问及对美国读者生活影响最大的书籍是什么时,《阿特拉斯耸耸肩》排名仅次于《圣经》。④

第三世界的英雄

与安·兰德相比,弗朗茨·法农确实创造了新的思想。1961

---

① enlightened selfishness,又译为文明的自私。此处是根据亚当·斯密在《国富论》中的提法:不是屠夫、酿酒师和面包师的善心才让我们有了心仪的晚餐,他们考虑的都是他们自身的利益。——译者注
② Dowd, M. (1987) Where Atlas Shrugged is Still Read-Forthrightly. *New York Times*, Week in Review, September 13.
③ https://ari.aynrand.org/blog/2015/04/21/ari-encourages-greater-educator-awareness-of-ayn-rands-ideas. 2016年10月2日。比较阅读 Weiss, G. (2012) *Ayn Rand Nation*. St. Martin's Press, New York, p. 17.
④ Heller, A. C. (2009) *Ayn Rand and the World She Made*. Doubleday, New York, p. 287.

年,在《全世界受苦的人》(*The Wretched of the Earth*)出版之前,还没有哪一位思想家能把战后爆发的反殖民主义斗争转化为一种连贯的社会理论。此时,法农却把这场革命斗争概念化了。他认为,这场斗争不是由阶级而是由文化、情感和身体等的支配地位引起的。其中,最独特的一点也许是,这场斗争是由全球性的种族歧视进程引起的。法农将殖民主义理论泛化,认为它是"欧洲各种罪行"中最为恶劣的一种,它"令人发指……是在人类灵魂深处犯下的滔天罪行"。法农以这场斗争造成的伤害"规模之巨大"为由,指控"种族仇恨、奴隶制、剥削等等,还有最重要的是,在这场兵不血刃的种族大灭绝中,有十五亿人被大笔一挥抹杀掉了"。他认为,要想修复规模如此之巨大的社会伤害,需要规模同样之巨大的回应,那就是在全世界范围内举行一场革命斗争。"第三世界必须重新开始一段人类的新历史,"法农宣称,"同志们,为了欧洲,为了我们自己,为了全人类,我们必须重新开始,发展新的思维方式,努力创造一个崭新的人类。"[①]"这场反殖民主义运动将不得不对欧洲殖民者动用残酷的暴力手段,就像欧洲人使用暴力来维持他们的帝国统治那般残酷无情。"

虽然这一理论让人耳目一新,但是关于殖民主义及其颠覆的理论并没有重新出现。法农的革命思想取材于马克思主义的人文主义(Marxist humanism)和激进的布尔什维克主义,但他所重构的思想表征却远远超出了 20 世纪激进思想的传统来源。法农在

[①] Fanon, F. (2004/1961) *The Wretched of the Earth*, trans. Richard Philcox. Grove Press, New York, pp. 238 – 239.

第四章 戏剧与知识分子

法国马蒂尼克国立中学学习时确立了他的早期知识分子身份,在那里他与艾梅·塞萨尔(Aimé Césaire)一起学习。塞萨尔在文学和政治上均有成就,他帮助创建了"黑人性"①一词。这个词是为了颂扬非裔加勒比人的文化特质,因为它们本身是独特而有价值的,独立于欧洲的殖民文化。在参与北非自由法国(Free French in North Africa)作战后,法农在里昂攻读战后医学学位。此时,他接受了"机构性心理治疗运动"(institutional therapy movement)的观点。该运动是由弗朗索瓦·托斯奎尔(Francois Tosquelle)发起的,是对精神病学思维采取的激进干预措施。② 法农还吸收了左派现象学的精髓。当时,左派现象学几乎充斥于战后法国知识分子生活的每个毛孔中。法农将之与海德格尔的"生命体验(lived experience)"和黑格尔的辩证法融合在一起。③ 借此教化(Bildung)之功,但更主要的是在北非从事精神病学工作后,法农正式吸收接受了反殖民主义的意识形态。

不过,尽管后来法农确实从这种混合中创造出了一种新的理

---

① négritude,又译作"黑人传统精神""黑人精神",旨在恢复黑人价值,唤起非洲殖民地社会民众对于自己文化个性与文化归属的自尊、自信和认同。——译者注
② 菲利克斯·伽塔利(Felix Guattari)用一种阐明其与法农相关性的方式来描述这场运动:"其主要特征是:决不把精神疾病的研究与社会环境和制度环境隔离开来。出于同样的原因,要在阐释社会对个人的真实、象征和意象效应的基础上,来分析各种制度。"参见 Guattari F. (1984) *Molecular Revolution: Psychiatry and Politics*, Penguin, Harmondworth, p. 208。
③ "20 世纪 50 年代早期,马克思主义对黑人的生存体验没有发表任何观点。萨特和梅洛-庞蒂对法农更有帮助。"参见 Macey, D. (2012) *Frantz Fanon: A Biography*. 2nd ed. Verso, London。

论化合物,①但他思想的智力影响与其说来自其原创性,倒不如说是源于表演性。在他生命的最后十年里,法农关于反殖民主义的思想已不再是什么秘密。他的文章发表在政治、精神病学等各种学术期刊上,同时,法农还作为民族解放阵线(the National Liberation Front, FLN)的官方代表,发表了大量公开演讲,并被广泛报道。② 然而,直到身患绝症时,法农才把这些思想加以提炼浓缩,撰写出充满着巨大张力的宣言《全世界受苦的人》,该书在他离世前几天出版发行。在法农去世那天,巴黎警方以国家安全为由,从该市书店没收了这本书的所有库存。

随着革命精神的诞生,法农也开始了思想转变。他的人成为一个偶像,他的生活成为一个宗教寓言,他的著作成为一个神圣文本。法农的传记作者大卫·梅西(David Macey)称他是"第三世界主义(Third Worldism)……最著名的代言人";③伯明翰学派

---

① 混合物可以产生化合物。由这一想法可以看出,尽管提供了背景表征,但在法农后来的思想中,这些智力影响都没有保留其原始形式。例如,当法农的理论把种族差异整合为独立的因果关系时,他实际上是对黑人传统精神进行了一种根本性的批判,因为在他看来,黑人传统精神倾向于把这一特点本质化和浪漫化,从而使其更情绪化,更不理性,而不是主张基本的普遍人性。
② "《全世界受苦的人》一书所包含的材料中,只有不到一半是在 1961 年创作的。关于'民族文化'的那一节是法农在 1959 年复活节为《非洲存在》(Presence Africaine)杂志的罗马代表大会所做的演讲的扩展版。关于'殖民战争和精神疾病'的最后一节,主要是在 1954 年至 1959 年间,在卜利达(Blida,阿尔及利亚城市)和突尼斯(Tunis)所做的个案笔记。另外,他还补充了一篇短文,对法农 1952 年关于'北非综合征'的文章以及在《马格里布良知》(Consciences maghrebines)上的撰稿进行了补充和修改。……臭名昭著的论暴力的第一章最早出现在 1961 年 5 月,是发表在《现代》(Les Temps modernes)上的一篇长达 50 页的文章。"参见 Macey, Frantz Fanon: A Biography, pp. 8715-8730。
③ Macey, Frantz Fanon: A Biography, pp. 373.

(Birmingham School)的盎格鲁-加勒比(Anglo-Caribbean)老前辈斯图亚特·霍尔(Stuart Hall)称《全世界受苦的人》是"去殖民化的圣经"①。在声称法农拥有这些声名的同时,梅西和霍尔都含蓄地提到了法农思想的表演地位。法农本人也遮遮掩掩地对《黑皮肤,白面具》(Black Skin, White Masks)的编辑解释说:"我试着用感情……非理性地去打动我的读者……几乎是一种感官刺激的方式。"②批评家们也针对法农作出了各种评论,这包括其"诗意散文"③,"法国左翼存在主义(French left-Existentialism)固有的戏剧性表达方式"④,甚至包括其"极其复杂和令人信服的力量",这是由于"当我们阅读法农的各种文本时,是将其内容当作言语行为的。法农的文本会对我们说话,就像在戏剧叙事中的移动体(moving body)一样"⑤。不过,所有这些解释并没有打开黑匣子去探索法农作品的文化结构,因为真正赋予文本生气的是个中的文化结构。

在《黑皮肤,白面具》中,法农把自己描绘成一个原始的救赎者形象:"我来到这个世界,渴望揭示各种事物的意义,我的灵魂渴望追溯这个世界的源头。"⑥在《全世界受苦的人》中,他把意义的意义

---

① Hall, S. (1996) Interview with Stuart Hall. In I. Julien (ed.), *Frantz Fanon: Black Skin, White Masks*. Arts Council of England, UK.
② Hall, Interview with Stuart Hall, p. 3245.
③ Zeilig, L. (2012) Pitfalls and radical mutations: Frantz Fanon's revolutionary life. *International Socialism*, 134.
④ King, R. (1992) *Civil Rights and the Idea of Freedom*. Oxford University Press, Oxford.
⑤ Sekyi-otu, A. (1996) *Fanon's Dialectic of Experience*. Harvard University Press, Cambridge, MA, p. 236.
⑥ Fanon. F. (2008/1952) *Black Skin, White Masks*, trans. Richard Phicox. Grove Press, New York, p. 89.

转变成一种反殖民形式。法农改变了萨特所说的"战火纷飞的年代"①，唤起了一场神话般的正义与邪恶之间的对抗，这场对抗只有通过为社会拯救而进行的末世斗争才能得到救赎。《全世界受苦的人》作为具有强烈戏剧性的文本，与其说它是一种经验主义的描述和理论概括，还不如说是对神圣和亵渎的描述与概括。法农宣称："去殖民主义是两股天生的敌对势力之间的碰撞。"②他坚定地认为："向殖民世界提出挑战不是观点之间的理性对抗"，不是"普世性话语"，而是"被殖民者慷慨激昂地宣称他们的世界存在着根本上的差异"。在这个"摩尼教世界（Manichean world）"中，"殖民者并不满足于在实体方面限制被殖民者的空间，换言之，他们不满足于其代理者亦即法律和秩序的帮助"，而是要把"被殖民者变成一种邪恶的典型"。③ 殖民者认为自己独立自主、积极主动、理性智慧、强壮有力，富有同情心且公平公正，被殖民者则具有依赖性和非理性，他们冲动任性，无能好斗，且不知羞耻。在殖民主义统治下，这些神圣的和世俗的象征特质变得与垂直有序的社会地位具有同构性，它不仅在隐喻意义上与经济、政治和文化的各等级相关联，而且还转喻性地与肤色和空间位置相对应，与白皮肤和黑皮肤对应，与大都市和边缘地区相对应。

法农的反殖民斗争理论既没有挑战这些能指，也没有挑战摩尼教的分裂；相反，它颠覆了与其对应的社会所指。如果殖民者一次、两次获胜，那么在革命之后，那些曾经被殖民过的民族就会独

---

① Sartre, J. P.（2004/1963）Preface, in Fanon, *The Wretched of the Earth*, p. liv.
② Fanon, *The Wretched of the Earth*, p. 2.
③ 引自 Fanon, *The Wretched of the Earth*, p. 6。

立而强大,更具世界性,感到骄傲自豪的也会是他们,而旧的欧洲世界将会被抛在后面,精疲力竭,退化堕落,失去理性,蒙受羞辱。

为了将这种颠倒失序概念化,法农创造了一种叙事手法,临时实现他的道德加权(morally weighted)二元对立。神圣和世俗的抽象特质被赋予了生动具体的血肉,它们在世界末日的对抗中成为主角和对手,因为"时间不应再是当下或下一个收获的时间,而应是世界其他地区的时间"①。对于法农来说,去殖民化"关注存在,并从根本上改变了存在,它将已被压垮至非本质状态的观众变成一个享有特权的演员,他们被历史(History)的聚光灯以一种近乎浮夸的方式拍摄下来"。法农的叙事方法在表面上是世俗的,却深深植根于犹太教-基督教(Judeo-Chiristian)结构之中。当他提出要"准确地进行描述"②时,他引用了《马太福音》第十九章第三十节的内容,暗示反殖民斗争可以"用一句众所周知的话加以概括:'那在后的将要在前(The last shall be first)'"。

推动这一革命情节的工具,亦即准备其叙事解决方案的事件,就是施行正义的暴力手段。法农在描述去殖民化这一"赤裸裸的现实"时,惊呼它"散发着炽热的炮弹的气息,闻起来有股血腥的刀子的味道",同时他还解释说,"只有坚决果敢地经历过一场杀气腾腾的对抗之后,那在后的才可能成为在前的"③。然而,"把殖民世界打它个稀巴烂"不仅仅是一种行之有效的策略,它还是"每一个被殖民主体都能理解和想象得到的清晰形象",它不仅是实体性的

---

① Fanon, *The Wretched of the Earth*, p. 135.
② Fanon, *The Wretched of the Earth*, p. 2.
③ Fanon, *The Wretched of the Earth*, p. 3.

暴力，也是虚构中的暴力。① "这种暴力实践是长期以来累积而成的"，法农提出，他从萨特的《辩证理性批判》(Critique of Dialectical Reason)唤起了系列性向融合性的转变。正是因为"每一个人都代表着伟大的存在之链②上的一个暴力环节"，所以"武装斗争才调动了人民的积极性，也就是说，它把人民逼向一个再无回头路可退的单一方向。"③暴力提供了叙事解决所依赖的情感宣泄，迫使人们从怜悯和痛苦的体验中作出新的道德理解："暴力是一种净化力量，它使被殖民者摆脱了自卑情结，摆脱了消极绝望的态度。暴力使被殖民者深受鼓舞，恢复了他们的自信。"④

但是，如果解构符码和赋予法农文本以生命的叙述是必要的，那仍然不足以解释其理论的戏剧性力量。无论如何新颖独到，生动逼真，一个知识文本仍然只是一个知识文本而已——它只是一个充满着社会行动的脚本，但并非社会行动本身。社会理论要想变得具有表演性，就必须且行且说(walk and talk)。社会理论只有恰如其分地穿插进社会场景中，才能与同辈知识分子的抱负以及非专业观众的生存渴望融合在一起。这种努力会促进为批判性调解而作出的努力，当然有时也会起阻碍作用。

在巴黎，资金充裕、人脉网络广泛的社论团体为法农提供了进行象征性表演的手段，尽管这些团体也采取了批评措施进行思想

---

① Sorel, G. (1915/1908) *Reflections on Violence*. George Allen and Unwin, London.
② the great chain of being, 古希腊哲学家亚里士多德在《动物志》中提出的概念，以之说明整个生命界是一个发展与联系的自然阶梯。——译者注
③ Sorel, *Reflections on Violence*, p. 50.
④ Fanon, *The Wretched of the Earth*, p. 51. 这一经典的亚里士多德式观点指出，法农的暴力理论所依据的正是宣泄(catharsis)，这一精神分析概念是戏剧的基础。

第四章　戏剧与知识分子

调解。在 20 世纪 50 年代，法农的作品和论述法农的作品不断出现在左翼天主教杂志《才智》(*Esprit*)和《现代》上。① 让-保罗·萨特一度是法国影响最大、同时也是最两极分化的知识分子，他为《全世界受苦的人》策划了有关出版事宜。该书是法农具有决定意义的思想表演。② 萨特为《全世界受苦的人》写的序言广受好评。序言中，萨特的钦佩之情溢于言表，他把法农描绘成一个英雄："他无所畏惧"。萨特宣称："通过法农的声音，第三世界（the Third World）发现了自身，并通过这个声音与自己对话。"③他谈到法农的理论时，仿佛这理论已经与殖民地读者融合在一起了。他邀请思想成熟、政治立场坚定的读者也以此为榜样："法农的呼喊响亮又清晰。我们欧洲人能听到他的有力呐喊。证据就是你正拿着这本书……欧洲人啊，打开这本书，读读里面的内容吧。"④萨特的序言影响深远。在接下来的几十年里，它似乎成为解读法农作品必

---

① 关于《现代》(*Les Temps modernes*)，参见 1961 年 5 月关于暴力的关键章节的草稿（参见第 190 页注释①），以及，例如，Maschino, M.（1960）*L'An V de la revolution algerienne de Frantz Fanon. Les Temps Modernes*, February-March。
② 尽管表演要素与物质性有着深刻的联系，但是萨特和他的同事们与法农之间的交流更多的是赠送礼物，而不是交换功利。法农的作品已经影响了萨特及其同事们对反殖民斗争的看法，反过来，这也使他们急于把自己的关系网和影响力交给法农，听凭他来处理。西蒙娜·德·波伏娃讲述了她和萨特与法农三人在罗马进行了为期三天的会面的情景。当时，法农还待在罗马，五个月后离世。波伏娃写道，萨特和法农实际上是在不停地交谈。当他们三人告别时，波伏娃回忆道，她握着法农的手，能"触摸到他内心燃烧的激情"，她断言："他可以传达那团火焰。"参见 Macey, *Frantz Fanon: A Biography*, p. 8851。
③ Sartre, Preface, pp. xlvii, xlvi.
④ Sartre, Preface, pp. xlvii, xlviii.

不可少的指南。①

《全世界受苦的人》成了国际畅销书,作者受到热捧,以至于法农成为自己社会理论比喻意义上的主人公。对此,梅西(Macey)说得非常中肯:法农成了一个"万能的革命偶像",他可以"被送到任何地方,以任何理由被召唤"。② 这一发现唤起了对法农思想力量的具体化概括,但事实上,法农的理论只有在特定时代和特定地点才能发挥表演作用。氛围、观众和起调解作用的文化力量和政治力量必须适逢其时,缺一不可。触目皆是令人目眩的腐败现象、令人思维迟钝的贫困化和严重的种族歧视;白热化的革命运动与对解放幻觉般的渴望也比比皆是;最后,无论是话语宣传还是大众动员都无法提供出路;而能够提供出路的,就只剩下暴力了。

上述条件的存在有助于解释法农极具戏剧性的文本为何在 20 世纪 60 年代的思想和政治舞台上异常火爆,而几十年后,这些条件的缺席又导致了法农思想力量的实际消失。

黑豹党③领导人把自己偶然读到《全世界受苦的人》一书描述为顿悟。这部作品"成为美国黑人革命者的必读书目,"凯瑟琳·克利弗(Kathleen Cleaver)回忆说,"它深刻地影响了革命者们的思

---

① "序言……可能会遮蔽文本本身,许多评论就是让序言遮蔽文本本身……仿佛萨特的序言有了自己的生命……毕竟,萨特的序言才是主要的卖点。"参见 Macey, *Frantz Fanon: A Biography*, pp. 8931,8954,8983。
② Macey, *Frantz Fanon: A Biography*, p. 621。
③ Black Panther Party,是成立于1960年的美国黑人民权组织,其某些激进的举动被政府视作恐怖主义行为。——译者注

想。"①在描述文本与观众的融合时,黑人民族独立主义者的《解放杂志》(*Liberation Magazine*)宣布:"屋顶上的每一个兄弟都可以引用法农的话。"②鲍比·希尔(Bobby Seale)声称自己读过六遍法农的宣言。"我知道法农的说法是正确的,我也知道他在追根溯源,"希尔后来回忆道,"但你怎么能把像法农那样的思想说个一清二楚呢?"为了回答这个问题,他把宣言的文本介绍给休伊·牛顿(Huey Newton)。

> 有一天,我去他[牛顿]家,问他是否读过法农的作品,他说没读过……于是,有一天,我就把法农的作品给他带了过去。那哥们就开始读法农……我们会坐下来,谈论《全世界受苦的人》,翻到法农作品的某章某节,休伊会深入地进行解释……他已经读懂法农了。他会走上街头。我们会走在街上,和别人一起讨论,在整个讨论过程和争论过程中,休伊会摆出事实、材料,讲道理,并就所引用的内容谈谈自己的感想。③

用埃尔德里奇·克利弗(Eldridge Cleaver)的话来说,黑豹党成立的前提条件是,美国引发了"黑人殖民地"和"白人母国"之间

---

① Cleaver, K. (1997) Back to Africa: The Evolution of the International Section of the Black Panther Party (1969 – 1972). In C. Jones (ed.) The Black Panther Party Reconsidered. Black Classic Press, Baltimore, pp. 211 – 254, 具体见第 214 页。
② Zolberg, A. & Zolberg, V. (1967) The Americanization of Frantz Fanon. *The Public Interest* 9 (Fall), p. 50.
③ Seale, B. (1991/1970) *Seize the Time: The Story of the Black Panther Party and Huey P. Newton*. Black Classic Press, Baltimore, pp. 25 – 26.

的冲突。① 1967 年,在哈瓦那一次颇具争议的演讲中,斯托克·卡尔迈克尔(Stockely Carmichael)称黑人为"美国内部的殖民地②"。③ 当学生非暴力协调委员会(Student Nonviolent Coordinating Committee,SNCC)从民权运动转向暴动时,其创始人詹姆斯·福尔曼(James Forman)发行了一本小册子,宣称"我们是美国一个被殖民的民族",④学生非暴力协调委员会武装分子便开始举行关于法农的"专题座谈会"。⑤ 黑豹党以高度公开的方式来使用暴力,例如携带武器、组织军国式的防御力量等,这一切与法农都脱不了干系。凯利(Kelley)和埃施(Esch)⑥指出,法农在《全世界受苦的人》中"论暴力"的一章就是"激进分子永远的最爱"。凯瑟琳·克利弗(Kathleen Cleaver)则回忆称:"法农的分析似乎解释了席卷全国各地黑人居住区的自发暴力行动,同时也证明了采取暴力行动的合理性。这一分析将最初的叛乱与革命运动的兴起联系起来了。"⑦福尔曼写道:"只有采取暴力手段才能使一

---

① Cleaver, E. (1969) Post-Prison Writings and Speeches. Random House, New York, p. 157.
② colony,该词一词多义,含有"殖民地;移民队;种群;动物栖息地"之意。——译者注
③ Carmichael, S. (1967) Black Power and the Third World: Address to the Organization of Latin American Solidarity. The Third World Information Service, Thornhill, Ontario.
④ Forman, J. (1971) A Year of Resistance. In J. Gerassi (ed.), *Towards Revolution*: vol. II, *The Americas*. Weidenfeld and Nicolson, London, pp. 700–703.
⑤ Rushdy, A. H. A. (1999) *Neo-slave Narratives*: *Studies in the Social Logic of a Literary Form*. Oxford University Press, New York, p. 46.
⑥ Kelley, R. D. & Esch, B. (2008) Black Like Mao: Red China and Black Revolution. In F. Ho & B. V. Mullen (eds.), *Afro-Asia*: *Revolutionary Americans*. Duke University Press, Durham.
⑦ Cleaver, Post-Prison Writings and Speeches, p. 214.

个被殖民的民族获得彻底自由。"①卡尔迈克尔在哈瓦那所作的演讲中径直宣布:"我们正在为保卫城市而准备城市游击队,"他还宣布,"这将会是一场殊死斗争。"②

　　法农思想力量的影响远远超越了美国这个大舞台。切·格瓦拉(Che Guevera)是古巴革命家,他把游击战争作为发动起义的途径。格瓦拉本人对法农产生了极大的兴趣。1964年末,格瓦拉去阿尔及尔(Algiers)旅行,采访了法农的遗孀乔茜(Josie),并在那里逗留了两个月。③ 同年晚些时候,格瓦拉组织了《全世界受苦的人》古巴文的翻译和出版工作。④ 迈克尔·洛伊(Michael Lowy)留意到,"格瓦拉的作品与法农的作品之间存在着不同寻常的对应关系",他还引用了"关于被压迫者采取暴力行动的重要性、第三世界团结起来反对帝国主义以及探索社会主义新模式的思想"来说明之。的确,格瓦拉"阅读法农"可能激发了他在1965—1966年间参与非洲武装斗争的计划。⑤ 魁北克解放阵线(Quebec Liberation Front,FLQ)和巴勒斯坦解放组织(Palestinian Liberation

---

① Forman, J. (1997/1972) *The Making of Black Revolutionaries*. University of Washington Press, p. 106.
② Kauffman, M. T. (1968) Stokely Carichael, Rights Leader Who Coined 'Black Power,' Dies at 57. *New York Times*, November 16.
③ 采访登载在12月26日发行的《非洲革命》(*Revolution Africaine*)杂志上。参见James, D. (2001/1969) *Che Guevara: A Biography*. Cooper Square Press, New York, p. 156。
④ 参见"Che reads *The Wretched of the Earth*,"in Young, R. (2003) *Postcolonialism: A Very Short Introduction*. Oxford University Press, Oxford, pp. 121-122。
⑤ Lowy, M. (2007) *The Marxism of Che Guervara: Philosophy, Economics, Revolutionary Warfare*. Rowan & Littlefield, London, p. 73.

Organization，PLO，巴解组织)的领导人纷纷涌来,聚拢在法农身边。① 爱尔兰共和军(Irish Republican Army，IRA)的士兵鲍比·桑兹(Bobby Sands)也是如此。桑兹在贝尔法斯特监狱(Belfast prison)H区的书架上发现了多份《全世界受苦的人》的复印本。②

为法农爆炸性的知识分子表演提供观众的社会环境最终烟消云散,消失得无声无息,但其消失的速度之快一如它早期出现之时的迅捷。在发达国家,处于从属地位的种族群体被证明既是公民领域的一部分,也是公民领域之外的一部分。成功地扩大了数百万非裔美国工人阶级的公民权利、政治权利和社会权利,留下一个在政治上被剥夺了意愿,在文化上丧失了资源,在种族上沦落为下层的阶级去继续战斗的,是马丁·路德·金的非暴力运动,而不是黑豹党(参见第一章)。西方世界以外的去殖民化进程也并没有按照法农所预见的方式向前推进。打游击战不是常规,而是例外,大多数殖民地是通过相对和平的政治进程而获得独立的。然而,他们与前殖民统治者之间高度不平等的地位并没有得到明显改变。而法农所希望的启蒙普遍主义,在解放后那些令人兴奋的岁月之后,却无法维持下去。相反,民族、宗教、种族和国家主义等不同意识形态却充斥着整个社会大舞台。

社会环境彻底改变了。随之而来的,是知识分子的时代精神从反殖民主义转向后殖民主义。即使《全世界受苦的人》已经成为知识分子万神殿的一部分,其社会影响也业已逐渐减弱、消失。在

---

① Macey, *Frantz Fanon: A Biography*, pp. 738, 773.
② Bhabha, H. (2004) Foreword: Framing Fanon. In F. Fanon, *The Wretched of the Earth*. Grove Press, New York, pp. vii-xli, 具体参见第 xxix 页。

第四章 戏剧与知识分子

多元文化差异和文化融合的时代,学术界将兴趣转向了法农1952年论种族歧视的著作《黑皮肤,白面具》上。尽管这本书与当代的关系更为密切,但它远不及十年后让法农反殖民主义名声大噪的作品那般想法新颖、富有创造力。

* * *

知识分子总是以言行事,试图创造一些事物,而非简单地描述已知事物。因此,在奥斯汀的语言哲学意义上,知识分子总是善于表演的。[①] 不过,他们很少将社会行为表演出来。要想把行为表演出来,知识分子不仅要创造出绝妙的理念,还要创造出高度戏剧化的想法。这种想法能以某种方式标志着从黑暗到光明的旅程,从而使人们理解黑暗时代。而且,即使死后,思想智慧之生命也仍然万古长存。思想需要由信徒们传播,并将之穿插进社会实用场景之中。权力和物质性都是必要的,但光有权力和物质还不够,因为作出最终决定还得依靠群众。群众的接受虽然不能决定思想的质量,却能决定思想接受的效果如何。对知识分子的力量起决定作用的是文化语用学。

---

① Austin, J. L. (1957) *How to Do Things with Words*. Harvard University Press, Cambridge, MA.

第五章　社会理论与戏剧先锋派

有这么一个笑话。[你]拿出一本大都市波士顿的电话号码簿，随机从电话簿的白页中撕下一页来，用图钉把它钉在墙上……然后，你从房间的另一头向它投个飞镖……飞镖投中的名字就成了被发现的戏剧①的主题，而飞镖投中的那个名字就成为剧中的主人公。无论发生什么事情，接下来的一个半小时就是一场戏剧。你在剧中想怎么着就怎么着。你不在现场。没人知道书中的名字在干什么……这个笑话的理论是，戏剧不存在观众，不存在导演，不存在舞台，不存在布景，因为……在现实中，上述这一切都不存在。主人公不知道自己

---

① Found Drama，在戏剧先锋派的写作中，用来表示一些似乎具有戏剧性的东西，或者可以被观众理解为具有戏剧性的东西，而这些东西并不是由作家或艺术家创作或设计的，它只是在自然或社会中"被发现"。作者认为这个词来源于20世纪早期的雕塑"发现的物品"，意即雕塑家用在街上发现的物品来进行创作。——译者注

是一部被发现的戏剧的主角,因为现实中,没有人认为他们在演任何戏剧。①

最近,汉斯-蒂斯·雷蒙②构思了一场"后戏剧"运动。后戏剧运动十分怪诞诡异,它与大卫·福斯特·华莱士③在《无尽的玩笑》(*Infinite Jest*)中所讲的"被发现的戏剧"的笑话如出一辙。为了证明戏剧实践和戏剧理论,雷蒙考察了一系列当代先锋戏剧作品。正如我们所知道的那样,他宣布了戏剧的终结。④ 雷蒙宣告,亚里士多德式的戏剧格式已经被取代,戏剧已进化至下一个发展阶段。目前我们正处于后戏剧性事件发生的时代,舞台上上演的节目没有明显的情节结构,也没有文字文本,占据舞台的净是些缺乏内在感情的角色。戏剧现在由身体运动的简单投影组成。舞台上来来回回的都是些孤立的、不透明的标志性物体,其一举一动只是临时排列组合起来,缺乏有意义的关联;戏剧场景通过运用音乐、雕塑或绘画等非戏剧性艺术形式表现出来,虽然在时间上是同步的,但彼此并不协调,显得格格不入。

雷蒙指出,在当代戏剧中,戏剧的表现形式、文字文本、戏剧派

---

① Wallace, D. F. (2009) *Infinite Jest*. Little, Brown, New York, pp. 1027–1028, n. 145.
② Hans-Thies Lehmann,德国著名剧场艺术理论家。在《后戏剧剧场》一书中,雷蒙总结了自20世纪60年代末以来先锋派戏剧中出现的一系列倾向和风格特征,提出后戏剧剧场的概念。——译者注
③ David Foster Wallace(1962—2008),美国作家、大学英语及创意写作教师。其1996年出版的小说《无尽的玩笑》被《时代》杂志列为1923年至2005年出版的100部最佳英语小说之一。——译者注
④ Lehmann, H. (2006/1999) *Postdramatic Theatre*. Routlege, London;另外还可参见 Lodge D. (2004) *Author, Author*. Viking, New York。

系以及形形色色的社会语言并没有使舞台表演更加明白易懂,而是"开口讲话的那一刻造就了一切"。戏剧也不再是一个能产生悬念的"暂时性的动态构成过程",而是一系列简单连续的"事件的发生";观众也不再分享对戏剧各种不同的诠释,把共同的情感融进新兴的"社群"中去,现在只剩下"异质性";演员和观众之间更不再有"热乎乎"的接触,二者的联系现在变得"冷冰冰"的。当代戏剧不仅"脱离了所有的宗教和信仰指涉"——几个世纪以来,定义现代戏剧的正是宗教信仰与戏剧是否分离,而且"现代戏剧所有的动作和整个过程根本没有任何指称对象"。后戏剧剧场的场景并不是按照某种意义有机地组织起来,而只是知识在"精确性上的提高"。①

雷蒙看到了剧场中的后戏剧艺术和表演艺术之间的趋同性集合(convergence)。表演艺术不仅与战后美学一道,向艺术等同于美或崇高这一理念发出挑战,它还拒绝接受把艺术作为一个固定的物质终端产品的概念。像后戏剧剧场一样,表演艺术强调"持续性、瞬间性、同时性和不可重复性",它"通过增加时间维度来呈现现实图像或类物体(object-like)",将自己作为一个替代品呈现出来。表演艺术不是要求鉴赏家采取克制的态度,而是通过调动大量的观众,把他们吸引到表演过程中来,这种吸引有时候是有意的,但更多时候是无意为之。②

基于上述这些公认的当代美学发展的实践,雷蒙认为,他已经

---

① 引文来自 Lehmann, *Postdramatic Theatre*, pp. 76, 132 – 133, 69。
② Lehmann, *Postdramatic Theatre*, pp. 134 – 135;可参阅 Muse, J. H. (2010) Flash mobs and the diffusion of the audience. Theatre 40 (3), pp. 1 – 24。

找到了一个崭新的批判性社会理论的美学基础。雷蒙断言,后戏剧艺术明确体现了实际社会生活中的一个危险转变:"在社会意识中,戏剧的想象空间正在缩小","经验的形式"已经变得如此堕落,以至于"戏剧和社会无法走到一起"。在当今社会中,"最具有冲突性的情节将不再以戏剧的形式出现"。在当代社会"去戏剧化的现实"中,"实质性问题只被确定为权力集团(power blocs)",而剩下的就只有景观社会了。景观社会是20世纪60年代的居伊·德波(Guy Debord)和情境主义论者(Situationists)所描述过的世界;而几十年后,让·鲍德里亚(Jean Baudrillard)又将之阐述为拟像(simulacra)形式。"一切人类经历(生活、性爱、幸福、认可)都与商品紧密相关,"雷蒙不禁哀叹道,"公民观众(citizen spectator)"只能"旁观",没有任何与其周围世界息息相关的感觉。① 由于景观社会的公民既不与举行社会表演的各种权力共享意义、伦理道德,也不与其分享经验,因此无力对之产生影响。②

在本章中,我对后戏剧运动的这一观点提出异议。这是因为该议题不仅适用于戏剧,它也同样适用于社会生活。我的意思既不是说这种"被发现的戏剧"是不存在的,也不是说这种社会景观从未出现过。我的论点更系统化,更理论化。我认为,我们必须看到戏剧所发生的变异(variation),而非戏剧的衰退(declension)。

---

① Lehmann, *Postdramatic Theatre*. pp. 181–184.
② 在当代美学理论中,关于这一后戏剧视角的详细论述,可参见 Kennedy D. (2009) *The Spectator and the Spectacle: Audiences in Modernity and Postmodernity*. Cambridge University Press, New York;当代社会理论的相关论述,可参见 Abercrombie, N. & Longhurst, B (1998) *Audiences: A Sociological Theory of Performance and Imagination*. Sage, London。

无论是在美学理论还是社会理论中,这种后戏剧性都不应被视为美学发展的最新阶段,而应该根据各种变量形成概念,因为这些变量为表演失败——当然也有成功——创造了条件。后戏剧经验影响巨大,有时大得让人觉得危险,有时又让人觉得自由。然而,它并不仅仅是当代戏剧生活和社会生活所特有的。我们并不是在经历一个无限的退步或无限的进步而迈向后戏剧阶段。随着社会在制度上的分化、在文化上的反射以及碎片化程度的提高,戏剧发生了变化,表演过程也发生了变化,就像表演过程从舞台延伸到现实社会生活中一样。雷蒙将这二者联系起来是正确的,但是,他联系的方式却恰恰是完全错误的。在历史的长河中,构成表演的诸多元素无论是在剧院中还是在社会上,都已经逐渐分化,逐渐专门化。虽然在戏剧性上下了一番功夫,但随着消融的出现,其无法传达意义的可能性增加了。后戏剧描述了一种通货紧缩般的状况。一旦出现这种情况,戏剧表演就无法向一部分观众或全体观众传达深刻意义;有时候,这种无法传达意义的失败感甚至波及戏剧创作者。然而,通货紧缩这一象征可以通过戏剧再次膨胀起来;文化分化(cultural differentiation)虽然产生了巨大压力,却不能与权力下放①混为一谈。

通过考察西方戏剧中出现的关键转折点,我发展了上述关于戏剧研究和社会研究的另类观点。我的证据既来自先锋派剧作家、演员、导演和设计师,也来自评论家、哲学家和当代戏剧理论

---

① devolution,作为去中心的第三种形式,权力下放是指权力完全从权力中心移交给组织内的自治单元。——译者注

家,因为前者改变了戏剧的思潮和表现形式,后者对所出现的思潮的变化情况作出了相应的评论。在这方面,我就人类表演学研究在最近的发展情况作了特别深入细致的考察。

消融和两种先锋派

在过去的三个世纪里,戏剧实践和戏剧理论被定义为因表演要素的消融而产生的种种焦虑。[①] 雷蒙欣然接受"后戏剧性",就是对最近产生的这种焦虑作出的一种回应,但他并非首次作出回应。在 20 世纪早期的几十年里,贝托尔特·布莱希特(Bertolt Brecht)将"间离效果"[②]界定为矫正亚里士多德式戏剧痼疾的一剂良方。布莱希特认为,亚里士多德式的戏剧不仅累赘沉重,越来越难以维系,而且在政治上也具有压迫性,令人难以忍受。布莱希特抱怨说,亚氏戏剧"太困难,太费力"了,因为演员"需要夜复一夜地唤起内心的特定情绪或情感"。作为另一种选择,这位左翼德国剧作家兼导演指出,舞台演员所培养的不是自然之情,而是人为状态。如果演员只是"展示与各种感情相伴的……外在标志,"而不是试图投射内在的感情本身,那么"情感自动向观众转移"将会因此受阻,观众就"无法简单地认同剧中的角色"。由于亚里士多德式的宣泄受到阻止,观众对戏剧"行为和话语"的"接受或拒绝"现在可以"发

---

① Alexander, J. C. (2011) *Performance and Power*. Polity Cambridge, UK.
② *Verfremdungseffekt*,又译疏离效果、陌生化效果,即打破传统的剧场幻觉,是布莱希特为推行非亚里士多德传统的新型戏剧而在戏剧结构、舞台结构和表演方法等一系列改革实验中所遵循的基本原则,该特征为叙述体戏剧所特有。——译者注

生在一个有意识的层面上,而不是像以前那样,发生在观众的潜意识里"。布莱希特认为,即便这种疏离感未能达到将工人从资产阶级意识形态中解放出来的目标,"但是这样行事更健康,而且……更不值得去思考"①。三十年后,巴西革命戏剧家奥古斯都·波瓦②以同样的方式对戏剧和社会的复杂性作出了回应。波瓦抨击亚里士多德式的戏剧是一种"强大的恐吓系统",一种"强制系统",该系统的"功能是减少、安抚、满足并消除一切不被普遍接受的东西"。③

因此,雷蒙发表的后戏剧宣言实际上来说并没有什么新鲜之处。其方案不同于前人之处,仅仅在于它拒绝承认社会主义实现拯救的可能性。超越戏剧的呼声构成了现代戏剧先锋派艺术的一条主线,但还有另一条路线,其走向是继续紧抱着末世论不放,寄希望于戏剧复兴。在此,我将重建的正是这另一条路线。在戏剧历史的长廊(longue duree)里拟定路线,并与现代状况的社会理论化联系起来。

后戏剧将消融推到了极限状态,试图通过彻底打破表演各元素之间的一切联系来超越意义,超越目的。另一种先锋派的反应

---

① Brecht, B. (2000/1937) Alienation Effects in Chinese Acting. 可参见 D. Gerould (ed.), *Theatre/Theory/Theatre: The Major Critical Texts*. Applause Books, New York, pp. 453, 457。

② Augusto Boal(1931—2009),巴西剧作家、导演与戏剧理论家,提出被压迫者剧场理论。1974年发表《被压迫者剧场》宣称:人类一切活动都是政治性的,所有剧场都必然是政治性的。——译者注

③ Boal, A. (2000/1937) Theatre of the Oppressed. 可参见 Gerould, *Theatre/Theory/Theatre*, pp. 470, 471。

则远离了这种后状况,转向(再)戏剧性状态,面对出现的各种消融状况,以一种前所未有的努力去克服各种不利因素。(再)戏剧性(re-dramatic)力图重新整合表演诸元素之间的联系,将戏剧概念化和实践化,以一种让戏剧回归神话的终极目的与仪式的无缝状态的方式。"在我们所生活的极度痛苦、灾难频发的时代,"安东尼·阿尔托(Antonin Artaud)宣布,"我们迫切需要一个剧场,一个其中发生的事件不会超过限度,又会在我们内心深处引起共鸣,且在我们这个不稳定的时代能起主导作用的剧场。"阿尔托称,与追求疏离(alienation)和景观(spectacle)不同,"我无法想象一件艺术作品竟然与生活截然不同。"他呼吁建立"一个唤醒我们神经和心灵的剧场",一个"用其形象的强大吸引力来激励我们的剧场,就像一种精神疗法一样立竿见影,一旦人们受到触动就会刻骨铭心,永难忘怀"①。杰奎斯·科波②可能会使用"景观"这一术语,但他的意思是指充实(fullness)和融合(fusion),而不是空虚(emptiness)和消融(defusion);景观使我们能够想象得到一个剧场的观众"因需要、欲望、志向而聚集在一起,通过比生命本身更充分实现的景观来共同体验各种人类情感"③。

20 世纪早期的先锋派(再)戏剧化和(重新)融合让尼采大声呼吁把仪式还原为戏剧,这一呼吁不仅着眼于瓦格纳(Wagner)把歌

---

① Artaud, A. (2000/1938) The Theatre and its Double. 可参见 Gerould, *Theatre/Theory/Theatre*, pp. 435, 433,435。
② Copeau, J. (1955/1923) *Notes sur Le Metier de Comedien*. Michel Brient, Paris. Jaques Copeau(1879—1949),法国戏剧导演、制片人、演员、剧作家。——译者注
③ Auslander, P. (1997) *From Acting to Performance: Essays in Modernism and Postmodernism*. Routledge, London.

剧作为一种整体艺术形式的观念,而且还着眼于更早的浪漫主义源泉本身。这种再戏剧化潮流在当代戏剧先锋的作品中激荡不已,奔流不止,千变万化。其中,包括杰西·格洛托夫斯基①呼吁创造一个"庄严""纯粹""神圣",充满着"迷幻(trance)"而又能"透照(transillumination)"的剧场。在这样的剧场里,"肉体虽然消失,却能点燃熊熊烈火","观者(spectator)看到的只是一系列可见的情感冲动。"②在彼得·布鲁克③的舞台剧院④中,观众"通过舞台上超越他们生活体验的体验,看到的是无形的面孔"⑤;在其他的实验剧场里,呈现一如约瑟夫·柴金⑥的开放剧场(open theater)⑦。

再融合与人类表演学

四十年前,以表演剧团(The Performance Group)剧作家理查·谢克纳为代表的再戏剧化、再融合的戏剧先锋派与以文化人类学家维克多·特纳(Victor Turner)为代表的社会理论产生了联

---

① Jerzy Grotowski(1933—1999),波兰著名戏剧导演、戏剧理论家。他的表演、训练和戏剧制作方法对今天的戏剧产生了重大的影响。——译者注
② Grotowski, J. (2001/1968) *Towards a Poor Theatre*, ed. E. Barba. Routledge, New York, pp. 15-34.
③ Peter Brook,英国著名戏剧及电影导演,是20世纪五六十年代现代舞台剧的代表人物,20世纪重要国际剧场导演。——译者注
④ living theater,或生活剧场,与电影院相对。是成立于1947年的美国戏剧公司,总部设在纽约。它是美国最古老的实验戏剧组。——译者注
⑤ Brook, P. (1968) *The Empty Space*. Atheneum, New York, p. 42.
⑥ Joseph Chaikin(1935—2003),美国戏剧导演、演员、剧作家和教育学者。——译者注
⑦ Chaikin, J. (1972) *The Presence of the Actor*. Atheneum, New York.

系。① 联系的结果是,有人认为这一新学科可能会从根本上向后戏剧性观点发出挑战。谢克纳的目标不是使戏剧效果紧缩,而是使之重新膨胀起来,扩张起来。他展示了戏剧的同系物(homologues)——"表演"——是如何渗透到虽不是剧场却具有戏剧性质的社会生活中去的。谢克纳把社会仪式与剧院戏剧的关系描绘成一个相互缠绕的8字形,但实际上,他是利用先锋派戏剧理论像拓展殖民地一般来拓殖社会生活的。② 在谢克纳之后,好几代戏剧学者共同努力,深化了他对戏剧效果的研究,创造了一整套内容丰富的研究体系。尽管这些研究颇具启发意义,但也充满着矛盾性。例如,佩吉·费兰(Peggy Phelan)认为,只有现场表演才是真实的、感人的;而沙罗姆·奥斯兰德(Shalom Auslander)则抨击现场表演,认为那是一种虚假的、具有误导性的理想。③ 戴安娜·泰勒(Diana Taylor)将书面的正式"档案"与付诸行动的"剧目"一分为二,强调"场景"的重要性,因为"场景"可能具有文化结构,但文本却不具有。④ 约瑟夫·罗奇(Joseph Roach)高度赞扬了"它性"(it-ness)"的象征活力,因为在从时尚延伸至电影的表演中,正是"它性"的象征活力打破了世俗商品和神圣象征之间的界限。⑤ 吉

---

① Schechner, R. (2002/1982) *Performance Studies: An Introduciton*. Routledge, New York.
② Schechner, *Performance Studies*, 第68页及其他各章节。
③ Phelan, P. (1993) *Unmarked: The Politics of Performance*. Routledge, New York; Auslander, *From Acting to Perfomance*.
④ Taylor, D. (2003) *The Archive and the Repertoire: Performing Cultural Memory in the Americas*. Duke University Press, Durham.
⑤ Roach, J. (2007) *It*. Ann Arbor, University of Michigan Press.

尔·多兰(Jill Dolan)修正了这些区分,坚称"让人着迷的时刻正是我们这些沉迷于表演的人们一生所追求的目标"。她的分析兴趣集中在表演上,因为正是凭借表演,"我们才突然地、出乎意料地摆脱了正常的、超然物外的傲慢之情,得到提升,进入了另一个空间;在另一个空间,我们凝神屏息,仿佛时间就此停止"[1]。

二十年前,"人类表演学"这门新学科诞生之时,就遭到了来自威廉·沃森(William Worthen)的严厉抨击。沃森是一位关注文本的戏剧理论家。他谴责人类表演学是一种"浪漫的多愁善感",这种多愁善感构建了错误的二分法,他还指责人类表演学"急不可耐地"拿"所谓解放表演的'文本性'"与"文本领域"作对比。在沃森看来,前者是"越界的、多形式的、修正主义的",后者则"占主导地位,具有压制性、典范性、常规性"[2]。沃森宣称这是一个错误的选择,他认为戏剧文本这种统一的、无意的和说教的模式已经被从新批评主义(New Criticism)到解构主义(Deconstruction)的 20 世纪文学理论彻底抛弃了。

沃森抨击人类表演学中的浪漫主义二元对立,在很大程度上,其措辞是正确的。[3] 从事人类表演学研究的学者们往往混淆了分

---

[1] Dolan, J. (2005) *Utopia in Performance: Finding Hope at the Theatre*. Ann Arbor, University of Michigan Press.
[2] Worthen, W. B. (1995) Diciplines of the text/sites of performance. *The Drama Review* 39 (1), pp. 13 – 28, at p. 14.
[3] 比较 Alexander, J. C. And Mast (2006) Introduction: Symbolic Action in Theory and Practice: The Cultural Pragmatics of Symbolic Action, 可参见 J. C. Alexander, B. Giesen, & J. Mast (eds.), *Social Performances*. Cambridge University Press, New York。

析性和规范性,拥护戏剧具有浪漫的活力,反对干巴巴的戏剧文本,视之为陈腐老套、枯燥无味。不仅他们的写作常常奉行道德主义原则,就连他们的概念往往也充满着隐喻性,更具有诗学意味而非社会理论特征。在消融的时代,从事这门新学科研究的学者们抵制表演的变异性,逐渐开始颂扬表演,而非隐藏表演;结果,他们未能从理论上解释这些现象。

然而,沃森只见树木,不见森林。① 人类表演学的思想成果是将(再)戏剧的先锋派"世俗化",去"思考"而非"执行",他们数十年的自反性(reflexivity)为开创社会理论提供了一个信号。如果我们将这门新学科应用到肯尼斯·伯克(Kenneth Burke)、欧文·戈夫曼(Erving Goffman)和克利福德·格尔茨(Clifford Geertz)等人早期的概念创新上,并将之与当代文化社会学相结合,就有可能发展出一种以意义为导向却又具有"文化实用主义"的社会表演理论。②在表演分析理论的激励下,以文化为导向的社会理论找到了不同的新途径去思考象征性行动、文化结构与偶然性、社会冲突与团结、社会批评与政治责任等一系列问题。因此,我们应该更好地理

---

① 主要的人类表演学者们对沃森的批评颇有微词,并不满地作出过回应,这成为一场有争议的学科界定公开争论。Dolan, J. (1995) Responses to W. B. Worthen's "Disciplines of the text/sites of performance." *The Drama Review* 39 (1), pp. 28-35; Roach, J. (1995) Responses to W. B. Worthen's "Disciplines of the text/sites of performance." *The Drama Review* 39 (1), pp. 35-36; Schechner, R. Responses to W. B. Worthen's "Disciplines of the text/sites of performance." *The Drama Review* 39 (1), pp. 36-38. 沃森随后修正了自己的主张,缓和了自己的说法,可参见 Worthen, W. B. (1998) Drama, performativity, and performance. *PMLA* 113 (5), pp. 1093-1107。
② Alexander, J. C. *Performance and Power*.

解文化的相对自主性是如何使社会行动者（actors）不仅能够想象更美好的生活，而且还能戏剧化地表达对更美好生活的期望。现代性的危险不能归咎于后戏剧性与商品化景观的工具理性。[1] 相反，巨大的表演力量所产生的文化与情感运动才是驱动社会罪恶的根源。好也罢坏也罢，在现代社会、现代化社会和后现代社会，社会戏剧都将继续存在。社会生活不仅不能超越戏剧性，而且也不应该试图去超越它。四十年前，雷蒙德·威廉姆斯坚定地宣称，社会仍然需要意识的戏剧化：

> 现在我们生活的社会，更具流动性，同时也更复杂，因此，在某些关键方面，相对于过去的大多数社会，我们当前的社会也就更加不可知，更加不透明，但也因此而持续地更加迫切、更加深入……多少代以来，许多传统戏剧显而易见的公共秩序已经不复存在，但其呈现、再现及意义等等，却比以往任何时候都更加重要。戏剧打破了固定的符号模式，确立了与神话和仪式之间的永久距离，与历史人物和国家队列之间的永久距离……戏剧虽然分离了，但并没有完全分离出来……许多人会认为，我们注重形象的公共世界具有戏剧性。除此之外，还有一出更严肃、更有效、更根深蒂固的戏剧，那就是意识本身的戏剧化。[2]

---

[1] Alexander, J. C. (2013) *The Dark Side of Modernity*. Polity Cambridge, UK.
[2] Williams, R. (1983) Drama in a Dramatized Society. 可参见 R. Williams (ed.) *Writing in Society*. Verso, London, pp. 13-18。

第五章　社会理论与戏剧先锋派

对消融的抗拒如何产生戏剧表演元素

文本的出现

虽然亚里士多德表面上讲的是戏剧，但实际上他是在阐述诗歌文本的建构。"我们的主题是诗歌，我打算谈一谈一首好诗所需要的情节结构，"他解释道，"谈一谈诗歌各组成部分的数量和性质。"①亚里士多德从文本内在的视角，阐明了悲剧和喜剧等的叙事结构，从而以此来预测戏剧产生的效果。② 不过，他的论述中，最接近表演语用学的是建议诗人设身处地把自己想象成观众：

> 在构思故事情节并推敲措辞完成作品时，诗人应该谨记如下两点：(1) 尽可能将真实场景置于眼前。如此一来，他就能以目击证人看到的生动形象来看待每一件事，他就能想象出哪些东西是合适的，而且不会忽视不和谐之处……(2) 在可能的情况下，诗人也应该用剧中人物的一举一动、一颦一笑来表现他的理论……例如，悲伤和愤怒，对之最真实的描述就是由一个此时此刻正在感受悲伤和愤怒情绪的人描述出来。③

---

① Aristotle (2000) The Poetics. 可参见 Gerould, *Theatre/Theory/Theatre*, p. 59。
② 在评论索福克勒斯(Sophocles)的俄狄浦斯三部曲(Oedipus trilogy)时，弗洛伊德用心理学的术语同样明确表达过将文本表现与读者进行融合的观点：诗人同时也在迫使我们认识自己的内心，因为我们在迫使自己认识内心的过程中，才可以发现这些受到压抑的冲动。参见 Bennet, S. (1997) *Theatre Audiences: A Theory of Production and Reception*, 2dn ed. Routledge, London, p. 36。
③ Bennet, *Theatre Audiences*.

两千年后，当戏剧再一次在宗教仪式中出现时，人们从皮埃尔·高乃依①对其戏剧集的介绍中，发现了同样的文本内在视角，而支撑这种精神的信念也无甚差别，那就是，保证戏剧演出获得成功的是书面剧本的内在连贯性。② 这位法国古典剧作家特别强调了戏剧是如何将动作、时间和地点结合在一起的。他坚持认为，如果剧本的结构合理，戏剧的其他表演元素就要置于次要地位，服从剧本，戏剧表演中可能出现的任何偶然性表现或解释都会被压制。"一出戏中一定只能有一个完整的行动，"高乃依提出忠告，"这样才会让观众的心灵变得平静。"但他也承认，"完整行动只能通过另外几个行动来完成"，其他这几个行动可能"不甚完美"，但尽管如此，他坚持认为，如果这些次要行动可以为中心行动作"准备"，那么次要行动将会"因保持悬念而成功地使观众获得愉悦感"。保持平稳流畅的连续性是重中之重，人物性格的实现和行动中出现的偶发事件都不重要。"我们没有必要确切地弄清演员们在分隔行动的幕间休息时间都在做些什么，"高乃依解释说，只有"当他们出现在舞台上时，才会有助于行动的完成"。③

　　　　诗人并不需要表现出导致他产生特定行为的所有行为，但是，他必须选择去展示那些最有利的行动，无论这些行动是由美丽的景象产生的，还是由它们所产生激情的光辉或狂热

---

① Pierre Corneille(1606—1684)，法国17世纪古典主义悲剧的重要作家，与莫里哀、拉辛一并被公认为17世纪法国三大剧作家之一。——译者注
② Corneille, P.（2000/1660）Of the Three Unities of Action, Time and Place. In Gerould, *Theatre/ Theory/Theatre*.
③ Corneille, Of the Three Unities of Action, Time and Place, pp. 155 - 156.

力量所导致的……用叙述或其他艺术手法来告诉观众它们存在的同时,要把其他的行动隐藏在幕后……如果他要呈现的事情还没有发生,他应该尽可能少地涉及与之相关的动作。这样的叙述着实让人厌烦,通常来说,那是因为这种叙述不仅出人意料,而且会扰乱观众的心绪。①

独立的观众

然而,恰恰就在高乃依写下这些"文本内保证"的同时,私人剧场便开始取代公共表演空间和贵族表演空间了。随着对剧场戏剧的赞助日渐衰落,戏剧市场开始兴起,剧烈社会冲突爆发,过去剧作家们略施修辞小诡计就能表达言外之意,现在,他们的那份从容淡定与自信平静逐渐消失。虚拟的舞台世界与观众越来越泾渭分明。② 正厅前座区(stalls)取代正厅后排(pits),舞台上的脚灯——17 世纪首次安装在私人剧院的脚灯——在观众和舞台之间设置了一道崭新的物质屏障。戏剧文本现在以一种实实在在的方式面对观众。而要确保刚刚获得公民权的大众——这既包括工人阶级又包括中产阶级——受到鼓舞,并且心满意足,变得越来越困难。在 19 世纪初的几十年里,观众席上往往是一片喧哗吵闹之声。而到了 19 世纪中叶,他们变得沉着稳重多了。"人们的行为改善了,"布斯(Booth)表示,"到头来,人们的抱怨不是针对正厅后座和顶层

---

① Corneille, Of the Three Unities of Action, Time and Place, pp. 156,158.
② Bennet, *Theatre Audiences*, pp. 3ff.

楼座①的喧嚣,而是针对正厅前排座位的高不可攀,冷漠无情。"②现在,观众看戏的专注程度大不如前,开始被当作剧院的"第四堵墙"。"第四堵墙"不仅是具体所指,而且还是隐喻性用法,它是指观众远离了舞台上正表演着的那些意味隽永、本该深深打动人心的戏文。亨利·詹姆斯(Henry James)本来不顾一切,拼命想成为一个剧作家,但未能得偿所愿。他完全置自己笨拙的戏剧技巧于不顾,直截了当地把责任一股脑儿地推到观众身上。这位美国小说家满含着冷嘲热讽,痛斥"现代观众的野蛮本性":

> 在一个大型商业城市混杂集合(omnium gatherum)起来的人口中,一旦其品位降至最低,他们就会成群结队,从丑陋不堪的旅店和面目可憎的餐馆中倾巢而出,狼餐虎噬,大吃大嚼,被买进卖出以及这个时代其他卑鄙肮脏的俗事搞得麻木迟钝,推推搡搡地挤在闷热的人群中,对自己所处的阶层心灰意冷,为作者设定个时间,希望当场——在最后一刻到来之前能拿回自己所有的钱!想象一下吧,在那样的特别公堂前摆出这么高档精美的东西!……剧作家……不得不作出最基本的让步。他的主要标准是,必须使观众能够赶上开往郊区的火车,因为最晚十一点半发车。③

---

① gallery,剧场中票价最低的是顶层楼座。——译者注
② Bennet, *Theatre Audiences*, p. 3.
③ James, H. (1936/1889) *The Tragic Muse*. Scribner's, New York, pp. 66 - 67. David Lodge (*Author, Author*) 以及 Colm Toibin (*The Master*. Scribner's, New York, 2004)。就詹姆斯的写作生涯而言,上述阐述几乎是对这一阶段詹姆斯所抱有的希望和遭到的失败的文学化再现。

第五章 社会理论与戏剧先锋派

才华横溢如詹姆斯那样能娴熟地掌握小说文本写作技巧的人,也无法将文本改写成能够在舞台上且行且言的剧本。

观众逐渐成为戏剧中独立的元素,在剧院中他们会视演出情况而随时作出不同的反应。随着这一变化,布莱希特后来的政治训诫不仅可以被视为规范性的,而且可以被视为分析性的,他的美学技巧将社会退缩(Social withdrawal)和在舞台上产生的影响主题化了。但是,法国哲学家雅克·德里达(Jacques Derrida)明白,"伴随着说教性的坚持和蓄意的沉重感,在创造性的演出中,在分裂舞台空间的各种侵入性[irruptive,原文如此]力量中,疏离只会把观众的不参与神圣化。"① 正如辛菲尔德(Sinfield)所言,每一种"艺术形式都仰仗于接受者是否愿意配合其目标和传统做法"②。但是,如果观众一直都有此配合意愿,相对而言,直到最近,艺术形式才以一种与表演正交(orthogonol)的方式被概念化,成为一个独立自主的元素。尽管如此,即便是政治上最激进的戏剧,也取决于观众是否愿意买票观看。"即使是在布莱希特那里,"伯特·史戴兹③指出,"一切也都在探索自己的虚幻层面",他在戏剧方面取得成功,所仰仗的是观众"是否愿意配合……无论作品的内容是什么"。④ 正如波瓦(Boal)在与亚里士多德的斗争中跟随布莱希特一样,他也不由自主地坚持"由统治阶级建造"的第四堵墙能够拆除,

---

① States, B. (1985) *Great Reckonings in Little Rooms*: *on the Phenomenology of Theatre*. University of California Press, Berkeley, p. 113.
② 引自 Bennet, *Theatre Audiences*, p. 4。
③ Bert States(1929—2003),美国剧作家、评论家、加州大学圣塔芭芭拉分校戏剧艺术名誉教授。——译者注
④ States, *Great Reckonings in Little Rooms*, pp. 94, 104.

而且也必须拆除。"观众(spectator)可不是什么好词，"波瓦抱怨道，因为这堵墙让观众变得"不像一个人[less than a man，原文如此]"。这位自称对宣泄说持批评态度的批评家呼吁建立一个新的受压迫者的剧场，希望戏剧能激发人们对政治胜利的希望，从而恢复无产阶级"作为演员的能力"①。

在文学批评中，读者反应(reader-response)理论更倾向于分析文本与读者之间存在的分歧。更有甚者，斯坦利·菲什(Stanley Fish)认为，"解释性团体(interpretive communities)"——用戏剧术语来说就是观众——实际上是在阅读过程中创造了自己的文本。② 先锋派剧作家们致力于探索突破第四堵墙的方法，创造内在情感表演的理论和实践，编导剧本、制作标志性道具，指导得法。有时，他们甚至试图通过直接演讲来征服观众。③ 如果他们让观众感到震惊，冒犯了观众（没错，就是这么个说法），也许他们可以同时把观众与自己的文本融合在一起。彼得·汉德克④1966年出版的《冒犯观众》(Offending the Audience)，其导言中的抨击性文字就是基于这种推理：

在这里你得不到应得的东西。你的好奇心得不到满足，也不会有任何火花会从我们身上迸发并喷射到你身上。你不

---

① Boal, Theatre of the Oppressed, pp. 471, 473.
② Fish, S. (1980) Is There a Text in This Class? Harvard University Press, Cambridge, MA. 比较阅读 Chaudhuri, U. (1984) The Spectator in Drama/Drama in the Spectator. Modern Drama XXVII (3), pp. 281-298。
③ Ridout, N. (2006) Stage Fright, Animals, and Other Theatrical Problems. Cambridge University Press, New York, p. 70.
④ Peter Handke(1942—)，奥地利小说家、散文家、先锋派剧作家、翻译家。——译者注

会有触电般的震撼感……这个世界和你的世界大同小异。你不再需要偷听了。你就是主题,你看不到什么海市蜃楼。你不会看到摇摇晃晃的墙壁……舞台代表不了什么……你看不到伪装成另一种黑暗的黑暗。你看不到伪装成另一种光明的光明……你听不到伪装成另一种噪音的噪音。你看不到伪装成另一个房间的房间。在这里,你不是在经历一段伪装成另一段时光的时光……舞台的前部不是一条分界线……只要我们在和你说话,那就绝不存在分界线一说。你们和我们之间不存在什么辐射地带(radiation belt)。①

极具倾向性的民主理论家已经转而求助于观众的独立性,目的是从戏剧设计技巧中去拯救理性。法国哲学家雅克·朗西埃(Jacques Rancière)在写给"解放了的观众"的颂歌中,赞扬了那些"进行观察、作出选择、试图比较、作出解释"的人,赞扬了那些"将自己的见闻与在其他舞台上、其他各种地方的所见所闻联系在一起的人",赞扬了"与面前的诗性元素结合在一起而书写自己的诗歌的人",还赞扬了那些"以自己的方式参与表演、重新设计表演的人"。② 在为摆脱戏剧生活的偶然性而付出的种种努力中,政治哲学与戏剧先锋派的美学追求始终一致。

从19世纪初人们开始揭示戏剧文本和观众之间存在的宿命鸿沟开始,其他一切也随之滚滚而来,川流不息。在文本之锤和观

---

① Handke, P. (1971) *Offending the Audience* and *Self-Accusation.* Methuen, London, pp. 15 – 16.
② Rancière, J. (2009) *The Emancipated Spectator.* Verso, London, p. 13.

众铁砧之间，随后应运而生了每一个戏剧和概念上的创新，每一次的创新都被视作打造一个新的表演融合的大熔炉。

演员走出去

表演的转变反映了创新性，这一点我在脑海中思考得最多。在 18 世纪晚期，法国哲学家丹尼斯·狄德罗①曾赞扬演员是一个"无动于衷的、不偏不倚的旁观者(onlooker)"，具有"穿越一切的渗透力却无任何情感介入"，他们具有"精通模仿一切的艺术"。换句话说，对启蒙运动而言，文本仍然拥有至高无上的冠冕。倘问"那么，舞台上的真相到底是什么？"狄德罗的回答是："那就是行动、措辞、表情、声音、动作和姿势等等与诗人想象的理想模式的整合一致性。"②相比之下，到 20 世纪初，英国的年轻天才戈登·克雷(Gordon Craig)谴责的恰恰正是演员仅仅作为一个"摄影机器"的观念，他吹响了解放演员的嘹亮号角，称演员本身就是独立的创造性源泉："今天他们去模拟、去诠释；明天他们必须去代表、去诠释；后天他们就必须去创造。"③

事实上，只有在 20 世纪初，演员训练才成为一项自觉的技

---

① Denis Diderot(1713—1784)，法国哲学家、艺术评论家、作家，启蒙运动时期的杰出人物，以与让·勒朗·达朗贝尔一起担任百科全书的联合创始人、主编和撰稿人而闻名。——译者注
② Diderot, D. （2000/1773 - 8）The Paradox of Acting. 可参见 Gerould, *Theatre/Theory/Theatre*, pp. 198, 201。
③ Craig, G. （2000/1907）The Actor and Ubermarionette. 可参见 Gerould, *Theatre/Theory/Theatre*, p. 394。

能。① 这门新学科的关键之处在于唤醒已死的文本，使之昂首挺立，去行所当行，言所当言。大卫·克拉斯纳（David Krasner）描述了 20 世纪 20 年代发生的事情。当时，康斯坦丁·斯坦尼斯拉夫斯基②关于培训演员的观念刚刚传到美国。③ 在李·斯特拉斯伯格（Lee Strasberg）、斯特拉·阿德勒（Stella Adler）和桑福德·迈斯纳（Sanford Meisner）等教师的手中，所谓的"方法"改变了舞台上、银幕上的表演。表演从"由外向内"——从文本到演员——到"由内而外"，即允许演员对文本的理解产生独立影响。现在，演员们不再仅仅是"指示"着各种情感，而是尝试着去实际体验各种情感；不再是矫揉造作，装腔作势，而是按照要求释放出"谦逊淳朴的自然气息"；不再让表演表现出华丽丽的戏剧性，而是应该看起来像是"真实行为"。在排练过程中，鼓励演员们完全脱离剧本脚本，进行即兴表演，可以掺杂胡言乱语，可以解释改述，可以没头没脑地啰嗦重复。此类的排练演习旨在激发演员的个人诠释，这样一来，他们的表演情绪就有可能从剧作家的印刷文字中独立出来。斯特拉斯伯格鼓励在排练中出现的"个人时刻（Personal Moment）"。他的意思是，演员回忆和表演个人往昔经历中令人痛苦或令人振奋的时刻是一种技巧，这种技巧"使演员从文本或……观众的束缚中解放出来"。方法表演（method acting）很难设计成某种中规中

---

① Hodge，A.（2000）Introduction. 可参见 A. Hodge（编.）*Twentieth Century Actor Training*. Rougledge，London。
② Constantin Stanislavski(1863—1938)，俄罗斯舞台剧演员和导演，他发展了一种自然主义的表演技巧，被称为"斯坦尼斯拉夫斯基法"，或"方法表演"。——译者注
③ Krasner，D.（2000）Strasberg，Adler and Meisner：Method Acting. 可参见 Hodge *Twentieth Century Actor Training*。

矩、有条不紊的方法。根据克拉斯纳的说法,只有当演员们"完成了真情实感的体验",表演"时时刻刻都在冲动中,演员们进行交谈和倾听,就好像舞台上的事件实际上正发生在当下一样,"戏剧才可能富有戏剧性。①

在二战之后,表演成为戏剧成功的中心,格罗托斯基(Grotowski)将这一实践传统发扬光大。他宣称,"演员的个人技巧和舞台技巧"是"舞台艺术的核心"。② 文本本身是无用的。他坚持认为:"在戏剧艺术的发展中,文本是最后需要添加的元素之一。"诚然,与表演的重要性相比,表演的其他要素实际上也毫无用处。"通过逐渐剔除那些被证明是多余的东西,我们发现,没有化妆,没有自主的服装和布景,没有独立的表演区域(舞台),没有灯光,没有音响效果,戏剧依然可以存在。"但是,没有"演员-观众(actor-spectator)关系中感性而直接的'现场'交流",戏剧却"无法生存"。③ 谢克纳曾向这位波兰导演请教"不要表演文本"的告诫到底有何深意,格罗托斯基如是回答:

> 如果演员想表演文本,那他就是在做最简单的事情。文本是已经写好了的,这样一来,演员就摆脱了责任,摆脱了自己做任何事情的责任。但是,如果……他撕下这个缺乏个人作用与反作用的面具,就会发现演员有义务依靠自己,在他自己的背景下找到自己的冲动。……问题都是一样的:别弄虚

---

① Krasner, Strasberg, Adler and Meisner, p. 146.
② Grotowski, *Towards a Poor Theatre*, p. 15ff.
③ Grotowski, *Towards a Poor Theatre*, p. 19.

作假,找到真实的表演冲动。表演的目的就是寻找文本与表演者之间的一个结合点。①

正如史戴兹所解释的那样,剧场中不存在"特权声音"。② 与作家介入散文和诗歌的机会相比,戏剧中只能有"一种幻觉的客观存在",而产生这种幻觉的"光环"只能通过"演员对其自身的自足意识"来营造。柴金(Chaikin)著名的"开放剧场"就是组织了一场联合演出:在演出过程中编写文本,通过演员的合作进行表演。他写了《演员的存在》(The Presence of the Actor)来解释演出取得的成功:"所有戏剧史指的就是拥有此种存在感的演员(All the history of theatre refers to actors who possess this presence)。"③罗奇(Roach)为考察同一事物而探索了事物的它性(it-ness)——"无论你坐在剧院里的哪个位置,这个特性就是它让你觉得好像自己就站在演员身边。"④

制作人、导演、道具的出现

正是为了应对同样的表演挑战,制作人和导演才作为专业角色出现。戏剧创作者需要将精力集中在吸引观众方面。一旦强大的剧作家成为制片人,他们就会聘请演员,组织复杂的制作活动,进行宣传,先是通过试播(trial runs),后来通过调查和焦点小组

---

① Schechner, *Performance Studies*, pp. 249-250.
② States, *Great Reckonings in Little Rooms*, pp. 125, 132.
③ Chaikin, *The Presence of the Actor*, p. 20.
④ Roach, *It*; Chaikin, *The Presence of the Actor*, p. 20.

(focus group)来评估表演可能产生的影响力。掌握了这些信息以后,他们就要求编剧们一遍又一遍地重写剧本,希望通过首次上演来缩短文本和观众之间的差距。例如,山姆·谢泼德(Sam Shepard)为《爱情冲昏头》(*Fool for Love*)的开场作准备,为产生回音效果,就让人在剧院墙壁布上电线,还在剧院的座位下放置扬声器来播放回声。①

同样的挑战也使得导演应运而生,这使人们对所谓的"现场模拟"(mise-en-scene)产生了新的关注。直到19世纪晚期,演员表演、戏剧创作和舞台演出等任务都被捆绑在一起,被整合进戏剧主办人(theatrical entrepreneur)的角色中。戏剧主办人是一个典型的大人物,因为实际上有时也需要他来编写剧本。在与制作人、投资人和演员展开的激烈斗争中,导演成了独立的戏剧角色。伯纳德·多特(Bernard Dort)的历史重构(historical reconstruction)描述了舞台管理者如何接受这些一成不变的表演元素,以维持存在已久的戏剧秩序。而导演的出现带来了完全不同的观念。导演"不接受这些事实上已经存在的元素,因为它们在各制作元素确定之前,就已经着手工作了"。导演将自己视为真正的"表演的作者",他"希望自己被当作戏剧的创作者,得到认可"。② 这是一场旷日持久的斗争。直到20世纪三四十年代,阿尔托还在哀叹导演是作者的副手,居于次要位置。阿尔托宣称:"要结束戏剧对剧本的屈从,这至关重要。"阿尔托觉得有必要对导演作为"奴隶"、作为

---

① Bennet, *Theatre Audiences*, p. 142.
② Dort, B. (1982) The Liberated Performance. *Modern Drama* XXVII (1), pp. 60-68. 详见第63—64页。

第五章　社会理论与戏剧先锋派

"只是一个工匠、一个改编者、一个永远致力于把戏剧作品从一种语言传递到另一种语言的翻译器"的观念提出质疑。如果要复兴"文学语言",那就必须允许导演"完全独立自主地进行创作",因为他的"创作领域比作家更贴近生活"。①

到 20 世纪中叶,导演取得了更加稳固的控制权。"电影之所以成为一种非常受欢迎的艺术形式,"宝琳·凯尔②在向奥逊·威尔斯③致敬时这样写道,"是因为某些艺术家在人生的某个时刻,能以一种共同的回应,接触观众,团结观众——无论是他们受过教育还是没受过教育"④。法国新浪潮(French New Wave)电影导演理论所作出的独特学术贡献就在于将导演而非明星演员置于电影力量的核心。20 世纪 80 年代早期,德国戏剧理论家伯纳德·多特就是为抗议这一杰出表演新元素才颠覆了阿尔托的观念。多特指责导演们都充当了"独裁者",指责他们使其他表演元素"无用且无能","几乎沦为奴隶"。与其他形式的追求戏剧自由的先锋派宣言一样,多特呼吁"循序渐进地解放戏剧表演的诸元素"⑤。

在研究了从书面文本中解放观众、演员、制片人以及导演之后,我现在转向戏剧表演中似乎最不具有戏剧性的一个元素。众

---

① Artaud, The Theatre and its Double, p. 442.
② Pauline Kael(1919—2001),美国影评人,1968 年至 1991 年为《纽约客》杂志撰稿。凯尔以诙谐、尖锐、一针见血且固执己见的评论而闻名,其观点常常与同时代人相左,是当时最具影响力的媒体影评人之一。——译者注
③ Orson Welles(1915—1985),美国演员、导演、编剧和制片人,曾在戏剧、广播和电影三个领域工作过。——译者注
④ Kael, P. (1968) Orson Welles: There Ain't No Way. 参见 P. Kael(编), *Kiss Kiss Bang Bang*. Little Brown, Boston, p. 196。
⑤ Dort, The Liberated Performance, pp. 63 – 64.

所周知，每一场演出都依赖"制作象征性作品"的物质手段。在当代的各种戏剧表演中，物质手段不仅意味着一个舞台，还意味着道具和灯光，因为道具和灯光能帮助创造更多的戏剧性场景。之前我提到过脚灯（footlights）的表演效果，还提到脚灯的引进如何凸显出观众和戏剧表演之间与日俱增的鸿沟感。实际上，脚灯所照亮的只是最近才变暗的舞台。首次想到要熄灭高悬在观众席上的照明灯光的是制片人安德烈·安托万①。1888年，他在作品《公爵之死》(*La Mort du Duc d'enghien*)中提出这个想法。让·乔西亚（Jean Chothia）称，安托万使"屋子里的灯光变暗"是"幻觉派艺术家（illusionist）戏剧创作中一个颇具深意的举动"。② 灯光创造真实的幻觉，它照亮的不仅仅是演员，还有道具。道具是最近戏剧学界非常感兴趣的一个元素。戏剧学家马文·卡尔森（Marvin Carlson）写过一篇关于"戏剧的物性（the thing-ness of the theater)"的文章，很有影响力。③ 安德鲁·索弗（Andrew Sofer）用一整本书来描述"变形的道具"，这些道具"似乎独立于操控道具的演员"。④ 景物看起来是皮尔士（Peircean）意义上的图标的例证，字面上类似于它们意欲表现的东西的物质对象。正是这种据称具有标志性的戏剧特质引起了史戴兹的兴趣，他提请人们注意"戏剧对

---

① André Antoine，戏剧革新家、导演，创立了自由剧院，致力于把左拉的自然主义理论在戏剧舞台上付诸实现。——译者注
② Ridout, *Stage Fright, Animals, and Other Theatrical Problems*, p. 49.
③ Carlson, M. (1989) The Iconic Stage. *Jornal of Dramatic Theory and Criticism*, 3 (2), pp. 3-18, 具体论述参见第 8 页。
④ Sofer, A. (2003) *The Stage of Props*. University of Michigan Press, Ann Arbor, p. 24.

物体世界的特别开放性",并断言戏剧是"一种语言,它的语言包括……事物就是看上去的样态。"①倘问"在戏剧中,何种符号能力是真正必要的?"让·奥尔特(Jean Alter)的回答是:"只有一种",即"使用标志性代码的能力,因为舞台上所有的符号都是凭借标志性代码,以此指向舞台之外那个虚构故事空间中的镜像"。②

不过,上述对物质独立性的新评价太过字面化。实际上,正是实物的非指示物特性才使它们成为理想的舞台道具。虽然图标具有人们熟悉的物质表面,这一点确实很撩人,很有诱惑力,但是它们的感官形态被固着在无形的意义上,而无形的意义既衍生于散漫的文化结构,也衍生于可塑性形式。③ 所以道具不仅具有物质性,同时也具有象征性。与其说道具反映了平凡普通的事物,还不如说是把它们的戏剧意义转化成了物质形式。对此,索弗审慎地解释道,正是因为变形道具能够"吸收戏剧意义,成为复杂的象征符号",所以这些象征符号才能"积极地激励舞台动作"。④ 当彼得·汉德克(Peter Handke)写到"伪装成另一种光明的光明","伪装成另一盏灯的灯"时,⑤他指的就是这种物质表面和文本深度的相互交织。

---

① States, *Great Reckonings in Little Rooms*, p. 20.
② Alter, J. (1990) *A Sociosemiotic Theory of Theatre*. University of Pennsylvania Press, Philadelphia, p. 97.
③ Alexander, J. C. (2008) Iconic Experience in Art and Life: Surface/Depth Beginning with Giacometti's "Standing Woman." *Theory, Culture & Society* 25 (5), pp. 1-19.
④ Sofer, *The Stage of Props*.
⑤ 引自 States, *Great Reckonings in Little Rooms*, p. 20。

场景脚本的独立性

如果表演的诸要素得到解放,那么在舞台上表演的文本就不是打印在纸张页面上的文本了。当代戏剧已经远离了文本的内在性。显而易见,观众已经独立出来了。演员、导演、制片人和象征性创作手段的出现,都是为了更有效地组织舞台现场表演。在这种大分化的背景下,书面剧本提供的是一套背景性的共同表征,而剧本的具体含义要拿到舞台上才能表现出来。在舞台上被前景化了的就是脚本(scripts)。欧文·戈夫曼是第一个谈到脚本的社会理论家,但他没有把脚本与其背景意义区分开来。他认为脚本是僵化的、非偶然性的文本。消融语境制约着现代人类表演学研究。受此影响,罗宾·伯恩斯坦(Robin Bernstein)对这一概念作了变通性理解:"脚本一词抓住了戏剧性叙事和空间运动正在进行相互转化的时刻。"① 戴安娜·泰勒对全部剧目(repertoire)和档案文件(archive)作了区别,这一点颇具影响力,而伯恩斯坦参考的正是这一点(参见上文)。但实际上,泰勒的"场景(scenario)"概念与脚本才是最佳适配。虽然场景不是书面的,但也不是完全无中生有虚构出来的。泰勒认为,场景是"构建社会环境、行为和潜在结果的意义生成范式"②。相对而非绝对地独立于书面档案,场景同时让人联想到物理位置、文化符码和具体形式。场景会让演员在文化

---

① Bernstein, R. (2009) Dances with Things: Material Culture and the Performance of Race. *Social Text* 101(4), pp. 67–94. 具体论述可参见第89页。
② Taylor, *The Archive and the Repertoire*, p. 28.

上更加求真务实。

剧作家作出回应

正如我所重构的,这些影响巨大的戏剧创新运动,首先就是反抗文本力量,尽管它们的旨归也是彼此分离。然而,随着消融时代的深化,戏剧文本的作者并不是简单地墨守成规。他们也非常担心观众和舞台之间的差距越来越大。作为回应,他们创造了新的戏剧写作形式,彻底的修正主义风格,恢复了戏剧的影响,直接消除了人们在现代社会中遇到的分裂、孤立和对无意义的恐惧等问题。19世纪晚期的斯堪的纳维亚剧作家亨里克·易卜生①和奥古斯特·斯特林堡②,无论他们的现实主义多么具有戏剧性,他们的人际关系多么令人反感,都是首先开始自觉地从事这种探索的"现代"舞台作家。在《朱莉叶小姐》(*Miss Julie*)一书的出版导言中,斯特林堡谴责了"目前盛行于欧洲的严重的戏剧危机,尤其是在那些产生当时时代最伟大思想家的文化堡垒中,例如英国和德国,"他宣布,"戏剧艺术,就像其他大多数艺术一样,已经消亡。"斯特林堡批评他的同时代人所付出的努力仅仅是"将新内容填充进旧形式"。斯特林堡宣布自己已经把戏剧形式"现代化"了,这些形式

---

① Henrik Ibsen(1828—1906),挪威剧作家、戏剧导演、诗人。作为现代主义戏剧的奠基人之一,易卜生被称为"现实主义之父",是他那个时代最具影响力的剧作家之一。——译者注

② August Strindberg(1849—1912),瑞典作家、小说家、诗人、散文家和画家。——译者注

"符合我所认为的当代观众对戏剧艺术的要求"①。20世纪30年代戏剧中的社会现实主义——比如,克利福德·奥代茨②的作品,就是以一种更注重政治参与性、以工人阶级为导向的形式,来阐述对现代化的这种回应的。

塞缪尔·贝克特③改变了戏剧风格,这对戏剧现实主义所付出的努力是一个有力挑战,同时也为文本重新融入经历二战、经历大屠杀后的世界注入了活力。贝克特摒弃了情节,甚至还省略了人物,其寸草不生的恐怖场景和单调阴冷的诗歌般的对话,鲜明有力地表达了他那个时代的观众精神。"我不能继续等下去了!"在《等待戈多》(Waiting for Godot)中弗拉基米尔(Vladimir)惊呼道,但他旋即又开始重新考虑。"我说了什么?"他问道。在全剧结束时,他决定继续等待。然而,尽管贝克特在文本方面表现出非凡的创新性,与其他表演元素相比,却表现出明显的刻板僵化。他试图重新融合已经解放的角色,让作者重新掌控局面。贝克特很少同意授权演出他的戏剧。但是,一旦授权同意,贝克特就会对演出人员的配备和舞台场面——通常是现场——的监管等行使全部权力。④这是我们经常遇到的一个悖论的例证:即使表演的独特元素本身寻求独立存在,他们也往往试图从属于其他元素。

---

① Strindberg, A. (2000/1888) Preface to *Miss Julie*. 可参见 Gerould, *Theatre/Theory/Theatre*, p. 371。
② Clifford Odets(1906—1963),美国剧作家、编剧和导演。——译者注
③ Samuel Beckett(1906—1989),爱尔兰先锋小说家、剧作家、戏剧导演、诗人和文学翻译家。——译者注
④ Bair, D. (1978) *Samuel Beckett: A Biography*. Harcourt, Brace, Jovanovich, New York.

电影和其他艺术

这里还有几个相关主题没有提及。一个主题是电影戏剧。无论是在电影、电视、视频还是在线网络中,它对(再)戏剧运动所作出的巨大贡献,都是本章要描述的重点。法国电影理论家、《电影手册》(Cahiers du Cinema)的创始人安德烈·巴赞[1]坚持认为,与写作和戏剧相比,电影的本体论是现实主义的。从蒙太奇到动画片到 3D 电影,从特写(close-ups)到远景(long shots)和摇拍(panning),从手持摄像机到纪实电影[2],从简易格式(short form)电视到详细格式(long form)电视,几乎每一次电影创新都是在力图深化观众的信念:就他们目之所视、心之所感的戏剧而言,即使迥然异于实际社会生活,那也是生动逼真、真实传神的。

另一个主题超越了戏剧,转向其他艺术中现代戏剧的命运。与我在此所思考的时期大致相同,作为占主导地位的模式,绘画和雕塑从叙事再现(narrative representation)转向抽象主义,音乐从和谐转向无调性(atonality)。从具体性向现实主义的转变是否推动了这些艺术走向后戏剧?这种情况时有发生,在我看来却很糟糕。印象派、后印象派、野兽派、建构主义、立体主义、超现实主义、抽象表现主义、极简主义、波普艺术、概念艺术:所有这些先锋派绘画艺术的重大创新,可能不会被视为力图制造与当代艺术的疏离,但会被看作再现其灵气与神秘感的技巧,从而更密切地与审美趣

---

[1] Bazin, A. (1967) *What Is Cinema?* University of California Press, Berkeley.
[2] cinema verite,亦即实录电影。——译者注

味相结合。①

风险何在？

在这场关于后戏剧的争论中,不仅仅有戏剧问题,也有社会问题。如果先锋派戏剧可以被概念化为后戏剧,那么当代社会就可能仅仅被理论化为一种景观。这样一来,大卫·福斯特·华莱士(David Foster Wallace)讲述的"被发现的戏剧"的故事就绝对不是个笑话,而是确有其事了。相反,我的论点表明,华莱士用讽刺的口吻来描述他"被发现的戏剧"的故事是完全正确的。在过去的三个世纪里,如果构成戏剧表演的诸要素已经分崩离析,那么其理论基础就是挽救戏剧的力量。对于每一个戏剧创新来说,争论的焦点就是,通过解放这种具体而又独特的戏剧力量形式,就有可能再把表演的诸要素重新融合起来。

如果说戏剧理论和社会戏剧理论是相互映照的,那它们实质上也是错综复杂地相互交织在一起的。正如我在全书中所阐明的,各种各样的美学技巧与手段已经深入到当代社会制度和生活世界的方方面面,深入到各种权力斗争及其垂直运作中,深入到为降低权力威望而付出的种种努力中。控制权力的民主运动不能是后戏剧性的。审美表演和社会表演共同的奋斗目标不是空洞的奇观,而是虚构故事中那种鼓舞人心的鲜活体验。

在将宇宙转化成剧本的过程中,戏剧展现了强有力的叙事手法。在此叙事文本中,主角及其对手因各自对善良和正义不同的愿景而

---

① 可查阅 Lash, S. (2010) *Intensive Culture: Social Theory, Religion, and Contemporary Capitalism*. Sage, London。

相互对抗。观众通过认同剧中相应的角色,与自身之外的意义产生联系,并通过角色的道德寓意来加以反思;他们因此而了解了所谓的英雄和敌人,从历史事件中获得顿悟,并通过分享情感宣泄来体验与他人的团结。① 戏剧虽以一种反思性的美学语汇将上述过程具体化并加以浓缩,但戏剧形式却渗透到现代社会生活的点点滴滴、角角落落。② 没有戏剧,集体和个人的意义就无法维持,罪恶就无法被识别,正义就无法得到伸张。

---

① Baker, S. A. (2010) Imitating Art or Life: The Tragic Hero's Emergence on France's Postcolonial Stage. 可参见 K. Wilson(编), *Looking at Ourselves: Multiculturalism, Conflict & Belonging*. Inter-Disciplinary Press. Oxford University Press, Oxford。
② 在现代语境下证明社会戏剧的实证文化社会学研究的,可参见 Wagner-Pacific, R. (1986) *The Moro Morality Play: Terrorism as Social Drama*. University of Chicago Press, Chicago; Berezin, M. (1997) *Making the Fascist Self: The Political Culture of Interwar Italy*. Cornell University Press, Ithaca; Edles, L. (1998) *Symbol and Ritual in the New Spain: The Transition to Democracy after Franco*. Cambridge University Press, New York; Cottle, S. (2004) *The Racist Murder of Stephen Lawrence: Media Performance and Public Transformation*. Praeger, London; Reed, I. (2007) Why Salem made Sense: Culture, Gender, and the Puritan Persecution of Witchcraft. *Cultural Sociology* 1(2), pp. 209-234; Smith, P. (2008) *Punishment and Culture*. University of Chicago Press, Chicago; McCormick, L. (2009) Higher, Faster, Louder: Representations of the International Music Competition. *Cultural Sociology* 3(1), pp. 5-30; Goodman, T. (2010) *Staging Solidarity: Truth and Reconciliation in the New South Africa*. Paradigm, Boulder; Eyerman, R. (2011) *The Cultural Sociology of Political Assassination: From MLK and RFK to Fortyn and van Gogh*. Palgrave, New York; Norton, M. (2011) A Structural Hermeneutics of "The O'Reilly Factor." *Theory and Society* 40(3), pp. 315-346; Gao, R. (2011) Revolutionary Trauma and Representation of the War: The Case of China in Mao's Era. In J. C. Alexander, E. Breese, & R. Eyerman (eds.), *Narrating Trauma*. Paradigm, Boulder; Mast, J. (2012) *The Performativve Presidency: Crisis and Resurrection During the Clinton Years*. Cambridge University Press, New York; Tognato, C. (2012) *Central Bank Independence: Cultural Codes and Symbolic Performance*. Palgrave, New York; 以及 Ringmar, E. (2013) *Liberal Barbarism and the European Destruction of the Summer Palace*. Palgrave, New York。

索 引

（本索引所标页码为英文版页码，见中译本边码）

A

Abstract Expressionism, 140 抽象表现主义

Abu Zaabal prison, 68 阿布·扎巴尔监狱

Academy of Change, 59 变革学院

actors, 3-9, 21, 23, 26, 29, 34, 37, 53, 60, 79, 111, 124, 127, 133, 134-136, 138 演员,表演者,行动者

Adler, Stella, 134 斯特拉·阿德勒

Against Fanaticism, 46《反对狂热》

Ahmed, Nagi, 68 纳扎·艾哈迈德

Al-Abram, 57《金字塔报》

al-Aswany, Alaa, 56 阿拉·阿斯瓦尼

al-Atraqchi, Firas, 56 菲若斯·阿塔拉其

al-Bushira, Fawzi, 79-80 布什拉 (Al-Bushra)

Ali, Muhammad, 64 穆罕默德·阿里

Ali, Samar, 56 萨马尔·阿里

Ali, Zine El Abidine Ben, 84 宰因·阿比丁·本·阿里

Alienation effect, 126-127 间离效果,疏离效果,陌生化效果

Al Jazeera, 42, 44, 45-46, 50-51, 54, 56, 72, 74-75, 79-80, 84-85 半岛电视台

al-Tarzi, Selma, 69, 73 塞尔玛·塔兹

Alter, Jean, 138 让·奥尔特

Amnesty International, 85 国际特

276

索 引

赦组织

Antagonists,1,4,40-1,101-102,107-108,119,141 对手,反面人物,反派人物

Antoine, André,137 安德烈·安托万

Anyuan,13-18 安源

Anyuan Workers Club,14-16 安源工人俱乐部

April 6 Youth Movement,42,45,50,55,59,75 四月六日青年运动

Apter,David,11-13 大卫·阿普特

Arab Spring,7,25,40,83 阿拉伯之春

Arendt, Hannah,108 汉娜·阿伦特

Aristotle,66,124,126-127,130-131,133 亚里士多德

Artaud, Antonin,127-128,136-137 安东尼·阿尔托

Associated Press,53 美联社

Atlas Shrugged,114-115,117《阿特拉斯耸耸肩》

audiences,3-9,13,21,22,26,28-9,57,60,62-63,64,67,79,124,131-134,141 观众,受众,听众

亦可参见 citizen-audiences 公民-观众

Auslander, Shalom,128-129 沙罗姆·奥斯兰德

Austin, John L. 12,60,123 约翰·奥斯汀

Authenticity,2,7,13,91,107 真实性

Avant-garde theater theory,128-130 先锋派戏剧理论

Avanti,11《前进》

Ayn Rand Institute,116-117 安·兰德研究所

B

background representations,4,25-26,48,57,79,110,128 背景表征

亦可参见 collective representations 共同表征

Badawi, Shenouda,68 施诺达·巴达维

Baudelaire, Charles,94 查尔斯·波德莱尔

Baudrillard, Jean,125 让·鲍德里亚

Bazin, André,140 安德烈·巴赞

Beckett, Samuel,139-140 塞缪尔·贝克特

Being and Nothingness,110《存在与虚无》

Bellah, Robert,3 罗伯特·贝拉

Benghazi, Libya,98-100 利比亚班加西市

Benjamin, Walter,2 瓦尔特·本雅明

277

Bernstein, Robin, 138 罗宾·伯恩斯坦

Biden, Joe, 88, 96–98 乔·拜登

binary dicourse of civil society, 48, 84 市民社会的二元对立话语

binary moral classificaiton, 46–53, 55, 57, 59, 67, 84, 107, 109, 114, 119 道德二元对立划分 亦可参见 binary dicourse of civil society

Birmingham, Alabama, 24 阿拉巴马州伯明翰

Black Lives Matter, (BLM) 7, 25–38 黑人的命也是命

Black Panther Party, 33, 121–122 黑豹党

Black Skin, White Masks, 118, 123《黑皮肤，白面具》

Bland, Sandra, 36 桑德拉·布兰德

Boal, Augusto, 127, 133 奥古斯都·波瓦

Bolshevik Party, 11 布尔什维克党

Bourdieu, Pierre, 104, 105 皮埃尔·布迪厄

Brazile, Donna, 30–31 唐娜·布拉泽尔

Brecht, Bertolt, 126–127, 132–133 贝托尔特·布莱希特

Britain, 22, 83, 84 英国

British Broadcasting Corporation (BBC), 39–40, 56 英国广播公司

Brook, Peter, 128 彼得·布鲁克

Brown, Michael, 29–30, 31, 34, 36 迈克尔·布朗

Burke, Kenneth, 129 肯尼斯·伯克

Burns, Jennifer, 115 詹妮弗·伯恩斯

Bush, George H. t W., 93 乔治·赫伯特·沃克·布什

Bush, George W. (Bush II), 101 乔治·W. 布什

C

Cable News Network (CNN), 37, 85 美国有线电视新闻网络

Cahiers du Cinema, 140《电影手册》

Cairo Spring (2005), 48 开罗之春

Caipitalism, 16, 82–83, 104, 109, 110, 113–117 资本主义

Carlson, Marvin, 137 马文·卡尔森

Carmichael, Stokely, 121, 122 斯托克·卡尔迈克尔

Carrier groups, 57–60, 62–63 航母战斗群

Carson, Johnny, 97 约翰尼·卡森

Carson, Rachel, 108 雷切尔·卡森

Catharsis, 5, 95, 108, 120, 127, 133, 141 净化, 宣泄

Cesaire, Aime, 117 艾梅·塞萨尔

Chaikin, Joseph, 128, 136 约瑟夫·柴金

"characters", 91–102 人物, 角色,

性格,个性

Chen, Yung-fa, 17 陈永发

Chothia, Jean, 137, 让·乔西亚

Christianity, 22-23, 45, 72, 84 基督教,基督教精神,基督教教义

Chronos, 柯罗诺斯 102

Citizen-audiences, 7, 25-26, 91-92, 100 公民-观众,公民,观众,作为观众的公民

Citizen Tube, 81 公民网站

civil right movement (mid-twentieth century) 21-25, 26, 37（20世纪中叶的）民权运动

 northern audiences for 22-25, 38 北方的观众,北方观众

 southern audiences for, 22-25 南方的观众,南方观众

civil society, 40-46, 49, 59, 82 公民社会

 global, 25, 85, 87-88, 167-168 n.265 全球性的,整体的

 亦可参见 civil sphere 公民领域

civil sphere, 27, 59, 60, 72, 83, 84, 85 公民领域

 global, 57, 81-85, 89

 亦可参见 civil society 公民社会

Civil War (U.S.), 21（美国）内战

Cleaver, Eldridge, 121 埃尔德里奇·克利弗

Cleaver, Kathlee, 121, 122 凯瑟琳·克利弗

Clemenceau, Georges, 109 乔治亚斯·克莱蒙梭

Clinton, Bill, 36, 93 比尔·克林顿

Clinton, Hillary, 36, 82, 88, 93-94 希拉里·克林顿

Cobb, Jelani, 32 杰拉尼·科布

Codes, 12-13, 40-41, 114, 120, 139 代码,符码,编码

Coleridge, Samuel Taylor, 24 萨缪尔·泰勒·柯勒律治

collective representations, 37, 57, 92, 138 共同表征,集体表现

 亦可参见 background representations 背景表征

Collins, Randhall, 3 兰德尔·柯林斯

Colonialism, 殖民主义

 anti-, 117-120, 123 反殖民主义

 post, 123 后殖民主义

communism, 15, 38, 49, 105, 109, 111, 113 共产主义

 anti-, 63, 83 反共产主义

Communist Manifesto, *The*, 104-105《共产党宣言》

conceptual art, 140 概念艺术

Confucius, 5, 14, 15, 17 孔子

Constructivsm, 140 建构主义

Copeau, Jaques, 128 杰奎斯·科波

Corneille, Pierre, 131 皮埃尔·高乃依

counter-performance, 66-70 对抗表演,反表演

Craig, Gordon, 134 戈登·克雷

Critique of Dialectical Reason, 120《辩证理性批判》

Cruz, Ted, 116 泰德·克鲁兹

Cubism, 140 立体主义

Cullors, Patrisse, 31 - 32, 34 帕特里斯·卡尔勒斯

cultural identificaiton, 34 文化认同

cultural positioning, 13 - 14, 143 - 144 n.18 文化植入

cultural pragmatics, 3-9, 13, 91, 106, 123, 129 - 130 文化语用学

Cultural sociology, 2 - 3, 6, 106, 129 - 130 文化社会学

Strong program in, 2 - 3 行之有效的方案

culture of critical discourse, 105 文化批评话语

culture structures, 25 - 25, 108 - 109, 118, 129 - 130 文化结构

D

Daily Show, The, 33《每日秀》

"Day of Rage" (Egypt), 69 - 70 (埃及)愤怒日

Debates, 辩论

  presidential (U.S.), 94 - 100 总统竞选辩论,美国总统大选电视辩论

  Vice-presidental, 96 - 98 副总统竞选辩论,美国副总统大选电视辩论

Debord, Guy, 125 居伊·德波

Defending Enligthtenment, 46《捍卫启蒙运动》

deflation, symbolic, 102, 126, 128 象征性的通货紧缩

defusion, 4 - 6, 9, 34, 202, 103, 107, 126 - 128, 138, 139 消融,去融合

Delillo, Don, 1 唐·德里罗

democracy, 23, 46, 48 - 52, 63, 82 - 85, 91, 98, 100, 113 民主

Demographics, 40, 100 人口统计

Derrida, Jacques, 132 - 133 雅克·德里达

Diderot, Denis, 134 丹尼斯·狄德罗

dignity, 41 - 42, 53, 56, 72, 73 尊严

directors, 9, 26, 32 - 33, 79, 111, 126, 136 - 138 导演,出品总监

discourse, 11 - 14, 37, 46, 105, 121, 话语,演讲

还可参见 binary discourse of civil society 公民社会的二元对立话语

Disenchantment, 1 - 2 去魅,觉醒

Dolan, Jilll, 129 吉尔·多兰

Dort, Bernard, 136, 137 伯纳德·多特

Douglass, Frederick, 22 - 23 弗雷德里克·道格拉斯

Dowd, Maureen, 116 莫林·多德

Du Bois, W. E. B., 22 - 23 杜波

伊斯

Durkeim, Emile, 2-4 埃米尔·涂尔干

E

The Economic Consequences of the Peace, 109-110, 111《和平的经济后果》

economic crisis (U.S.), 93-94 经济危机

Egypt 埃及

 narrative decline of, 53-57, 59 叙事的衰落

 Egyptian Army, 7, 85-89 埃及军队

Egyptian revolution 埃及革命还可参见 revolution(s), Egyptian

Egypt's revolution (TV show) 79-80《埃及革命》(电视节目)

Eisenhower, Dwight D. 93 德怀特·戴维·艾森豪威尔

ElBaradei, Mohammed, 51, 53, 55, 61, 70, 75, 87 穆罕默德·巴拉迪

Elementary Forms of Religious Life, The, 2-3《宗教生活的基本形式》

Ella Baker Center for Human Rights, 31 埃拉贝克人权中心

El-Mahalla el-Kubra food riots (2008), 48, 59 (2008年发生的)马哈拉市食品骚乱

El-Mardenly, Tawfik, 87 陶菲克·马丹利

el-Mesry Mohamed, 89 默罕默德·埃尔 梅斯里

el-Shazly, Mona, 77 莫娜·莎兹利

Elzie, Johnetra, 33, 34 约翰妮塔·埃尔齐

Engels, Friedrich, 105 弗里德里·希恩格斯

epiphanic moment, 70-75, 78, 86, 100, 112, 121, 141 顿悟时刻

Esch, Betsy, 122 贝塔西·埃施

Esprit, 120《才智》

existentialism, 111, 112 存在主义

 French left, 118 法国左派

Eyerman, Ron, 108-109 罗恩·艾尔曼

F

Facebook, 31-32, 58, 61, 62, 64, 76, 89-90 (社交网站) 脸书

Fandy, Mamoun, 66 马蒙·范迪

Fang Pin Wen Ku method, 17-21 访贫问苦的方法

Fanon, Franz, 8, 112-113, 117-123 弗朗茨·法农

Fanon, Josie, 122 乔茜·法农

Fanshen movement, 18-21 翻身运动

Farouq, Mohamed, 72 穆罕默德·法鲁克

Fauvism, 140 野兽派

Fayed, Abdelaziz Ibrahim, 68 阿卜杜勒阿齐兹·易卜拉欣·法耶德
Ferguson, Missouri, 31–33 密苏里州费格斯顿
film, 10, 13, 140 电影
Fish, Stanley, 133 斯坦利·菲什
Fool for Love, 136《爱情冲昏头》
Foreman, George, 64 乔治·福尔曼
Forman, James, 121–122 詹姆斯·福尔曼
Foucault, Michel, 2 米歇尔·福柯
"found drama," 124–126, 140–141 发现戏剧
Fountainhead, The, 114–115《源泉》}
"fourth wall" of drama/theater, 4, 9, 132–133 戏剧的"第四堵墙"
France, 83, 84, 110, 120 法国
Freedom Rides 自由之旅
　1960s, 24 60年代的自由之旅
　2010s, 31, 32–33 本世纪初的自由之旅
Freelon, Deen, 35 弗里隆
Freud, Sigmund, 8, 109, 111–112 西格蒙德·弗洛伊德
From Ritual to Theatre, 3《从仪式到戏剧》
fusion, 3–4, 9, 13, 23, 29, 92, 111, 120, 128, 134 融合

G

Gandhi, Mahatma, 22, 59 圣雄甘地
Garner, Eric, 29–30, 34, 36 埃里克·加纳
Garza, Alicia, 31–32, 34 艾丽西亚·加尔萨
Geertz, Clifford, 11, 129 克利福德·格尔茨
Ghonim, Wael, 41–42, 44–45, 61, 76–77, 78–79 瓦伊尔·高尼姆
Goffman, Erving, 3, 129, 138 欧文·戈夫曼
Goldwater, Barry 116 巴里·戈德华特
Google, 61, 81 谷歌
Gouldner, Alvin, 105 阿尔文·古尔德纳
Gramsci, Antonio, 11 安东尼奥·葛兰西
Greek drama, 5 希腊戏剧
Greenspan, Alan, 116 艾伦·格林斯潘
Grotowski, Jerzy, 128, 135 杰西·格洛托夫斯基
Guardian, 39, 42, 44, 46, 55, 63, 64, 71–72, 78, 85, 86《卫报》
Guevara, Che, 122 切·格瓦拉
Guomindang Party, 12 国民党

H

Hall, Stuart, 118 斯图亚特·霍尔
Hamid, Ibrahim, 72 伊布拉黑姆·

哈米德

Handke, Peter, 133, 138 彼得·汉德克

Hayek, Friedrich, 113 弗里德里希·哈耶克

Hegel, Georg Wilhelm Friedrich, 118 格奥尔格·威廉·弗里德里希·黑格尔

Heidegger, Martin, 111, 118 马丁·海德格尔

heroes, 23 - 24, 37, 91 - 92, 93 - 94, 97, 100 - 108, 120, 141 英雄,主角

intellectual, 108 - 123 知识分子,智力,思想,智性

Hinton, William, 18 - 19 韩丁

Hobbes, Thomas, 69, 88 托马斯·霍布斯

Huffington Post, 28, 94, 96, 98 《赫芬顿邮报》

Hussein, Mostafa, 87 穆斯塔法·侯赛因

Husserl, Edmund, 111 埃德蒙德·胡塞尔

I

Ibrahim, Saad, 54 萨阿德·易卜拉欣

Ibsen, Henrik, 139 亨里克·易卜生

Ideology, 11, 13, 17 - 18, 21, 40, 114 - 116, 118, 123 意识形态

Impressionism, 140 表现主义

Infinite Jest, 124 《无尽的玩笑》

Intellectuals, 8 - 9, 104 - 123 知识分子,智力,智性

  Arab, 48 - 51 阿拉伯

  cultural sociology of, 104 - 123 文化社会学的

  movement, 57 运动

  performances of, 109 - 123 关于……表演的

  as performative, 123 表演的,执行的

  reflection theory of, 104 - 105 反映论

  structural approaches to, 104 - 106 结构的方法

Intellectuals on the Road to Class Power, 105 《通往阶级权力的道路》

Interests, 利益

  Ideal, 82, 88 理想的

  material, 11, 82, 86 - 88 物质的

Internet, 7, 34 - 35, 57 - 58, 60 - 61, 69, 79, 82, 83, 88 互联网

interpretive communities, 133 诠释团体

Irish Republican Party, 122 爱尔兰共和党

Islam, 49 - 51 伊斯兰

Islamicism, 46 伊斯兰主义

Israel, 82 以色列

Italy, 44, 84 意大利

J

Jack, Jarret, 30 杰拉特·杰克

James, Henry, 132 亨利·詹姆斯

James, LeBron, 30 勒布朗·詹姆斯

Jameson, Andrew, 108 – 109 安德鲁·詹姆森

January 25 Revolution, 7, 39 – 90 一·二五革命

　　亦可参见 revolution（s），Egyptian 埃及革命

Japan, 82 日本

Jim Crow, 22 美国的种族主义

Johnson, Lyndon B., 93 林登·约翰逊

journalism, 80, 83, 84 – 85 新闻工作

journalists, 26, 34 – 35, 38, 84 – 85, 88 记者，新闻记者，新闻工作者

K

Kael, Pauline, 137 宝琳·凯尔

Kairos, 102 凯罗斯

Kassem, Hisham, 73 萨迪·希沙姆·卡西姆

Kefaya（Enough）Movement, 59 "足够"运动

Kelley, Robin D. G., 122 罗宾·D. G. 凯利

Kennedy, John F., 25, 93 约翰·菲茨杰拉德·肯尼迪

Keynes, John Maynard, 8, 109 – 110, 111, 112 约翰·梅纳德·凯恩斯

Khan, Ghazala, 1 希兹里·汗

Khan, Kizer, 1 加扎拉·汗

King George III, 23 国王乔治三世

Kang, Jay Caspian, 28 杰·凯斯宾·康

King, Martin Luther, Jr., 6, 22 – 25, 38, 59, 89, 101, 122 小马丁·路德·金

Konrad, George, 105 乔治·康拉德

Krasner, David, 134, 135 大卫·克拉斯纳

L

Lamont, Michele, 105 米歇尔·拉蒙特

La Mort du Duc d'Enghien, 137 《公爵之死》

langue, 22, 26, 110 – 111 语言

La Repubblica, 42, 44, 49, 55, 69, 83 – 84 《共和报》

Late Show, The, 33 《深夜秀》

lehmann, Hans-Thies, 124 – 126 汉斯-蒂斯·雷蒙

Le Monde, 39, 42, 55, 72 – 73, 83 《世界报》

Lenin, Vladimir, 11, 40, 59, 111 弗拉基米尔·列宁

Les Temps Modernes, 112, 120 《现

代》
Leviathan，69《利维坦》
Liberation Magazine，121《解放杂志》
liminality，25，70 阈限
Lisan，Li，14 - 16 李立三
Lloyd George，David，109 戴维德·劳埃德·乔治
Locke，John，88 约翰·洛克
Long Bow village，18 - 19 长弓村
Lowy，Michael，122 迈克尔·洛伊
lunch counter sit-ins（1960s），24（20世纪60年代的）便餐馆入座运动
Luxemburg，Rosa，111 罗莎·卢森堡

M

Macey，David，118，121 大卫·梅西
Machiavelli，Niccolö，5，11，67 尼科洛·马基雅维利
Mao Zedong，6，11 - 21，38，111 毛泽东
Marcuse，Herbert，108 赫伯特·马尔库塞
Mardini，Abdel Karim，81 阿卜杜勒·卡里姆·马蒂尼
Martin，Trayvon，29 特雷沃恩·马丁
Marx，Karl，2，8，11，13，15，16，59，102，104 - 105，109，111，117 卡尔·马克思
McCoy，Richard，5 - 6 理查德·麦克考伊
Mckesson，DeRay，3，2 - 3，34，37 德雷·麦克森
McMahon，Ed，97 艾德·麦克马洪
Mead，Margaret，108 玛格丽特·米德
meaning，2，4，6，40，60，79，91，102 - 103，106 - 107，111，112，126，127，129，138 - 139 意义
means of symbolic production，7，21，26，38，60，79 - 81，112，120，137 - 138 符号生产手段，象征性表演的手段，创作象征性作品的手段
media，34 - 35，79 - 81，83 - 84，100，111 媒体
media（续下）媒体
double movement of，33 - 37 双重运动
亦可参见 journalism；journalists；social media 新闻业；新闻记者；社会媒体
Meisner，Sanford，134 桑福德·迈斯纳
metaphor，1，13，83 - 84，115，129 隐喻
of 1979 vs. 1989，83 - 84 1979年与1989年的隐喻
Million Hoodies for Justice，29 百万套头衫正义抗议组织

285

Mills, C. Wright, 108 赖特·米尔斯

Milosevié, Slobodan, 59 斯洛博丹·米洛舍维奇

Minimalism, 140 极简主义

mise-en-scene, 9, 12 - 13, 21, 23 - 24, 26, 32 - 33, 57, 60 - 66, 79, 111, 124, 136 - 138, 140 场景,场面,场面调度

Miss Julie, 139《朱丽叶小姐》

modernity, 1 - 9, 46, 109, 130 现代性

Mohamed, Zeinab, 64 赞那布·穆罕默德

Moliere, 5 莫里哀

Moore, Daniel, 32 丹尼尔·摩尔

Montgomery bus boycott, 23 - 24 蒙哥马利汽车座位抵制运动

Mubarak, Hosni, 7, 43, 46 - 49, 51, 53 - 56, 60 - 62, 65, 67 - 70, 73 - 74, 75 - 79, 82, 84, 85 - 86, 88 - 89 胡斯尼·穆巴拉克

Mumford, Lewis, 108 刘易斯·芒福德

Muslim Brotherhood, 49, 51, 54, 58, 84, 87 穆斯林兄弟会

myth, 2, 4 - 5, 37, 100, 102, 106 - 107, 127, 130, 141 神话

N

narrative(s), 4, 13, 25, 38, 53 - 57, 66 - 67, 100 - 101, 107 - 108, 114, 119 - 120, 130, 141 叙事,故事

Nasser, Gamal Abdul, 78, 85 迦玛尔·阿卜杜尔·纳赛尔

National Domestic Workers Alliance, 32 全国家政工人联盟

National Liberation Front (FLN), 118 民族解放阵线

National Association for the Advancement of Colored People (NAACP), 23 全国有色人种促进会

National Public Radio, 81 国家公共广播电台,全国公共广播电台

Newsweek, 24《新闻周刊》

Newton, Huey, 121 休伊·牛顿

New Yorker, 32《纽约客》

New York Times, 28, 30, 35 - 37, 39, 40, 42 - 43, 46, 49 - 50, 51, 54, 58, 64, 67, 68, 73, 77 - 78, 83, 88, 116《纽约时报》

New York Times Magazine, 33, 37《纽约时报杂志》

Nietzsche, Friedrich, 2, 113, 128 弗里德里希·尼采

Nixon, Richard, 93 理查德·尼克松

Noah, Trevor, 33 特雷弗·诺亚

nonviolence, 22 - 24, 59, 89, 122 非暴力

O

Oakeshott, Michael, 113 迈克尔·

奥克肖特

Obama, Barack, 8, 25, 29, 88-89, 92-102 巴拉克・奥巴马

Occupy Movement, 25 占领运动

Odets, Clifford, 139 克利福德・奥代茨

Offending the Audience, 133《冒犯观众》

O'Malley, Martin, 36 马丁・奥马利

Otpor, 59 奥特波（抗议组织）

P

Palestinian Liberation Organization (PLO), 122 巴勒斯坦解放组织（巴解组织）

Parks, Rosa, 23 罗莎・帕克斯

parole, 22, 110-111 言语

Paul, Rand, 116 兰德・保罗

Peirce, Charles, 137 查尔斯・皮尔士

People Power Movement (Philippines), 25 （菲律宾）人民力量革命运动

performance, 表演

 elements of, 3-9, 26, 34, 37, 103, 107, 126, 127, 130-140, 141 表演要素

 political campaigns as, 92—102 政治表演

 social, 3-9, 13, 37, 38, 60, 79, 85, 101, 103, 106-107, 113, 125, 129, 141 社会表演

 亦可参见 counter-performance 反对表演

performance art, 125 表演艺术

Performance Group, The, 128 表演团体

performance studies, 13, 126, 128-130, 138 人类表演学

performative failure, 69, 92, 94, 95-96, 126 表演性行为的失败

 亦可参见 defusion 消融

Performative success, 3-4, 13, 34, 60, 94, 113, 126 表演成功

 亦可参见 fusion; re-fusion 融合, 再融合

Performativity, 12, 118 表演性

Perry, Elizabeth, 13-14, 16-17 裴宜理

PEW Research Center, 28 皮尤研究中心

Phelan, Peggy, 128-129 佩吉・费兰

Plato, 5 柏拉图

playwrights, 5, 132, 136, 139-140 剧作家

Poetics, 5《诗学》

Police Day (Egypt), 50, 61 警察日

police killings of black people (U.S.), 7, 27-30, 33, 35-36 （美国）警察射杀黑人

political campaigns, 92-102 政治运动

 as drama, 94-95 作为戏剧的政

287

治运动
politics,
 performance, 91-103 作为表演的政治学
Pop art, 140 波普艺术
postdrama, 124-128, 130, 140-141 后戏剧
power, 79-85, 91 力量, 权力
 American, 88-99 美国人, 美国的
 civil, 77, 83, 85, 88 公民的
 distributive, 79 分布性的
 dramatic, 21, 112, 120, 141 戏剧性的
 intellectual, 9, 113, 116, 121-123 知识分子, 智力上的
 interpretive, 79, 85 解释性的
 material, 23, 26, 38 物质性的,
 performative, 8-9, 27, 37, 62, 112-113, 130 表演性的
 physical, 82, 85-86, 实体性的
 political, 38, 83, 91, 121 政治性的
 social, 8-9 社会性的
 state, 21-2, 25, 67-68 政权, 国家
 symbolic, 25, 105, 116 象征性的
Presence of the Actor, The, 136 《演员的存在》
presidential campaign, U. S. (2012), 91-103 (2012年)美国总统竞选

Presley, Sharon, 116 莎伦·普雷斯利
props, 13-15, 111, 133, 136-138 道具
protagonists, 1, 4, 37, 40-41, 91-2, 100-102, 107-108, 119, 124, 141 对手, 反派人物, 反派角色

Q

Quebec Liberation Front (FLQ), 122 魁北克解放阵线

R

race/racism, 22, 23, 26-27, 29, 36 种族/种族主义
Rand, Ayn, 8, 112-117 安·兰德
Rancière, Jacques, 134 雅克·朗西埃
rationalization, 1-2, 107 合理化, 理性化
Razeq, Ashraf Abdel, 74 阿什拉夫·阿卜杜勒·拉扎克
"recalling bitterness" campaign, 20-21 "忆苦"运动
Reconstruction, 21, 25 重构
(re)drama, 127-128, 129 (再)戏剧
re-fusion, 5, 34, 35, 37, 94, 107, 128-130, 141 (再)融合
Reheem, Abdul, 73 阿布德尔·瑞黑穆

Renaissance, 5-6, 9 文艺复兴

revolution(s), 11-21, 39-90 革命
  Iranian ("1979"), 83-84 伊朗 1979年革命
  as performance, 13-21, 39-90 作为表演
  Tunisian, 61, 63, 64, 84 突尼斯革命

Revolutionary Discourse in Mao's Republic, 11《毛泽东时代中国的革命话语》

revolutionary leadership, 57-59 革命领导权

rhetoric, 2 措辞

Rice, Tamir, 34, 36 塔米尔·莱斯

Riefenstahl, Leni, 10 莱尼·里芬斯塔尔

ritual, 2-9, 13, 94, 102-103, 107, 127-128, 130 仪式

Rizk, Karim, 65 卡里姆·里兹克

Roach, Joseph, 129, 136 约瑟夫·罗奇

Romanticism, 128 浪漫主义

Romney, Mitt, 8, 92-102 米特·罗姆尼

Roosevelt, Franklin D. 93 富兰克林·D.罗斯福

Roosevelt, Teddy, 93 泰迪·罗斯福

Rubio, Marco, 116 马尔科·卢比奥

Ryan, Paul, 96-97, 116 保罗·瑞安

S

sacred and profane symbolism, 2, 40-41, 46-53, 107-108, 118-119, 129 神圣与世俗象征

Sadat, Anwar, 46, 78, 85 安瓦尔·萨达特

Saich, Tony, 11-13 托尼·塞奇

Said, Khaled, 39, 41-42 哈立德·萨义德

Said, Salma, 63 萨尔玛·萨义德

Saleh, Mohammad, 71 穆罕默德·萨利赫

Saleh, Omar, 73 欧玛尔·塞勒

salvation, 37, 53, 93, 107-108, 109, 111, 118-119 拯救

Sanders, Bernie, 36 伯尼·桑德斯

Sands, Bobby, 122 鲍比·桑兹

Sartre, Jean Paul, 8, 110, 111, 112, 120 让-保罗·萨特

satyagraha, 22 非暴力不合作主义

Saussure, Ferdinand de, 22 费迪南德·德·索绪尔

Sayyid, al-Sayyid, Abu, 68 阿布·萨伊德·萨伊德

Schechner, Richard, 3, 128, 135 理查·谢克纳

Scott, Rick, 29 里克·斯科特

scripts, 3-9, 21, 23, 26, 37, 57-60, 62, 79, 106, 110, 111, 120, 133, 138-139 脚本,剧本,文本

亦可参考 texts
Seale, Bobby, 121 鲍比·希尔
secularism, 48 世俗主义
Seeds of the Sixties, 108《60年代的种子》
Seif, Ali, 72 阿里·塞夫
Selma, Alabama, 24 阿拉巴马州塞尔玛
Shakespeare, William, 5-6, 96 威廉·莎士比亚
Sharpe, Gene, 59 吉恩·夏普
Shenker, Jack, 85 杰克·申克
Shepard, Sam, 136 山姆·谢泼德
Shils, Edward, 3, 106 爱德华·希尔斯
simulacrum, 13, 125 拟像
Singh, Ujjwal, 81 乌杰瓦尔·辛格
Snow, Edgar, 17 埃德加·斯诺
social drama, 10, 23-24, 25, 60 社会戏剧
　theories of, 124-141 理论
social facts, 6, 67, 76 社会事实
social media, 7. 27. 31-35, 38, 80-81, 91 社交媒体
　亦可参考 names of individual companies
social movements, 6, 10, 25, 27-28, 38, 106 社会运动
　organizers of, 32-33 组织者
Social Suffering and Political Confession, 17-21《社会苦难和政治忏悔》

Sofer, Andrew, 137 安德鲁·索弗
Solidarity, civil, 25, 41, 43-45, 72 团结,公民的
Solidarity Movement (Poland), 25 波兰的团结工会运动
Soueif, Ahdaf., 78 艾赫达芙·苏维夫
Southern Christian Leadership Conference, 6-7 南方基督教领导权大会
spectacle, 2, 4, 13, 125-126, 128, 130, 140-141 景观
spectators, 119, 127-128, 131, 132-133, 135 旁观者,观众
　citizen, 125 公民
　emancipated, 134 解放了的
　亦可参考 citizen-audiences 公民-观众
Stalin, Joseph, 10 约瑟夫·斯大林
Stanislavski, Constantin, 134 康斯坦丁·斯坦尼斯拉夫斯基
States, Bert, 135-136 伯特·史戴兹
Strasberg, Lee 134, 135 李·斯特拉斯伯格
Strindberg, August, 139 奥古斯特·斯特林堡
Student Nonviolent Coordinating Committee (SNCC), 121-122 学生非暴力协调委员会
Suku, 18-21 诉苦
Suku and Revenge: *Suku*

Education's Experience and Method，19《诉苦与复仇:诉苦教育的经验与方法》

Suleiman, Omar, 76 奥马尔·苏莱曼

Sun, Feiyu, 17-19 孙飞宇

Surrealism, 140 超现实主义

Syed, Ismail, 53 伊斯迈尔·赛义德

symbols, 2, 4, 25-26, 28, 40, 57, 60, 92-93, 107, 126 象征,符号

亦可参见 means of symbolic production 符号生产手段,象征表演的方法,象征表演的手段

Szelenyi, Ivan, 105 伊万·斯泽伦伊

T

Tahrir Square, 7, 43-44, 54-55, 61-66, 69-70, 71-9, 80, 87, 89 解放广场

Taylor, Diana, 129, 138-139 戴安娜·泰勒

Tea Party, 8, 92 茶党,茶叶党

TeleSUR, 31 南方电视网站

telos, 127-128 目的

texts, 9, 11-13, 100, 120, 124-125, 130-141 文本,剧本,脚本

textuality, 129 文本性

theater, 3-6, 9, 16-17, 30, 64, 98, 100, 102-103, 124-141 剧院,戏剧

living, 128 现场剧

open, 128 开放剧

theater criticism, 3-5 戏剧批评

Theatre, Open, 136 开放剧院

theory, social, 3, 103, 117-121, 124-141 理论,社会的

Thespius, 5 泰斯庇斯

Tiananmen Square, 25, 80 天安门广场

Time (magazine), 24, 84《时代》杂志

Tometi, Opal, 32 奥普尔·托梅蒂

Tosquelle, Francois, 117 弗朗索瓦·托斯奎尔

Triumph of the Will, 10《意志的胜利》

Trump, Donald J., 1, 37 唐纳德·J. 特朗普

Tubman, Harriet, 22-23 哈丽特·塔布曼

Turner, Ted, 115 泰德·特纳

Turner, Victor, 3, 128 维克多·特纳

Twitter, 32-35, 58, 62, 81 推特

U

underclass, 26-28, 34, 35, 37 下层阶级

United States, 25, 27, 83, 84, 86, 88-89 美国

USA Today, 30, 49, 51, 63, 84《今日美国》

V

velvet Revolutions (Central and Eastern Europe), 25 中欧和东欧中的丝绒革命

violence, 48-52, 85, 87-88, 117-123 暴力

    symbolic, 17-21 象征性的

von Mises, Ludwig, 113 路德维希·冯·米塞斯

voters, 91-92, 93 选民

W

Wadi Natroun Prison, 68 瓦迪·纳特鲁恩监狱

Wagner, Richard, 128 理查德·瓦格纳

Waiting for Godot, 139-140《等待戈多》

Wall Street Journal, 55, 64, 78《华尔街日报》

Wallace, David Foster, 124, 140-141 大卫·福斯特·华莱士

We Are All Khaled Said (WAAKS), 41-42, 44-45, 53, 59, 61-62, 64, 66, 72, 73, 76, 78-79, 89-90 我们都是哈立德·萨义德

Weber, Max, 2 马克斯·韦伯

Welles, Orson, 137 奥逊·威尔斯

Wikipedia, 60 维基百科

Williams, Raymond, 102, 130 雷蒙·威廉姆斯

Wilson, Woodrow, 109 伍德罗·威尔逊

Worthen, William, 129 威廉·沃森

Wretched of the Earth, The, 117-123《全世界受苦的人》

Wu, Guo, 21 郭武

Y

Young Americans for Freedom, 116 美国青年争取自由组织

Youth for Change, 59 变革青年

Zimmerman, George, 29, 31 乔治·齐默尔曼

译后记

《社会生活的戏剧》是一部文化社会学著作。作者杰弗里·C.亚历山大(Jeffrey Charles Alexander,1947—)是美国文化社会学的领军人物,活跃在当代社会学理论研究领域,资深而多产,现任教于耶鲁大学。其主要著作有:《现代性的阴暗面》(*The Dark Side of Modernity*, Polity, 2013)、《创伤:一种社会理论》(*Trauma: A Social Theory*, Polity, 2012)、《埃及的表演性革命:论文化力量》(*Performative Revolution in Egypt: An Essay in Cultural Power*, Bloomsbury USA, 2011)、《表演与权力》(*Performance and Power*, Polity, 2011)、《政治表演:奥巴马的胜利和民主党争夺权力的斗争》(*The Performance of Politics: Obama's Victory and the Democratic Struggle for Power*, Oxford University Press, 2010)、《公民领域》(*The Civil Sphere*, Oxford University Press, 2006)、《社会生活的意义:一种文化社会学的视

角》(*The Meanings of Social Life：A Cultural Sociology*, Oxford University Press, 2003)。

亚历山大在《社会生活的戏剧》中提出，文化社会学和"文化语用学"对于理解当代社会生活的结构动荡和政治可能性至关重要。从毛泽东领导的中国革命到马丁·路德·金的民权运动，从穆巴拉克统治埃及到奥巴马获得美国总统连任，从社会结构的仪式根源到后现代日常生活的表演，亚历山大展示了当今社会生活的状态和行为方式，采用了一种崭新的社会表演模式解读社会生活中发生的重大事件。该模式融合了戏剧先锋派与现代社会理论的诸要素，为广泛的社会行动者、运动、事件等提供了新的解读线索，并通过引人注目的实例展示了社会生活的戏剧性。

《社会生活的戏剧》是建立在层层叠叠的知识之上的，文本中充满着深刻广博的知识预设。翻译过程中，既有莞尔会心的愉悦，也有脑洞不开的焦虑。例如，第三章"美国的政治表演"中称共和党人取得"宣泄般的胜利"(their cathartic triumph)。这种司空见惯的"物主代词＋形容词＋被修饰的中心词"表达法原本平淡无奇，但是，此处将社会生活预设为一场戏剧表演："catharsis"是戏剧理论之父亚里士多德提出的悲剧的作用，意思是"净化"或"宣泄"，或者二者兼有。亚历山大没有言必称亚里士多德，亦步亦趋地声称遵循传统或一一列举征引，却在传统框架下，拓展了个人发挥才能的空间，论述似乎凌空飞来，却并不突兀，如融水之盐，体匿性存。母语读者对这种知识上的叠加和丰富性自然求之不得，但对跨语言的文字符号转换来说，却是个极大的挑战。在共和党取得宣泄般的胜利之后，接下来共和党人"只需要找到一个容器，一个能容纳激愤的群情的容器"(had only to find a vessel for these seething emotions)。此处"vessel"为一词多义：既有"船、舰，器皿、容器，导管"的含义，又有"能体现某种品质的人、具有特殊品质或接受特殊品质的人"或"……的化身"之意。而语言符号的线性表达决定了只能去此取彼。故翻译中采用了译者注的方式。但是，注则注矣，语言形式一经转换，要么过于直白而无味，要么繁琐而隔膜，无法传达原文中那种质朴的深邃。此外，文中还有很多类典故式的用法，例如，在论及美国右翼女英雄安·兰德（Ayn Rand）时，作者提到她的一个观点："每个人都必须以自己为目标，追求自己的合理利益"，并称兰德因颂扬资本主义而受到一部分志趣相投的人士的肯定，兰德小姐这种开明的自利（或文明的自私，enlightened selfishness）是根据亚当·斯密在《国富论》中的提法：不是屠夫、酿酒师和面包师的善心才让我们有了心仪的晚餐，他们考虑的都是他们自身的利益。对于此类用法，译文尽量保留英语说法，以便阅读时能更好地体会到作者的意图；但由于类似用法随处可见，故而只能部分保留英语说法。整个翻译过程中的感受是，似乎自己品尝了美味珍馐，却无法将此愉悦与他人分享，这是本书翻译中最深的遗憾。

翻译过程中，译者就一些疑问请教了亚历山大先生。先生对每一个问题都回答得十分认真、诚恳、耐心。另外，需要说明的两点是，在全书译完之后，为保持原作的风貌，特别是能将一些图片原封不动地拷贝过来，特发邮件向作者要求原文的word版文档，先生也欣然应允；原著（Polity，2017）中存在一些拼写错误和疏漏，按照作者要求，译者随文更正，不再另作注释说明。在此，谨向杰弗里·C. 亚历山大先生在翻译过程中给予的帮助和支持表达由衷的感谢！

  原书虽然篇幅不长，但涉及众多的人物、繁富的作品、广博的知识，尽管译者竭尽所能，力求精准且忠实于原著，但囿于阅历和水平，翻译中的舛误、疏漏和可商榷之处在所难免，恳请学界前辈、同行、读者朋友提出建议和批评指正！